クリエイティブ都市論

創造性は居心地のよい場所を求める

トロント大学ロットマン・スクール・オブ・マネジメント 教授
リチャード・フロリダ 著

青山学院大学総合文化政策学部 教授
井口典夫 訳

Richard Florida

WHO'S YOUR CITY?

How the Creative Economy is Making Where to Live
the Most Important Decision of Your Life

ダイヤモンド社

Who's Your City?

by

Richard Florida

Original English language edition published by Basic Books,
A Member of the Perseus Books Group. Japanese translation rights arranged with
Susan Schulman, A Literary Agency New York through Owls Agency Inc., Tokyo.

ラナへ

存在するものすべてに場所があるとしたら、場所にも場所があることになり、これは無限に続いていく。

——アリストテレス（哲学者）

現代文明との切っても切れない関係を理解しようとするならば、超高層ビルの屋上から見下ろしてみればよい。すると「都市」というものが、まさに物質主義人間の明暗両面を表現していることに気づくであろう。

——フランク・ロイド・ライト（建築家）

大都市、特にロンドンは最高の人材を独占している。最も進取の精神に富み、最も才能があり、最高の肉体を持ち、最も個性の強い者が、その能力を発揮できる場を求めて集まるのだ。

——アルフレッド・マーシャル（経済学者）

日本語版への序文

交通網の拡大とテクノロジーの発展によって、私たちは都市から解放され、田舎や山奥、海のそばへ移ることが可能になるだろう――この数十年、いや過去一世紀の大半にわたって、そんな話を聞かされてきた。山荘や浜辺の別荘で在宅勤務できる時代にあって、狭い割には値段の高い物件に家族を住まわせ、長距離通勤に耐えてまで、東京の窮屈なオフィスで働きたいと望む人はいるだろうか。

ほんの数年前、ニューヨーク・タイムズ紙のコラムニスト、トーマス・フリードマンは、「世界はフラットになった。経済競争の舞台は平均化し、住む場所をどこに選ぼうともグローバル経済に参加できる」と公言した。

しかし私は二〇年以上の研究と調査に基づき、「世界はフラットではない」とあえて言いたい。実際、新しい表現も考えた。現実の世界は鋭い凹凸があって「スパイキー」なのである。日本の経営コンサルタントの大前研一は何年も前に、こうした実態の解明に少なからず貢献してきた。かつて大前は、グローバリゼーションから見た時の経済的な主要単位は、従来の「国民国家」から彼が定義するところの「地域国家」に移ったと記している。これに先立つこと数十年前、経済地理学者のジャン・ゴットマンは、ボストンからニューヨーク、ワシントンに地域を拡大しながら台頭するアメリカ東海岸の巨大都市圏を「メガロポリス」と称した。一方、私はこうした新たな経済単位を「メガ地域」と呼んでいる。メガ地域が構成する新たなスパイキーな世界において、日本はまさに頂点に位置している。

スパイキーな世界が実際にどのように機能しているかをより正確に知るために、私の研究チームは、夜間の地球の様子を撮影した衛星写真を基に新たなデータを作成し、グローバル経済は概ね二〇から三〇のメガ地域が担っているとする結論を導いた。これらメガ地域の人口は全世界の五分の一にも満たないが、経済活動の三分の二とイノベーションの八割を産出している。また、メガ地域の上位一〇地域の人口は全世界の六・五パーセントにすぎないが、経済活動の四割以上とイノベーションの半分以上を独占している。

スパイキーな世界の頂点に立つ日本は、メガ地域上位五地域のうち二つを有している。「広域東京圏」の経済規模は世界最大級の二・五兆ドル、「大阪＝名古屋」の経済活動は世界第五位の一・四兆ドルであり、ロンドンを含むメガ地域「ロン＝リード＝チェスター」をも上回る。「九州北部」や「広域札幌圏」も世界の主要メガ地域に名を連ねている。

実際、私たちが観察した衛星写真は、日本が世界的にもメガ地域の発達した国であることを示唆している。日本国内にある四つのメガ地域は文字どおり混じり合い、互いに連結することで、一つの「スーパー・メガ地域」を構成しようとしているのだ。

本書の内容は、日本企業および日本社会の実態に即している。今後どこに投資すべきか。経済活動や人材獲得の巨大な拠点となる新しい施設をどこに建設すべきか。新製品をどの市場に売り込むべきか。これらの事柄を戦略的に考えるための新たな世界地図を、日本企業は本書を通じて知ることであろう。日本の一般読者も、本書から居住地を選ぶための新たな知識を得るであろう。

職業やキャリアの選択、あるいは伴侶を見つけることが人生にとってどれだけ重要か、私たちのだれもが認識している。すなわち「何を」「だれと」行うかという選択だ。そのうえで第三の大きな選択となるのは、私たち自身と家族が「どこに」住むかということである。この第三の決断は、人生のあらゆる側面に対して重大かつ長期的な影響をおよぼす。否、住む場所こそ職業的成功や仕事上の人脈から、幸福感や快適な暮らしに至るまでの全てを決定するのである。

二〇〇八年九月　トロントにて

リチャード・フロリダ

クリエイティブ都市論　目次

クリエイティブ都市論
——創造性は居心地のよい場所を求める

第1章 住む場所の選択

THE QUESTION OF WHERE

私はめったなことでは動揺せず、何事にも冷静に対処できるタイプの人間だと思っている。しかし二〇〇七年七月、「ザ・コルベア・リポート」への出演依頼が来た時ばかりは、いつもの落ち着きを失っていた。私はほんの数カ月前、妻のラナに話したばかりだった。誰であれ、スティーブン・コルベアと対談することになったら、さぞかしドギマギするであろうと。「ザ・コルベア・リポート」は気の抜けない公開トーク番組だ。司会者のスティーブン・コルベアは人気コメディアンでもあり、並みいる識者や政治家を相手に、巧妙かつ皮肉たっぷりのコメントを発する。その矛先をそらすのは難しい。彼はその特異な才能でもって、保守派を装ったキャラクターを巧みに演じきる。芝居気たっぷりに挑発的な発言を連発し、ゲストをマシンガンのように質問攻めにしては唖然とさせる。いまやその話術は、全米の視聴者の間でお馴染みだ。

私はスティーブンの大ファンで、この番組を欠かさず観ていた。ゆえに彼の辛口のユーモアについていけない出演者が、きまりの悪い思いをすることも知っていた。だがラナや仕事仲間から何度か勧められた末、私は番組への出演を承諾した。そして特急列車のアセラ・エキスプレスで、当時住んでいたワシントンDCから、スティーブンの待つニューヨークへと向かった。収録に際しては、ラナ、同僚のデイビッド・ミラーと彼の妻エミリーにも、応援として同行してもらった。彼らや番組スタッフとスタジオの楽屋で談笑しているうちに、テンションは次第に高まった。番組のもう一人のゲストであるベン・ネルソン上院議員は、連邦議会のスタッフと廊下の向かい側で打ち合わせをしていた。だがその様子は私たちとはかなり対照的だった。私たちの発する物音が外に漏れないよう、番組プロデューサーが楽屋のドアを閉めにきたほどだった。

本番が刻々と近づくにつれ、汗が出始め、心臓が高鳴り出した。楽屋や廊下を行ったり来たりせずにはいられない。アシスタント・プロデューサーが出番の要点を説明しに来た時、私はあまりの緊張で文字どおり声を失っていた。その様子を目にしたスタッフは、私をゲストに呼んだことを後悔しただろう。間もなくして、スティーブンがあいさつをしに立ち寄った。「自分は番組でのキャラクターに徹する。だからあなたも自分の見解を包み隠さず述べることに集中してほしい」と彼は念を押した。

メイクアップが済むと、スタジオのセットに通された。収録直前の現場にはピーンと張りつめた緊張感が漂っている。やがて音楽のボリュームが上がり、セックス・ピストルズの「ゴッド・セイヴ・ザ・クイーン」が鳴り響いた。最高の選曲だ。ずっと昔、バンドでリードギターを弾いていた頃に経験した高揚感が戻ってきた。

ヒートアップする音楽を聞きながら、「やるならいましかない」と自分に言い聞かせた。しっかりと床を踏みしめ、深呼吸を数回行い、気持ちを落ち着かせた。念頭に置いたのは、何よりも有意義な時間を過ごすこと。そして私がこの場をエンジョイしていることを、スティーブンやスタジオに集った観客に感じてもらうことだ。実際、私は問題なくリラックスしていた。スティーブンによるコーナー前のトークを、大笑いしながら聞いていたほどだ。

「先週はいいニュースもあれば、残念なニュースもいくつかありました。全米不動産協会の発表によると、住宅販売と価格の落ち込みは当初の予測よりも深刻です。状況は二〇〇八年にも持ち越され、長期化が見込まれるとのことです。

しかし、ある学者が奇妙な解決方法を導き出しました。なんと、ゲイの隣人になればよいのだそうです。所得や不動産価値の変化を測定するのに、その学者はボヘミアン＝ゲイ・インデックスなるものを用いたといいます。新手のイエローページ（職業別電話帳）の索引《インデックス》を思わせるネーミングですね。

この研究によれば、芸術家やゲイの人口が多い住宅街や地域は住宅価格が上昇するとのことです。だとすれば、ヤギのようなひげをたくわえ、インドネシア産のクローブタバコを吸いながらボンゴを叩き、裸夫像を彫る男の姿が見える家に、現代人は住みたがるようになる――ということでしょう。

寛容性のあるコミュニティ、つまり同性愛者がより多く住む地域では、クリエイティビティに満ちた開放的な文化が育まれ、その先にはグーグルやユーチューブのようなイノベーションにあふれた企業が生まれ、ひいてはマッチョなゲイ向け日用雑貨《シャッレス・ハンクス・バギング・グロサリーズ》ドットコムも登場する、というのがその研究の主張です。

別に検眼師が何人か引っ越してきたところで、わが家の不動産価値がさらに上がるとはとうてい思えませんがね。いや、実は検眼師にはゲイが多いんですよ……」

スティーブンが私を観客に紹介し、いよいよ対談がスタートした。「ゲイの人々の後を追いかけて、居場所を探ったほうがいいですか?」と彼は尋ねた。私が「イエス」と答えると、彼はすかさず食いついてきた。「よかった。実はあなたのおっしゃることを、私はすでに実践しているんです。おかげで、うまい口実ができましたよ」

正味三、四分のやり取りの後、スティーブンは痛快な一言でコーナーを締めくくった。「私があなたをどう思っているか、おわかりで? 私は疑っているんですよ。もしやあなたの正体は持ち家を売却したがっている、ゲイでボヘミアンのアーティストではないかとね」

私は笑いを精一杯こらえながら、こう切り返した。「実は日曜日に家を売ったばかりなんですよ。妻と私はトロントに引っ越すものでね」

議論の的になったのは、私の研究成果だ。つまり住宅価格とゲイやボヘミアン人口の集中との関係性に、スティーブンは正確に狙いを定めていた。ある特定の要因、しかも特定の集団によって、地域の住宅市場が活性化したり停滞したり、ましてや地域の経済力や住民の幸福に影響を与えることなどありえるだろうかと。このことを彼は彼らしく面白おかしく発言したのだ。

おかげで私の論点はかえって浮き彫りになった。人生のあらゆる局面において、住む場所の選択はその重要性を増してきている。居住地と経済的未来の関係性についても、より系統的に、かつ新たな切り口から、私たちは考えるべきなのだ。個人の幸福の追求と同じように――。

人生で最大の選択

「人生で最大の選択を挙げよ」と尋ねられたら、あなたはどう答えるだろうか。一般的な常識に沿って考えれば、おそらく二つの事柄をまず挙げるだろう。一つ目は「何を」行うかである。たとえば人生最大の決断として、たいていの人は「職業の選択」と答えるはずだ。お金で人の幸せは買えないにしても、自分の愛する職業に就くことが、幸福で満ち足りた人生を送るための近道である、というのが大方の認識だ。

これと同じ概念を、私は幼い頃に父から教え込まれた。父は口をすっぱくして言ったものだ。「リチャード、私のようにレンズ工場の作業員で終わることはない。お前は弁護士か医者になれ。そうすれば何か大きなことがやれるし、いい収入も得られるからな。わずかな給料のためにコツコツ働いて、タイムカードを押すような職業には就いたらダメだ」

経済的、職業的成功を得るための前提として、良質な教育と適切な学業の場を挙げる人もまた多い。多くの親は、良質な教育こそが素晴らしい職業と将来の安定した所得、幸福な暮らしへの足がかりだと考える。ハーバード大学やマサチューセッツ工科大学（ＭＩＴ）、あるいはスタンフォード大学のような一流大学を卒業すれば、放っておいても人生はうまくいくといった具合にだ。

世の親たちと同様に、私の両親も教育には熱心だった。家計のやりくりに苦心しながらも、私と弟のロバートをカトリックの私立学校に通わせ、授業料ばかりか教区への定期的な寄付金も納めてくれた。

まじめに勉強すること、優秀な成績を収めること、大学に進学することの重要性を、両親は四六時中、私たち兄弟に説いて聞かせた。教育こそが輝かしいキャリアへの近道だと、両親は考えていたのだ。その点は仕事熱心で愛情深く、質素な生活を送るほかの多くの親たちと何ら変わりはない。

他方、次のような主張もあるだろう。「職業やお金、教育もさることながら、人生における最も大きな選択とは最良の伴侶を見つけること。自分のあらゆる試みをサポートし、無償の愛を捧げ続けてくれる人物を見つけることだ」という考えだ。すなわち「だれと」行うかである。人間心理学を研究する者も、このように賛同している。「愛による結びつきは、幸福な人生へのカギである。研究結果がそれを如実に物語っている」(1)

この発想を、私の母は本能的に知っていた。母は何人もの高学歴の男性たちからのプロポーズを断った末、私の父と結婚したのだ。父は第二次世界大戦の帰還兵で、中学を中退した工員だった。母はしばしばこう言ったものだ。「いいこと、リチャード。お父さんとの結婚は、これまでの人生でベストな選択だったわ。お金を持っている男性なら、たしかにほかにもいるわ。でも一番大切なのは愛情よ。私はあなたのお父さんを、いつだって夢中になって愛してきたの」

このように「何を」「だれと」行うかという二つの選択は、私たちの人生で大きな意味を持つ。しかし経済的未来や幸福、人生の総体的な成果におよぼす影響力の点で、前掲の二つの選択を上回らないまでも、等しく重要と言える要素が存在する。それは居住地の選択だ。要するに「どこで」行うかである。

居住地の選択という概念は当たり前すぎるがゆえに、つい見落とされがちだ。しかし適切な居住地を探すことは、適切な職業や伴侶を探すことよりも重要とは言わないが、それらと同じくらい大切なことだ。居住地は、職業や伴侶の選択に影響を与えるだけではない。選択の過ちを軌道修正する際に、それがどれだけ容易か困難かを決定づける要素でもあるのだ。ところが、その重要性を自覚している者は少数派である。情報に基づいて居住地選びをするだけの知識や、精神的な構造を持つ人が少ないからであろう。

居住地の選択は、人間の生き方のあらゆる側面に影響を与える。得られる収入、出会う人々、友人、伴侶、そして子供や家族に与えられる選択肢も、居住地次第で広がったり狭まったりする。人は、どこにいても一様に幸せになれるわけではない。住む場所によって享受できるメリットは異なる。活発な労働市場、ワンランク上の職業的成功、高い不動産価値、有利な投資先や配当所得を手にできる場所もある。結婚相手を探しやすい場所もあれば、子育てに適した場所だって存在する。

他人との関係という意識されにくい点からも、住む場所は私たちの幸せに影響を与える。愛する人との破局や失業といった、人生の逆境を乗り越えられるか否かも居住地にかかっている。これは熟慮すべき事柄である。

仕事を失うことはいつだってつらい。大切な人との破局はなおさらである。否定的なことを長々と論じるのは本意ではないが、そうした最悪の事態に見舞われた時、職業や結婚相手の選択肢が狭い場所にたまたま住んでいたとしたら、さらにひどい痛手を被ることになるだろう。その反対に仕事の選択肢が豊富で、かつ景気のよい地域や、自分がデートに誘える年代の独身者が多い地域に住んでいたとしたら、挫折からの立ち直りは飛躍的に容易となる。

このように居住地は人生の中心的な要素であると共に、仕事や学習、恋愛といった生活に絡むすべての要素に影響をおよぼしている。居住地次第で、既存の就労形態や人間関係を発展させることも壊すこともできる。新たな可能性を開くことも可能なのだ。

大金持ちになりたい、家庭を持ちたい、または独身で過ごしたいなど、各自が思い描く人生のかたちはさまざまだ。しかし、だれもが人生で最低一度は「どこに」住むかという選択を迫られる。そして、かなりの人が複数回この選択を経験している。実際、アメリカ人は平均で七年ごとに住まいを変える。また、四〇〇〇万人以上が毎年移動し、一五〇〇万人が五〇マイル（約八〇キロメートル）以上の大移動を行っている。(2)

だが、いざ自分の居住地を選ぶ段になると、大方の人は正しい選択をする心構えができていない。大きなリスクを伴う決断であるにもかかわらずだ。「どうしてそこに住んでいるのか」と問われたら、たいていの人は「気づいたらそこに住んでいた」と答える。家族や友人のそばにとどまったケース、仕事のために転居したケース、あるいは昔の恋人を追いかけてそのまま居ついたケースというのもよく聞く。そうかと思えば、選択のチャンスがあることさえまったく自覚していない人もいる。

それでもなお、私たちには選択の余地が与えられている。現代は奇跡的な時代と言ってもよいだろう。居住地の選択に必要な自由と手段が、これほど多くの人々に与えられた時代は、いまだかつてないからだ。自分に最もふさわしい場所を探すチャンスが、私たちには無尽蔵に与えられている。ただし裏を返せば、私たちはとてつもない選択肢のなかから決断を迫られているということになる。今日、さまざまなタイプのコミュニティが存在し、それぞれに独自の魅力を擁しているからだ。

ここで重要なのは自分に適した場所を見つけること、すなわち自分が幸せになれると同時に、人生の目的を実現できるような場所を見つけることだ。「職業や財産こそが幸福の大きな構成要素である」と考える人もいるが、だれもがそのような価値観で動いているわけではない。事実、自分の本当に好きなことのために、やりがいのある仕事や、前途洋々なキャリアを捨てた人を知る者は多い。家業を手伝うため、また家族や友人のそばにとどまるため、大学を出ると郷里へ帰る人もいる。こうした人たちの多くは、自らが払うであろう犠牲を承知したうえで、居住地の選択を行っている。彼らが居住地選びで重視したのは、自分に愛着のある町や人々に囲まれて生活できるかどうかである。要するに、富よりも家族やコミュニティを選んだのだ。ほかのだれよりも、コミュニティの真価を熟知している人たちかもしれない。

これは言い換えると、自らにふさわしい居住地を選んだからといって、すべてを得るのは不可能であるということだ。したがって居住地選びには代償が伴う。人生におけるほかの重大な選択とその点は何ら変わりない。仕事のために移住する者は、家族や長年の友と共に暮らす喜びを手放さなくてはならないだろう。一方、家族や友人のそばで暮らすことを選ぶ者は、ビジネスチャンスを放棄する可能性がある。

話を先へ進める前に、以下の質問について熟考してほしい。

1．現在住んでいる場所について考えたことがあるか。そこは本当にいたいと思える場所なのか。活力を得られる場所か。毎朝、近所の道や通りに歩み出た時、体を満たすのはインスピレーションか、それともストレスか。そこは、自分が本当になりたいと思える人間でいられる場所か。個人的な目標を達成でき、親類や友人に勧められる場所か。

2．転居を考えたことがあるか。考えたことがあるとすれば、頭に浮かんだ上位三つの候補地はどこか。その三カ所のどこが気に入ったのか。そこから具体的に何を得られると思うか。そこに住めば、自分の人生がどう変化すると思うか。

3．いまの居住地と希望する転居先とを、じっくり比較して考えたことがあるか。比較検討するにあたって、どれだけ多くの時間と労力を割いたか。正直な話、仕事や職業的成功、あるいは（特に独身者の場合は）恋人とのデートに注いだ思考力やエネルギーのほうが多かったのではないか。

前述の質問すべてに「考えたことがある」と答えた人は、ごくわずかではないだろうか。逆に言うと、居住地選びという人生の重大事に対し、あらゆる選択肢を探り、十分な思考をめぐらす人がいかに少ないかがわかる。察するに、それは私たちに十分な情報が与えられていないがゆえの現象かもしれない。

「住んでいる場所は関係ない」というのが、グローバル時代の不文律と化している。アスペンのスキーロッジやプロバンスの別荘にいても、シリコンバレーのオフィスにいるかのように効率的にビジネスができる。ワイヤレス通信とモバイル機器がある限り、地理的な影響は微々たるものだ。

新技術の目覚ましい発達はさておき、物理的距離の消滅は決して最近に始まったことではない。初めは鉄道によって、交易と交通に大変革が訪れた。次に電話が人々の気持ちをつなぎ、近づけた。自動車や飛行機、そしてグローバル世界の象徴とも言えるワールド・ワイド・ウェブが発明された。あらゆるテクノロジーが広大な世界を一つに結びつけ、地理的な束縛から私たちを解放した。華やかな都会から、田舎暮らしへの転換も可能となったわけだ。

肥沃な土壌、天然の港や原材料の有無に、都市や文明が拘束を受けていた時代は過ぎ去った。

現代のハイテク世界では好きな場所に自由に住むことができる。昨今、こうした見方はひときわ広まっており、住む場所はもはや重要ではないかのようだ。

これはなかなかに抵抗しがたい概念だが、実は大きな誤りがある。才能、イノベーション、クリエイティビティのような現代の主要な生産要素は均一に分布していない。むしろ特定の地域に偏り、集中しているのだ。

通信や交通における大規模なイノベーションにより、経済活動が世界的に拡大していることは周知の事実だ。しかし、それに比べて自明でないものがある。私が「集積力」と呼ぶ壮大なパワーだ。

現代のクリエイティブ経済における経済成長の真の原動力とは、才能と生産性に満ちた人々の蓄積と集中化である。彼らが特定の地域に寄り集まって住むことで、新しいアイデアが生まれ、その地域の生産性は増加する。集積化によって個々の生産力が高まり、今度は生産物と富の増加を生成しつつ、地域そのものの生産性を高めるのだ。

集積力により、都市や地域は経済成長の真の動力源となる。これは何ら不思議な現象ではない。今日、世界の人々の半分以上が都市圏に住んでいる。事実、アメリカでは国内総生産（GDP）の九〇パーセント以上を大都市圏が担い、さらに、そのうち二三パーセントを、たった五つの主要都市が稼ぎ出している。都市とそれを取り囲む広大な一帯は数千億、場合によっては数兆ドルの経済生産を誇り、数千万の人口を抱えた巨大なメガ地域に変容しつつある。

いまや場所は私たちの時代の中心軸であり、世界経済や個人の生活に、これまで以上に重要な関わりを持っている。

現代人は人類史上、最も移動志向が強く、一方でアメリカ国内または世界を問わず、居住地選びの候補には事欠かない。私たちのニーズや優先事項はそれぞれ異なるだけにこうした選択肢の多さは重要だ。活況な労働市場を有する地域もあれば、教育や安全といった基盤に勝る地域もある。単身者向きの地域もあれば、ファミリー向きの地域もある。ビジネスに特化している場所もあれば、娯楽に特化している場所もあり、保守的な地域もあれば、リベラルな地域もある。各地域が異なる要件を満たし、それぞれに独自の個性と精神を有しているのだ。

なおかつ地域の個性は変動しやすい。その把握は難しそうに思えるが、実は不可能なことではない。調査の結果を地図に書き起こしたので、本書第11章を見てほしい。

変動しやすいのは、地域ごとの個性だけに限らない。私たち自身が居住地に求めるものも、ライフステージに応じて変化する。学校を卒業したての若い独身時代には、楽しいナイトライフと、デート相手に困らない「恋愛市場」の活発な場所に住みたがるものだ。刺激的で仕事が多く、出世のチャンスが豊富な場所ならなおさらである。

だが少し年齢が上がったり、結婚して子供ができたりすると、私たちのなかの優先順位は変化する。いい学校や安全な道路など、家族にとってより望ましい環境を求めるようになる。そして子供たちが大学に進学して家を出ると、私たちの関心は再び変化するのだ。

いま挙げた例のほかにも、人生にはさまざまなターニングポイントがある。その一つひとつにおいて、自分に本当に必要な場所を選ぶチャンスに恵まれた人たちは増えている。

では居住地選びについて、私たちはまず何から考え始めればいいのだろうか。いまから五十数年前、偉大な経済学者チャールズ・ティボーが、居住地の選択を行うにあたり、説得力あるフレームワークを概説している(3)。

かつてティボーは教育、治安、街の活気、公園などの行政サービスや公共財について、それぞれの自治体には特徴があると述べた。その有名な主張にもあるとおり、人は「足による投票」を行い、自分の好みやニーズに合致した公共財や行政サービスを得られる自治体を選んでいる。

実際、自治体から受けられるサービスの内容や質に対して、私たちには税金という代価が生じる。すなわち私たちは居住地を選択する際、物理的な要素だけでなく、そこで得られる各種の公共財や行政サービスをも含めて選んでいるのだ。

幅広い選択肢を与えられた私たちに必要なのは、主要なニーズと優先順位を把握してから、自分の希望と支払い可能な予算に見合った場所を探すことである。たとえば高度な教育環境を望み、そのための費用を準備している人がいる一方で、単身者や子供が独立した人は教育環境をさほど重視しない。こうした人は上等なレストラン、世界的に有名なビーチ、素晴らしいゴルフコースがあり、納税負担の軽い場所を望む傾向にある。

次は代価の話だ。住む場所の選択は、人生の目標を実現するうえで、最も重要な手段の一つだ。ゆえにロンドンやニューヨークのような大都会で得られるスリルや興奮、チャンスを欲しがる人もいる。だが、それには法外な出費が伴うことを忘れてはならない。ロンドンやニューヨークをはじめ、サンフランシスコ、アムステルダム、ボストン、シカゴ、トロント、シドニーといった大都会に住むには、きわめて多額のコストがかかる。金融関係の仕事をする人なら察しがつくだろうが、ニューヨークやロンドンで得られる経済的収入から生活費を差し引くと、ほとんど何も残らない。各産業をリードする、ほかの地域についても同様である。映画産業のメッカであるロサンゼルスや、ファッション産業の中心地であるミラノやパリもまた同じである。

一方、地理的優位性に左右されない業界で働く人や、所属業界のトップに立つことを志向しない人の場合はどうだろう。そうした人には、ささやかな生活費で暮らせる素晴らしい場所がたくさん待ち受けている。絶対に忘れてはならないのは、自分が目指す生活の質と、職業人としての目標とを比較検討することだ。

私が本書を書いたのは、読者が、自分に適した居住地を選ぶのに役立つためだ。二五年以上にわたる独自の調査結果と、ほかの人が行った多数の研究や調査結果について、皆さんと共有することにしたい(4)。本書では次の三つのポイントに沿って、私自身の意見を構築している。

1. グローバリゼーションや「フラットな世界」について、誇大な主張が数々なされている。だが現実には、居住地がグローバル経済のなかで占める重要性は、これまでになく増している。

2. 住む場所の多様化と特殊化は、さまざまな観点において進んでいる。それは経済的な構造や労働市場に始まり、得られる生活の質、そこに住む人間の性格にまでおよぶ。

3．私たちはきわめて移住志向の強い社会に生活している。ゆえに居住地について考える機会を何度も持ちえる。

以上、三つの事柄が総合的に意味すること、それは居住地の選択が、家計や仕事の選択肢、友人関係、未来の結婚相手、子供の将来に至るまで、ありとあらゆる物事に大きな影響を与えるということだ。

本書第1部は総論である。居住地がグローバル経済で重大な意味を持ち続ける状況と、その理由について考察する。また、グローバリゼーションの現実とメガ地域の機能を地図に示す。新しい経済単位は私が「スパイキーな世界」と名づけた様相を呈しているが、そのことを地図や統計資料によって提示する。

第2部では、住む場所の選択が、それぞれの家計にどのような影響を与えるのかについて触れる。具体的には労働市場の現状や住宅市場の動向、不動産評価といった身近な経済問題に対し、地理的条件が与える影響を取り上げる。なぜ一部の地域では、ほかの地域よりも経済的メリットが発生しやすいのか、その仕組みについても示す。そして才能や技術のある人々が、ごく限られた地域へ移動する現実を詳しく説明する。さらに住宅市場の浮き沈みを引き起こす原因を検証する。加えて、シリコンバレーやオースチンにおけるハイテク産業や、ニューヨークの金融産業、ハリウッドの映画産業などのように、ある特定の地域に経済活動が集中し、かつ専門化する傾向についても述べたい。

第３部では、居住地の選択にあたり、最も考慮すべき事柄であろう取捨選択の問題、つまり職業人としての目標と自分のライフスタイル、その他の要求とのバランスのとり方について考える。また居住地と、幸せで満ち足りた生活を送るための条件との間にある相関関係についても考察する。この考察はギャラップ・オーガニゼーションとの協力で、二万八〇〇〇人を対象に行った大規模な調査結果に基づいている。「居住地と幸福に関する調査」と題したこの研究によって、居住地は職業や家計、私的な人間関係と同様、人間の幸福に大きな影響を与えることが判明した。

最終章は実用的な内容となる。読者が自分に最適な居住地を探すための基本的なツールを紹介する。現在の居住地に満足している人も、この章を読めば自分が本当は何を望み、何を必要としているかについて理解が深まるだろう。また転居を考えている人にとっては、何をどこで探せばいいのかがわかる詳しいガイドとなるだろう。

本書を読了する頃には、今日のグローバル経済において、居住地がどれほど重要な役割を担っているかが理解できるはずだ。また自分にふさわしい居住地を選び、幸福で充足感に満ちた人生を極限まで引き出すにはどうすればよいか、有効な知識が得られるだろう。

第1部

メガ地域の世紀

WHY PLACE MATTERS

第2章 スパイキーな世界

SPIKY WORLD

ニューヨーク・タイムズ紙のコラムニスト、トーマス・フリードマンは「世界はフラットだ」と提唱した。[1] テクノロジーの進歩のおかげで、グローバルな活動の舞台は均一化した。地球上のどこに住んでいようとも、だれもが手を伸ばせば報酬を得られ、活動に参加できる。「フラットな世界では、どの国にいてもイノベーション競争に参加できる」とフリードマンは自著『フラット化する世界』で述べている。

これは長く語られてきた古い話の延長線上にある発想だ。交易とテクノロジーの均一化が地理的条件を無意味なものにしたという考えを、批評家たちは二〇世紀の始まり以来、繰り返し主張してきた。電信や電話、車や飛行機の発明に始まり、パーソナル・コンピュータやインターネットの普及によって、物理的な距離の経済的重要性は徐々に失われていると、多くの者が主張してきた。

にもかかわらず、こうした旧態依然とした主張がいまだになされているのだ。たとえばエコノミスト誌は一九九五年、「物理的な距離概念の消滅」を表紙で大々的に謳った。その誌面では、ジャーナリストのフランシス・ケアンクロスが「テクノロジーと通信会社の競争のおかげで、物理的な距離はじきに問題ではなくなる」と論じた。四年後、同誌は「物理的距離の克服」を誇らしげに宣言し、「ワイヤレス革命が地理的条件の絶対権力を、より完全なかたちで終わらせようとしている」とした(2)。

グローバル化の進む世界においては、新しいコミュニケーション技術は「巨大な地ならし機」となることが明らかになっている。私たちが何の迷いもなく「自分の望む場所に住みたい」と考えるようになったのも、「地理的条件はもはや問題ではない」と信じ込まされた結果とも言える。

私たちは理論上、どこでも自由に暮らすことができる。しかしその一方で、ある特定の場所では圧倒的に多くのメリットを享受できる。これがまさにグローバル経済の現実なのである。

カリフォルニア大学ロサンゼルス校(UCLA)の経済学者、エドワード・リーマーは、『フラット化する世界』の書評でこのように記した。「知性、身体能力や敏捷性、外見、両親の庇護を含めて、人間には生まれながらにして格差がある。そして住んでいる場所もその重要な一つである」。この衝撃的なレビューは、一流の学術誌ジャーナル・オブ・エコノミック・リタラチャー誌に掲載された(3)。

私は、過去一〇年間の大半を費やし、グローバル経済における地理的条件の重要性について、大量の研究論文や統計上の証拠、反証などをくまなく調べあげた（調査結果は、以後の二つの章で詳しく述べる）。

世界がフラット化しているという仮説は大きな問題をはらんでいると思われる。フラット化する世界説の問題点は世界各地の都市の爆発的な成長を見落としていることにある。大都市圏への人口の集中は顕著で、いますぐに沈静化するとはとうてい思えない。一八〇〇年には全世界の人口に占める都市人口の割合はたった三パーセントだったが、一九〇〇年には一四パーセント、一九五〇年までには三〇パーセントに達した。そして今日では五〇パーセントを超え、先進国では人口の四分の三が都市部に住んでいる。[4]

とはいえ人口の増加率だけでは、世界が決してフラットではないことを証明しきれない。そこで本章では、経済活動やイノベーションが特定の地域に偏って集中する様子を、世界地図に細かく書き込んでみたいと思う。

純粋に経済力と最先端のイノベーションの面から考察すると、現代のグローバル経済を牽引しているのは、きわめて少数の地域である。そのうえ、グローバル経済の舞台がフラット化する兆候はまったく見られない。スパイキーな世界の山頂に位置する地域、つまり世界経済をリードする都市や地域は、かつてないほどの発展を遂げている。その一方で、スパイキーな世界の谷底にあたる地域、つまり何らかの経済活動が認められるとしても、発展の兆しが見られない大方の地域は、衰退しているのだ。

グローバリゼーションの影響力はたしかに絶大だ。新興国や開発途上国も世界経済に参加するチャンスを得たが、すべての国がその恩恵に与ったわけではない。イノベーションと経済的資源の集中は、高いレベルで続いている。結果として、世界経済の舞台で本当に発展可能な地域は、ごく一部に限られたままだ。

実際、グローバリゼーションには二つの側面がある。まず表立った側面として、単純労働による製造業やサービス業（たとえば電話のコールセンター業）といった、旧来型の経済機能の地理的な分散である。他方、表面からは見えにくいが、イノベーション、デザイン、金融、メディアなどの付加価値のより高い経済活動に対するニーズの増加である。これらは、いずれも比較的限られた地域に集中している。

フリードマンをはじめとする批評家は、グローバリゼーションによる経済活動の分散化を強調する一方、集積化の実態を見落としがちである。しかし先見の明のある者は、この「地理的条件のパラドックス」に気づいている。ハーバード・ビジネススクールの教授で、競争戦略論で知られるマイケル・ポーターは二〇〇六年八月のビジネスウィーク誌で「地理的条件はいまも重要だ」と述べている。「世の中の移動性が高まるにつれて、地理的条件はいっそう決定的な意味を持つ。この事実に、多くの識者が足下をすくわれてきた」と彼は付け加えている。(5)

そもそもの間違いは、グローバリゼーションを二者択一の理論でとらえようとしたところにある。私たちを取り巻くグローバル化の新たな現実を知る手がかりは、世界がフラットであると同時に、スパイキーである実態を理解することにある。すなわち経済活動は分散する一方で、集積しているのだ。

夜間の世界

私は地図が大好きだ。ここから数ページにわたって地図を紹介する。作成者のティモシー・ギルデンは、メリーランド大学の国際・安全保障問題研究センター研究員である。彼による地図には、グローバルな経済活動の空間的配置が明快に描かれている。

二〇〇五年一〇月のアトランティック・マンスリー誌にこの地図の旧版が発表された時は、かなりの物議をかもした(6)。それ以来、私たちはより多くのデータを反映させるべく地図を改訂してきた。人口密度に関する従来の指標と、グローバルな経済生産やイノベーションに関する新たな指標を盛り込んだのだ。その結果、今回紹介する最新版の地図では地理的にスパイキーな不均衡の実態を明確に示すことができた。今日のグローバル経済で突出した経済規模を誇る地域は、およそ二〇から三〇あった。

図表２－１は世界の人口分布を示したものだ。これは世界中のメガ地域を識別するべく、私たち研究チームで収集したデータに基づいている（メガ地域については第3章で詳しく述べる）。最も人口の多いメガ地域はインドの「デリー＝ラホール」で、一億二〇〇〇万人以上が暮らしている。このほかにも人口五〇〇〇万人以上の地域が八つ、人口二五〇〇万人から五〇〇〇万人の地域が一二、人口一〇〇〇万人から二五〇〇万人の地域が約三〇、世界には存在している。

図表2-1※人口に見るスパイキーな世界

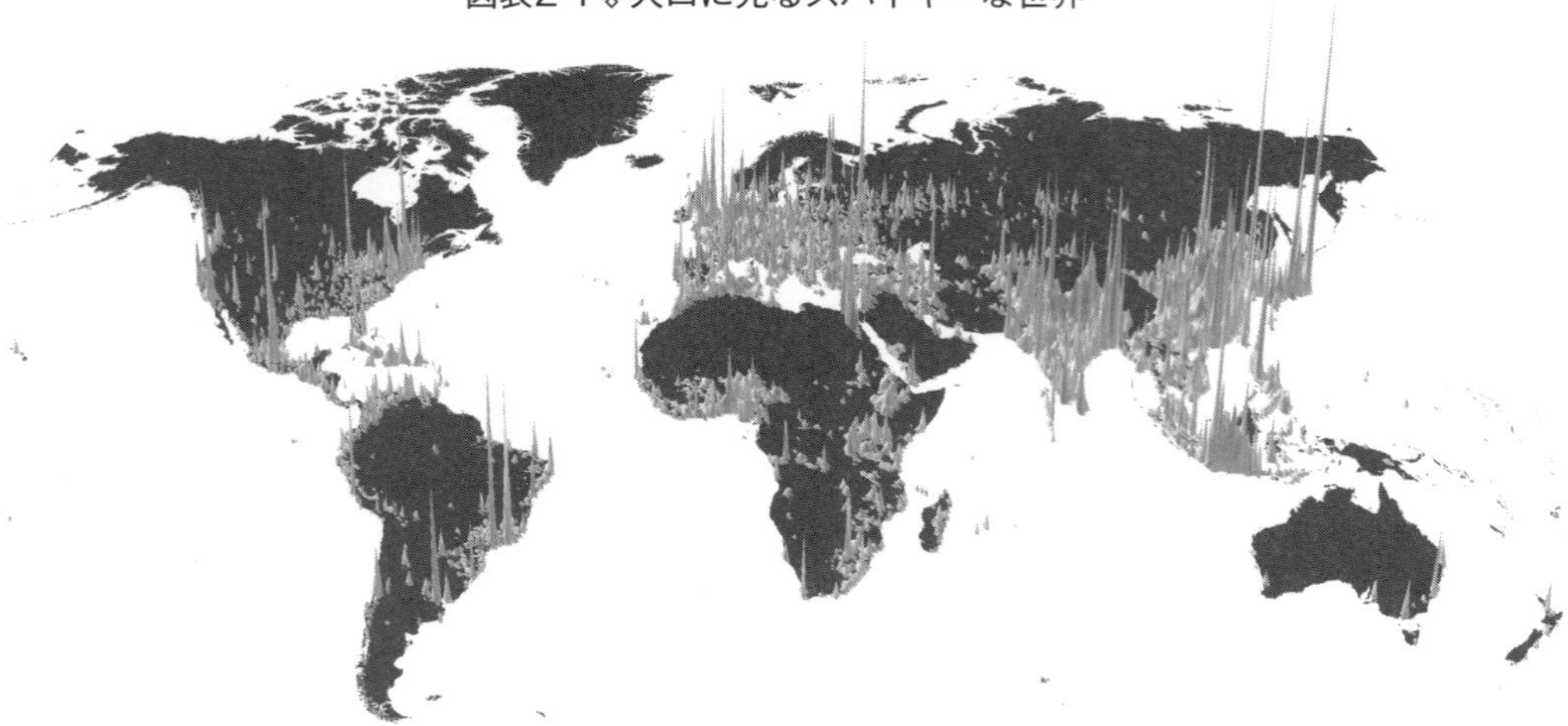

【出典】LANDSCAN GLOBAL POPULATION DATABASE, OAK RIDGE NATIONAL LABORATORY; MAP BY TIMOTHY GULDEN

もちろん、人口密度は経済活動を推し量るうえでの初歩的な指標にすぎない。世界で最も生産的な地域と、そうでない地域との経済格差を人口密度で説明することはまったくできない。比較的小さな都市のなかにも、ヘルシンキのように一人当たりＧＤＰが非常に高い都市もあるからだ。その反対に、一部の開発途上国で見られる広大な都市圏は経済が低迷し、かなりの貧困状態にある。ゆえにメガ地域を定義する時は、人口だけでなく経済生産の面でも分析しなければならないが、世界の地域ごとの経済生産を把握できるような、包括的なデータはあいにく存在しない。しかし、それに代わる大まかな情報であれば得ることはできる。

二つ目の地図は、世界の夜間の様子をとらえたものだ（図表２－２を参照）。この地図が浮き彫りにしたのは、光が集中しているところほどエネルギーを多く消費し、そしておそらくは消費量を上回る経済生産を上げているということだ。

この地図を作成するにあたって、ギルデンはアメリカの国防気象衛星プログラムと海洋大気局（ＮＯＡＡ）のデータを使用した。彼は明かりが連なって見える地域を地図に記した。その際、住宅の明かり、操業中の工場、イルミネーションが灯る道、にぎやかな歓楽街など、光の原因を書き留めていった。彼は空間的、統計的な手法によって、当該地域から発せられる光量で、経済規模を推定したのだ。以降、この測定基準を「夜間光量に基づく地域生産（light-based regional product）」、あるいはＬＲＰの略称で呼ぶ。

ギルデンは推計値を導き出すと次に、アメリカの都市部の経済生産に関する公式統計データや、世界銀行が推計した各国のＧＤＰと照合した。さらに、オークリッジ国立研究所が推計し

図表2-2◈経済活動に見るスパイキーな世界

【出典】U.S.DEFENSE METEOROLOGICAL SATELLITE PROGRAM;
MAP BY TIMOTHY GULDEN

た詳細な人口統計を、光量に基づく先の調査結果に重ね合わせた。この手法による経済生産の推計が妥当であることを立証するためだ。最終的にギルデンは、自分の推計したLRPを、ウィリアム・ノードハウス率いるエール大学の研究チームが推計したGDPと付き合わせて、確認を行った。(7) 二つ目の地図は、こうした地道な作業の集大成である。西暦二〇〇〇年時点における、一平方キロメートル当たりのLRPを地図上に表したものだ。

この地図を見れば、二〇から三〇ほどのメガ地域の周囲で、世界経済が動いていることがわかるだろう。詳しくは次章で取り上げるが、二兆ドル以上の経済生産を上げるメガ地域は二つ存在した。それは、「広域東京圏」(二兆五〇〇〇億ドル)と、ボストンからニューヨーク、ワシントンDCに達する巨大なメガ地域「ボス＝ワッシュ」(二兆二〇〇〇億ドル)だ。これら二つのメガ地域の経済規模はドイツ一国に匹敵し、GDPとしては世界で三番目と四番目に相当する。この二地域よりもGDPが上位に来るのは、アメリカと日本だけだ。このほか、四つのメガ地域が、一兆ドル以上の経済生産を上げていた。具体的には、シカゴからピッツバーグにかけての巨大なメガ地域「シー＝ピッツ」(一兆六〇〇〇億ドル)、ヨーロッパの「アム＝ブラス＝トワープ」(一兆五〇〇〇億ドル)、日本の「大阪＝名古屋」(一兆四〇〇〇億ドル)、ロンドンからマンチェスターにかけての「ロン＝リード＝チェスター」(一兆二〇〇〇億ドル)である。

いずれのメガ地域も、世界の経済国家一〇傑に比肩する。経済生産では、イタリア、カナダ、インド、韓国、ロシア、ブラジルを上回っている。単体で一〇〇〇億ドル以上の経済生産を上げるメガ地域は、世界全体で四〇におよぶ。メガ地域はその国の経済エンジンであるばかりか、グローバル経済の実質的な立役者なのだ。

アメリカやヨーロッパ、日本に匹敵するほどではないにしろ、インド、中国両国の経済発展にも目覚ましいものがある。ギルデンの推計によれば、中国では国全体のLRPの六八パーセントが、総人口のわずか四分の一が暮らす地域によって担われている。インドも国全体のLRPの半分以上を、総人口の二六パーセントが住む地域に依存している。翻ってアメリカでは、各地域の経済生産はそこに住む人口にほぼ比例している。地図の凹凸が示すとおり、アメリカ国内の人口と生産能力は比較的広範囲にわたって点在しているのだ。一方、後発工業国である中国とインドでは、資源や生産能力の集中化が、一段と著しい度合いで進行している。現代を席巻するグローバリゼーションは、世界の不均衡をこれまで以上に際立たせているのだ。

才能の集まる地域

人口と経済活動のどちらにも、一部の地域への偏りが見られる。しかし地理的に最も集中して発生するのは、経済成長の原動力であるイノベーションだ。経済活動の舞台が最もフラットでないのはこの分野である。三つ目の地図は、世界各地で認可された特許の数に基づいて、世界のイノベーションの拠点を示したものだ（図表2－3を参照）。この地図を作成する際も、ギルデンは独創的な手法を用いた。まず光量を使って経済地域の輪郭を決めると、そこにアメ

図表2-3◈イノベーションに見るスパイキーな世界

【出典】THE WORLD INTELLECTUAL PROPERTY ORGANIZATION; UNITED STATES PATENT AND TRADEMARK OFFICE; MAP BY TIMOTHY GULDEN

リカ特許商標局（ＵＳＰＴＯ）のデータを重ね合わせた。ＵＳＰＴＯのデータにはアメリカ国内で特許を取得した考案者の居住地が、一人残らず記録されているのだ。ただし当然ながらＵＳＰＴＯで把握できるのは、アメリカ人の発明家ないし、企業や発明家がアメリカで特許を取得した事例に限られる。したがって、世界各地における推計値をより正確に求めるべく、ギルデンは世界知的所有権機関（ＷＩＰＯ）のデータも使っている[8]。

世界にはイノベーションが盛んな地域とそうでない地域があることを、この地図は明確に示している。リードする地域、つまり地図上で最も突出しているのは、東京、ニューヨーク、サンフランシスコ周辺だ。それに続くのがボストン、シアトル、オースチン、トロント、バンクーバー、ベルリン、パリ、ストックホルム、ヘルシンキ、大阪、ソウル、台北、シドニーなどだ。中国やインドでも経済が発展するにつれ、特定の地域でイノベーションが芽ばえている。トップクラスの地域と肩を並べるほどではないが、その伸長は著しい。

インドでは、バンガロールの特許申請数がアメリカのシラキュースとほぼ同数。ハイデラバードの申請数もアメリカのナッシュビルに匹敵する。中国では、北京の特許申請数がアメリカのシアトルやフェニックスとほぼ同数。上海の申請数もカナダのトロントやアメリカのソルトレイクシティのそれに近い。私たちの独自の推計によれば、インドや中国のこれらの都市は、一九九六年から二〇〇一年の間で特許申請数が四倍に伸び、近年さらに増加している。北京と上海はイノベーティブな都市として、すでに全世界に認知されたかに思える。

アメリカ経済はインドと中国からの移民によるイノベーションと、彼らの起業家としての能力に長い間依存してきた。カリフォルニア大学バークレー校のアナリー・サクセニアンが行った詳しい調査によると、一九八〇年から一九九九年にシリコンバレーで興った新興企業の四分の一は、インド人と中国人の起業家によるものだった。その総売上高は年間で一七〇億ドルにおよび、五万八〇〇〇人もの雇用を生み出したとしている[9]。二〇〇五年までに、インド人と中国人の起業家による新興企業の割合は、シリコンバレーでは三〇パーセントにまで上昇した。

しかし地図を見れば一目瞭然だが、イノベーションで突出する地域は世界中に多くてもせいぜい二〇から三〇だ。これらの地域には最先端を行く大学、有力企業、柔軟な労働市場、そして上場後のキャピタルゲインを狙うベンチャー・キャピタルが存在する。こうした条件をすべて満たした地域は決して多くはない。

ベンチャー・キャピタルがハイテク企業に投下する資金も、やはり地理的に偏っている。アメリカの大規模ベンチャー・キャピタルの場合、主な資金の投下先はシリコンバレー、ボストン、ニューヨークなどにある。ヨーロッパにも数カ所の投資先が存在するが、IT業界に詳しいカリフォルニア大学デービス校のマーチン・ケニーによると、近年はインド、中国、イスラエルの一部地域にもベンチャー資金が流れているという[10]。

とはいえ、ベンチャー資金が投じられる地域は少数の限られた地域だ。ベンチャー・キャピタルには「二〇分ルール」というものがある。これは二〇分以内で行ける距離にある企業しか、ハイリスクな投資の対象にはならないという考え方だ。すなわち物理的な距離が遠すぎると、インターネットをベースに遠隔地から商品やサービスを提供するハイテク企業であっても、投資の対象からは外されてしまうわけだ。

ベンチャー・キャピタルも例外を認めないわけではない。だが結局のところ、彼らが投資先に求めることは、ベンチャー・キャピタルならではの直接的な経営参加ができること、そしてクライアントや投資家、同業者の近くに拠点があることだ。多くのハイテク企業が創業地からシリコンバレーへ移動する理由として、この二〇分ルールの存在が挙げられるだろう。なお、二〇〇七年夏のＩＰＯ（新規株式公開）において、グローバルなマネーは世界のたった三都市に集中した。ロンドン（五一〇億ドル）、ニューヨーク（四六〇億ドル）、そして香港（四一〇億ドル）である。[11]

●トップ科学者

技術的イノベーションの土台となる科学的な発明は、特定の地域で集中的に、かつ活発に行われる。きわめて重要な発明が行われる地域は何カ所も存在するが、そのほとんどはアメリカとヨーロッパに集中している。

先端分野において最も多く論文が引用された一二〇〇人の科学者の居住地を示したのが四つ目の地図だ（図表２－４を参照）。これは地理学者で都市計画家でもある、ロンドン大学ユニバーシティ・カレッジ先端空間科学研究所の所長、マイケル・バティが独自に編纂したデータに基づいている。[12]リン・ザッカーとマイケル・ダービーが分析した、二〇〇六年の全米経済研究所（ＮＢＥＲ）の調査結果からも、同じような分布が見てとれる。ザッカーとダービーはア

図表2-4◈トップ科学者に見るスパイキーな世界

【出典】MICHAEL BATTY, CENTRE FOR ADVANCED SPATIAL ANALYSIS, UNIVERSITY COLLEGE LONDON; MAP BY TIMOTHY GULDEN

メリカ国内一七九地域、二五カ国を対象に、一九八一年から二〇〇四年におけるトップ科学者とエンジニア計五〇〇〇人の居住地を調査した。彼らはその結果、居住地が集中するいくつかの地域を突き止めた。

トップ科学者が集中する地域は、アメリカ東海岸（ボストン、ニューヨーク、ワシントン＝ボルティモア）と西海岸（サンフランシスコ、ロサンゼルス、シアトル）、シカゴ、およびアメリカ国内のその他の地域、ヨーロッパの大都市（ロンドン、アムステルダム、パリ）、日本の主要都市などである[13]。

ここで、三つ目と四つ目の地図の共通点に気づくだろうか。経済的イノベーションと先端科学は、どちらも特定地域に集中している。双方の条件を同時に満たし、グローバル経済において高い競争優位性を誇る地域も存在する。かといって、すべての地域が二足のわらじをうまく履きこなしているわけではない。東アジア、とりわけ日本の一部の都市は、経済的イノベーションにおいては重要な拠点として機能しているが、先端科学については、いまなおほかの都市に依存している。これと同じ理屈で、先端科学には秀でているものの、ビジネスへの転換に成功しているとは言いがたい地域もある。

四つの地図を総合的に見ると、興味深いパターンが見えてくる。人口密度、経済活動、イノベーションと、地図を一枚ずつ重ねるごとに、地理的な偏りの度合いが増すのだ。

まず基本となる人口地図の時点で、すでに大きな偏りが見られる。世界の人々が住む場所は比較的少数の大都市に集中している。次いで経済活動の分布には、人口以上に地域的に大きな偏りがある。人口の多い都市の多くが、この時点で地図から姿を消す。イノベーションとトップ科学者の分布は、さらに場所を限定する。経済開発のステップが生活必需品の製造から、最先端のイノベーションを請け負う段階へと上がるにつれ、世界全体の格差は拡大するのだ。

地理的な集中がイノベーションにとって特に重要であることは、第４章で詳しく検証するが、革新を起こす者とそれを実行に移す者、さらに経済的にサポートする者とが公私において緊密な連絡を取り合うことで、自由にあふれ出た発想は研ぎ澄まされ、より早く実現の段階を迎えることができる。

クリエイティブな人々は「互いに近くにいたい」とか、「文化的施設の多い、洗練された地域に住みたい」といった単純な理由で集まるわけではない（ある程度はそれもあるが）。資源の集中によって生じる生産優位性や、規模の経済、知識の横溢が見込めるからこそ、クリエイティブな人々とクリエイティブな企業は特定の地域に集中するのだ。

イノベーションを生むために人が「移動する必要」はないかもしれない。だが最先端のイノベーションにとって、地理的な集中は依然として必要条件となっている。イノベーションや経済的な成長と繁栄は、最高水準のクリエイティブな才能をある一定量引きつけることができる場所で生まれ続けている。グローバリゼーションは革新的な商品やサービスを、世界中の消費者へいち早く広めることを可能にした。そしてイノベーションの拠点である地域の魅力を存分に引き出し、地上で最も輝かしい場所にした。その一方で、世界の経済格差は広がり続けている。

山頂と谷底

投資や才能を求める都市間の競争は、かつては同じ国家や同じ地域の中で行われていた。だが今日では、その競争の舞台が全世界へと広がった。現在のスパイキーな世界において、地域は次の四つのグループに分類される。

- 第一のグループはイノベーションの拠点となる少数の先進地域で、都市間競争の頂点に位置する。このグループはグローバルな才能を引きつけ、独創的な知を生み出し、世界のイノベーションのほとんどを担っている。通信と交通手段の発達により、これらの地域間では知の循環が容易に、かつ恒常的に行われている。
- 第二のグループは、ほかの地域で生じたイノベーションとクリエイティビティを活用して製品やサービスを開発する新興地域である。ダブリンやソウルのほか、シンガポール、台北などが含まれる。メキシコのグアダラハラやティファナ、上海、フィリピンを加えてもよいだろう。これらの地域は知識を活用するだけでなく、自らそれを生み出す地域へと変貌しつつある。だが二一世紀のグローバル経済において、その大半は製造とサービスのアウトソース先として機能することが主となっている。すなわち世界の要求に応えて商品を生産し、イノベーションをサポートしているのだ。

・第三のグループは開発途上国の大都市である。これらの地域は人口の集中が著しい半面、住民の生活を支える経済活動は不十分である。世界全体で見ても、スラムは消滅するどころか、新たに次々と形成されている。その多くは荒廃し、ホームレス人口の過密、貧困、窮乏、著しい社会的、政治的情勢不安、そして経済活動の停滞に見舞われている。[14] その結果、グローバル経済から孤立し、世界のフラット化の恩恵も届かない。
・最後のグループは、スパイキーな世界における広大な谷底にあたる地域だ。これらの地域では、人口や経済活動の集中が見受けられず、グローバル経済との接点も皆無に近い。

わずか二〇年から三〇年で世界は大きく様変わりした。それは世界のフラット化が進んだという意味ではない。むしろスパイキーな状況が全世界に拡大し、製造とサービスの中心が新興地域へと急速に移ったことを指す。

二〇世紀の大半において、ヨーロッパや日本の一部を除けば、アメリカは世界的に優れた経済とイノベーションの拠点のほとんどを有していた。しかし今日のアメリカは、そうした優れた拠点の多くを失ってしまった。ピッツバーグやセントルイス、クリーブランドといった工業都市の凋落ぶりが、それを端的に物語っている。その半面、北欧、カナダ、環太平洋における一部地域の発展ぶりは目覚ましい。

今日の世界がフラットに見えるのは、先進地域間の経済的、社会的な緊密さが増したからだと主張する人もいるだろう。そうした地域で暮らす人々は近所の人とは疎遠だとしても、地球の裏側に住んでいる相手と親密な関係を保てる。

先進地域間のつながりを加速させたのは、世界に一億五〇〇〇万人ほどいる、移動性のきわめて高いクリエイティブ・クラスだ。ただでさえ移動性の高い彼らは、グローバルな通信システムや、グローバルな労働市場を共有し、世界をリードする地域の間をより自由に行き来するようになった。相互接続のネットワークが密になったことで、少数の特権階級には世界がフラット化したかのように映るのかもしれない。現実にはフラット化からはほど遠い状況であってもだ。

ワシントンにあるブルッキングズ研究所によって発表された、人口統計学者のロバート・ラングと都市研究者のピーター・テイラーによる調査は、ロンドン、ニューヨーク、パリ、東京、香港、シンガポール、シカゴ、ロサンゼルス、ミラノなど世界の先進地域のつながりを子細に記している。また開発途上地域との経済的、社会的格差についても詳細に分析している[15]。

二〇〇七年のエコノミスト誌にも、グローバルな金融市場について似たような論評が掲載されている。テクノロジーが国境を越えた金融取引を容易にした一方で、主要な国際金融拠点はこれまで以上に一部の地域へ集中している。そこで同誌は記事でこう問いかけた。「なぜ投資家は、物価高で人口増加の激しい都市で暮らし、働きたがるのだろうか。ブロードバンド回線や携帯電話、それに〈ブラックベリー〉があれば、どんな場所でもビジネスができるというのに」。さらに同記事は、ロンドン、ニューヨーク、東京のみならず、香港やシンガポールなどグローバルな金融拠点の一体化について、こう続ける。「城塞に囲まれた中世の都市国家と違い、現代の金融拠点は相互の連結関係にますます依存している。テクノロジー、資本の移動性、世界各地での規制緩和によって、国際的な金融ネットワークが形成された。ある都市はまだ深夜でも、別の都市は朝を迎えているため、金融取引は二四時間、絶え間なく続く。あらゆる地域の投資家が多様な資産を運用するにつれ、複数の金融拠点をまたぐ取引が近年急増している」[16]。こうした記事は、世界の先進地域が連結関係にあること、裏を返せば、先進地域が経済的に優位に立つ一方、そのほかの地域は孤立していることを示している。

世界はスパイキーだとする考えは、地政学や経済学に密接に関係している。これに対し、世界はフラットだとする理論は、新興地域であっても世界経済の舞台へ容易に参入できるとしている。たしかにインドや中国のような新興経済国は、コスト優位性、ハイテク技術、起業力を確実に備えてきた。その結果、製造業やマニュアル化されたサービス業において効果的な勝負ができるようになった。一方で先進国は、製造業ばかりか、ソフトウエア開発や金融サービスといった付加価値の高い業種までもが、国外へ流出するおそれに苦悩している。このような世界経済の均一化は、国家や地域間の緊張状態を高める。しかし世界はフラットだとする理論は、こうした深刻な問題に対する判断力を鈍らせ、政策の有効性をも損なわせる。

富める者と貧しい者、先進国と開発途上国のように、世界を二者択一の論理でとらえるのは、もはや適切ではない。世界はフラットであると共にスパイキーであるという考えに基づけば、さまざまな分野における国家や地域間の緊張の高まりが理解できる。その具体例が、才能を引きつける「持てる」地域と、才能の流出が止まらない「持たざる」地域の対立である。デトロイト、名古屋、バンガロールのような二番手都市は、ビジネス、人的資源、投資をめぐって水面下で激しく競争している。最も繁栄し、かつイノベーションが盛んな地域の間においても同様の競争がエスカレートしている。

これは実に危険な兆候である。世界のフラット化や、古くから言われ続けた物理的距離の消失を、無邪気に喜んでいる場合ではない。また私たちが直面している問題は、ユダヤ＝キリスト教的価値観とイスラム的価値観の対立、いわゆる「文明の衝突」などではない。世界の先進地域（山頂）とそうでない地域（谷底）との間で深まる、経済的な断絶なのである。世界の紛争の大半は、経済とは関係ない事柄に思えるだろうが、実は世界のスパイキーな不均衡によるものなのだ。一〇年以上前、理論政治学者のベンジャミン・バーバーは先見の明を示した。彼はグローバル経済の台頭を「マックワールド」と呼び、それがあまりにも威圧的で有無を言わせないために、強烈な反発を呼んでいると指摘した[17]。そして反グローバル運動の根底に流れているものは何百万という自らの仲間ないし、民族的アイデンティティが脅かされている人々の不安と恐怖心からもたらされる「ジハード」であると称した。こうした人々は教養、技術、そしてグローバル経済に参加するための移動性を欠いており、世界から隔絶された地域にとどまらざるをえないのだ。

グローバル化は地域的な不均衡を伴うため、経済成長の過渡期、ないし勃興期にある地域に荒廃をもたらす。たとえば中国は過去一〇年に急成長を遂げ、「世界の工場」としてますます発展が期待されている。中国は科学力を持つ人材を育て、大学を援助し、世界中のトップ技術者を引きつけた。それによって世界の先端企業のアウトソース先から脱却し、自らイノベーションを創り出せる国へ急速に変貌していると言われている。

だが、実際に中国の急成長に貢献したのは、上海、深圳、北京といったごく少数の地域だ。これらの地域は国内の才能ある人材の大半を引きつけ、イノベーションを育み、富の大半を稼ぎ出している。貧困化の進む農村部からは隔絶された、バーチャルな世界だと言ってもよい。何しろ中国の先進地域の上位一〇傑は、国内総人口のたった一六パーセントの人口でありながら、人材を輩出する大学の約四五パーセントと、技術的イノベーションの六〇パーセントを独占しているのだ(18)。

伸長著しい中国経済に影を落とすのは、高まりつつある階級格差である。それを中国社会は端的に示している。中国の主要都市部の総人口はおよそ五億六〇〇〇万人。どの地域もイノベーションに富み、エネルギッシュで国際色豊かである。しかし残りの七億五〇〇〇万人が暮らす土地のほとんどは貧しい農村地域で、世界経済から取り残されてしまっている。

ギャラップ・オーガニゼーションが二〇〇六年に行った詳しい世論調査によれば、中国の都市部における平均的な世帯収入は農村地域の二・五倍で、その金額は一九九九年からほぼ倍増している。私たちの独自の計算では、中国の主要なメガ地域の住民は、ほかの中国国内の地域の住民の三・五倍の収入がある。こうした状況を、私の研究室にいる中国人学生が簡潔な言葉でまとめた。「上海にいる中流層は、アメリカの中流層よりも恵まれた暮らしを送っている。けれども都会から一歩離れれば、文明化以前の暮らしとしか言えない生活を送っている人々がいる」

統計が彼の所感を裏づける。中国の全国民の一七パーセントは一日一ドル以下で生活しており、国民のおよそ半数が一日二ドル以下で暮らしている。さらに八億人の農民が、医者に行く費用さえない。

地域的な偏りと不均衡が見られる中国経済の本質は、内政面にもうかがえる。二〇〇五年、中国農村部には推定八万七〇〇〇人もの暴徒とデモ参加者が現れた。その二年前の一・五倍に近い人数である[19]。事態を重く見た中国政府は、農村地域の開発や教育、医療の向上といった新たな支援策を導入し、拡大しつつある社会的、経済的な格差に対処しようとした[20]。しかし、そうしたギャップを埋められる見通しは依然として厳しい。中国の先進地域は国際社会とつながりを持ち、世界のライバル地域に肉薄しようとしている。だが農村地域とその住民は、確実に置き去りにされている。

インドの貧しい人々はさらに過酷な苦しみを味わっている。バンガロール、ハイデラーバード、ムンバイ（旧ボンベイ）、ニューデリーの一部のような地域も、人口の密集するインド国内のほかの地域から隔絶しつつある。なおかつスタンフォード大学のラフィク・ドサニは、「インドで急成長している技術サービスやビジネスサービスは、中国の製造業で見られるような雇用範囲の広さに欠けている」と述べている[21]。インド政府が技術力の低い労働者にも仕事を提供する方法を見つけない限り、インド国内における経済的、政治的、社会的格差を、グローバリゼーションがいっそう広げることになる。

スパイキーな世界におけるグローバル化への反発は、新興国以外でも見受けられる。たとえばフランスとオランダの国民は、二〇〇五年に欧州憲法条約の批准を否決した。その根底にあったのは、グローバリゼーションと経済統合へのおそれである。先進国の住民であっても、技術力の低い郊外の人々や農村労働者は、経済的、社会的に置き去りにされているのだ。

このようにグローバリゼーションは地域的な不均衡を内包しており、アメリカ国内においても政治的、文化的な断絶をもたらした。イノベーションが盛んで世界とつながっている都市圏と、そうではない地域との経済的、社会的格差は広がる一途である。私の独自の算出では、シリコンバレー、ボストン、ノースカロライナ大学周辺のリサーチ・トライアングルといった地域は、アメリカ国内で最も高い不均衡を生み出している。この偏りはまた住宅市場の二極化も際立たせている（さらに詳しくは第8章で述べる）。ロンドン、ニューヨーク、サンフランシスコ、香港といった都市の住宅相場は過去二〇年ほどの間で急騰した。その一方で、これらの都市と同じ国の郊外地域は住宅相場が停滞、もしくは下がっている。

グローバル化がもたらした地域間格差の拡大は、政治に対する潜在的な不安や反発をも高める。最下層へ転がり落ちていく人々の恐怖心、不安、怒り、恨みは世界中に渦巻いている。彼らは幾度となく、自国の前途ある人々が国を去っていく（もしくは自発的に出ていく）のを見届けている。その結果、狂信的な国家主義が各地で現れては消えるということを繰り返している。それはペンシルベニアの郊外でも、フランスの田舎でも、東欧でも、中東でも見られる光景だ。この手の国家主義は政治的利益を獲得するためなら、人々の恐怖心を煽り立てることをためらわない。

世界はフラットだとする理論が、まったくの見当違いというわけではない。世界の相互連結は明らかに加速している。これまでになく多くの商品が生産され、総体的には富は増大した。そして何よりも世界経済に参加できるチャンスは飛躍的に拡大した。しかし、たいていの人は総体的な影響には関心がない。当たり前のことだが、わが身の幸せが第一だからだ。

経済的に栄えた地域は、不均衡なグローバル社会において、最大限の利益を享受できる立場にある。だからといって、グローバル化のマイナスの影響を完全に免れるとは限らない。通信技術の進歩は世界を一気に狭めている。最下層に取り残された人々は、所得、社会的地位、ライフスタイルなど、さまざまな面で広がり続ける格差を、羨望と嫉妬の混じった目で見上げているのだ。このように、私たちはきわめて大きな矛盾に直面している。世界経済は頂点に達した地域のさらなる成長を求める。だがその成長は経済的、社会的格差を広げ、結果的にイノベーションと経済発展を脅かすような政治的反発を強める。

世界はフラットであり、だれもが成功のチャンスを公平に有するという発想を持ち続ける限り、グローバリゼーションの抱える問題に対峙するのは不可能だ。

では本気でこの問題に向き合うにはどうしたらよいのであろうか。それは世界経済の不均衡という本質と、拡大し続ける格差、緊張状態を理解することに尽きる。

現代における最も重要な政治的課題とは、世界の山頂と谷底との間に生じた格差を少しでも埋めること、そして山頂を犠牲にして削り落とすことなく、谷底をせり上げることなのだ。

第3章

メガ地域の台頭

RISE OF THE MEGA-REGION

ローリング・ストーンズは世界的に有名なバンドである。彼らが演奏して回った地域は数えきれない。しかし二〇〇六年のワールドツアーには、そんな彼らも初めて訪れる公演地が含まれていた。それは上海である。ミック・ジャガーはマスコミにこう語った。「上海が重要な大都市だということはわかっている。だから必ずツアー日程に入れようと思ったんだ」

国際的な投資家やグローバルな製造業、あるいは金融機関が何年も前から認識していたことに、ストーンズもようやく気づいたようだ。上海は見た目も感覚も中国のほかの地域とはまったく異なっている。才能や資本が集まってくるというだけではない。上海は芸術を支援し、ナイトクラブがひしめく繁華街を育み、世界中のコスモポリタン都市とつながりを持っている。そして自らも世界のクリエイティブな拠点に変貌しようとしているのだ。

上海と中国の他地域との相違が広がりつつある現象は、なにも特異なケースではない。これは現代の基本的な経済単位である「メガ地域」の台頭という、グローバル化による世界経済の構造変化を象徴しているのだ。メガ地域の人口は五〇〇万人から一億人規模で、経済生産は数千億ドル、時には数兆ドルにものぼる。そこでは人々の創造性が最大限に活用され、世界的な科学業績やイノベーションの大部分を生み出している。

世界の経済現象は、これまでは常に都市という単位によって研究、分析されてきた。しかしここ数十年の間で、私たちがかつて都市だと考えていたもののかたちが変化した。都心の周辺を農村や郊外地域が取り囲むというかたちから、ボストン＝ニューヨーク＝ワシントンDCとつながる一帯のように、二つ以上の都市からなるメガ地域へと変わっていった。

メガ地域とは単なる都市の拡大版ではない。都市は個々の近隣地区から成り立っており、大都会は都心と郊外地域によって形成されてきた。だがメガ地域は都市自体が成長して密度を高め、やがて外へ向かって拡大し、他の都市と合体して生まれたものだ。これは自然発生的に生まれた新しい経済単位である。

才能ある人材や生産力、イノベーション、市場を結集させる点において、今日のメガ地域の機能は従来の大都市とある程度は類似している。しかし、その規模は比べものにならない。従来の都市は国家システムの一部だったが、今日の都市はグローバル化によって世界的な競争にさらされるようになった。

経済活動の分布がグローバル化するにつれ、都市のシステムもグローバル化し、いまや都市間の競争は世界を舞台に繰り広げられている。つまり、以前より大規模で競争力ある経済単位として、メガ地域は都市に取って代わり、グローバル経済の真の推進力となったのである。

新しい経済単位：メガ地域

経済の成長や発展について考える時、通常は国民国家がその単位となる。古典派経済学者のアダム・スミスとデイビッド・リカードは共に、「経済成長を推進させる地理的な単位は国民国家である」と論じた。リカードの有名な理論にあるように、個別に特徴を持つ国々は、特定の産業に特化することによって他国に対して「比較優位」を維持することができる(1)。

経済史を学ぶ学生の大部分は、農村から都市、そして国民国家へという方向で、経済の発展の過程をとらえてきた。しかし実際には、交易、商取引、イノベーションといった経済活動は常に都市から生まれてきた。そして今日ではメガ地域が経済の成長と発展の中心的な原動力となっている。

最初にこのことに気づいたのは、偉大なる都市批評家ジェーン・ジェイコブスだった。彼女の最も有名な著書は、都市計画を痛烈に批判した『アメリカ大都市の死と生』である。ほかにも知名度はやや下がるが、『都市の原理』と『都市の経済学――発展と衰退のダイナミクス』という重要な著書がある(2)。

古くからの説では、農業の収穫量が増え、生存に必要な量以上の余剰が出るようになって初めて都市が誕生したことになっている。だが一九六九年に出版された『都市の原理』で、ジェイコブスはこの説に反論している。

彼女によれば、実際には野生動物や穀物が原始的なかたちで取引されていた場所で初期の都市が誕生し、やがてその住民が農業や作物の移出による経済的利益を発見したというのである。典型的な「農村」の活動と思われるものも、最初は都市で生まれた後、周辺の地域に広がっていった。農業の生産性の改善も同様で、まず都市で考案されてから農地に導入されたのだと指摘する。たとえば穀物の刈り取り機は、最初に都市で発明され、改良が加えられて使用された後に、その技術が郊外の農業地帯に広まって革命的な変化をもたらした。一九世紀半ばのアイルランドでは、大飢饉の後に都市が抑圧されたことによって、国力の回復が停滞したというのである。

救援の食糧を受け入れる港がなく……救援の穀類を挽く製粉機もなかった。製粉機を作る職人もおらず、その道具や機材もなかった。パンを焼くかまどもなかった。ジャガイモ以外の作物の作り方を伝える方法もなかった。他の作物の種をまいたり、栽培する作物を変えるのに不可欠な農具を提供することもできなかったのである。

ジェイコブスはさらに、アイルランドがこのような悲惨な状況に陥った原因は、イギリスの圧政にあったと指摘している。

しかし、イギリス支配の中核をなし、アイルランドを非常に効果的に無力化する手段となったのは、都市産業への組織的な弾圧だった。これは、イギリスが植民地アメリカの小都市の産業に対して試みて不成功に終わった弾圧と、本質的には同じものである。

ジェイコブスによれば、ダイナミックな都市は、その後背地と一体化して本格的な「都市地域」に発展する。都市で形成された技術やイノベーションによって、近郊の農地では大変革が起き、農村の住民は職を得ようと都市の近くへ移動する。都市の生産活動が増大すると、市民生活やインフラ整備と同時に、新しい技術やイノベーションにも多くの資金が流入するようになり、都市の周辺地域もその恩恵に与れるようになるというのである。

リカードが唱えた比較優位説は今日でも重要な意味を持つが、国境はもはや経済活動をさえぎるものではない。代わって、メガ地域が新しい「自然な」経済単位として出現した。国民国家やその行政区分のように、メガ地域は政治的な境界線によって人為的につくられたものではない。イノベーション、生産、消費者市場などの拠点が集結して成り立ったものである。今日のメガ地域は、基本的には隣接する都市と都市がその郊外地域を含めて集積したものであり、個々の都市とその後背地の範囲をはるかに超えるものである。

一九五七年に経済地理学者のジャン・ゴットマンは、ボストンからワシントンＤＣに至る一帯に誕生しつつあった経済的集積を表現する際、初めて「メガロポリス」という言葉を用いた(3)。その由来は「非常に大きな都市」という意味のギリシャ語で、それ以来、次のような地域を指す場合にも適用された。具体的には、サンフランシスコからサンディエゴにかけて広がるカリフォルニア州の一帯、シカゴからデトロイト、クリーブランドを経てピッツバーグに至る中西部の一帯、そして日本の東京＝大阪間の活気に満ちた一帯である。

また日本の経営コンサルタントの大前研一が、一九九三年にフォーリン・アフェアーズ誌に掲載した記事は大きな注目を集めた。世界の自然な経済地域あるいは「地域国家」が国民国家に取って代わり、組織的な経済単位になったと指摘したのだ。このような世界を、大前は「ボーダレス・ワールド」と名づけた。(4)

それは主権国家内の一地域の場合もあれば、国境をまたがっている場合もある。そんなことは問題ではない。国境は歴史的偶然の産物にすぎず、経済の持つ重みが増した現状にはそぐわない。地域国家とは、政治的な境界に関わりなく、今日のグローバル経済の中で繁栄していくのに適切な規模をもった「自然な経済単位」のことである。ボーダレス・ワールドで問題になるのは、そうした経済単位の境界と関係である。

ただし、すべての大都市がうまく機能しているわけではない。コルカタ（旧カルカッタ）やデリーといった都市は巨大だが貧しい。大前の言葉を借りれば、「自分たちの問題を解決する方法や、その方法を実行に移すために必要な資源を、グローバル経済に求めようとしないか、求めることができない」からである。

ここで大前が言っていることは重要である。人口の多さは経済成長とは関係がない。巨大都市だからといって、メガ地域とは限らない。真のメガ地域は人口が多いだけではない。大きな市場があり、経済的キャパシティが十分にあり、イノベーション活動も盛んで、才能ある人材も豊富なのである。

国民国家のデータだけを頼りに、経済成長や富の創出について考察するのは大きな間違いである。国家の境界線、すなわち国境とは、経済活動が行われている場所とは関係なく定められたものだからだ。利益が最大限見込めるところへ資本は流れ、チャンスがある場所へ人々は移動する。たしかにグローバル経済は統合の度合いを強めるだろう。だが結局は資本も人材も、生産性や利潤が最も期待できる場所へ集中するのである。

国境は文化的な特徴とも無関係に線引きされている。同じ州や地方、ましてや同じ国にあっても、二つのまったく異なる文化の都市が存在するのは周知のとおりだ。さらに底辺の地域は経済が低迷しているうえに、近隣のメガ地域との文化的な格差も広がっている。顕著な経済格差に加えて成長に伴う苦しみが、世界において持てる者と持たざる者、あるいは洗練された都市生活者と地方生活者との格差を広げているのである。

同一国家内の都市間格差が広がりつつある半面、メガ地域同士の特質はますます接近している。物理的な距離や歴史的な関係の如何にかかわらず、二つのメガ地域の間に経済的な共通点が多ければ多いほど、社会的モラルや文化的センス、政治的な傾向などさえも似てくるのである。これは一部で一体的にＮｙＬｏｎ《ナイロン》と呼ばれている、ニューヨークとロンドンの例に限られ

るものではない。上海とケンタッキー州ルイビルを比べれば、ニューヨークとの共通点は上海のほうが多いのである。(5)

メガ地域の世界地図

ここで、世界の国々の国境を無視し、グローバル経済をもっと現実的な側面から見てみよう。ゴットマンと大前の研究を継承した多くの研究者が、観察データに基づいてアメリカおよびその他の地域のメガ地域の範囲や広がりを地理的に確認してきた。バージニア工科大学メトロポリタン研究所のロバート・ラングとドーン・ダベールが二〇〇五年に行った研究によれば、アメリカ経済を動かしている一〇カ所のメガ地域には合計二億人近くのアメリカ人が居住している。これはアメリカの全人口の三分の二以上に相当する。そして、その人口は国全体の人口増加に比べてかなり速い速度で増加している。(6)

しかし今日に至ってもまだ、私たちはアメリカ経済の規模や成長を比較する際に、従来のライバル国家を引き合いに出しがちだ。GDPやその成長率、人口、イノベーションの評価など、何においても国を基準にしてしまう。国際機関やマスコミから、グローバルな金融機関に至るまで、だれもが同じ固定観念にとらわれてしまっている。

だが幸いにも、ティモシー・ギルデンがうまい解決策を考案した。彼は夜間の地球を撮影した衛星写真を使い、光量が集中している箇所をメガ地域と定義した（詳細は前章を参照）。それによって経済活動が盛んな地域と、そうではない地域を識別できる。そして、光のデータとその他の経済的な指標とを組み合わせ、国家や地域の経済生産に関する既存の評価値と細かく照らし合わせることによって、彼は世界中のメガ地域の経済規模、すなわちLRPを算出したのである。(7) ギルデンはメガ地域について、しばしばこのように説明している。「お金さえあれば、手ぶらで端から端まで歩いても、喉の渇きや空腹を経験することはない場所だ」

この夜間の地球のイメージを私が実感したのは、二〇〇七年秋のある晩遅くのことだ。サウスカロライナ州コロンビア発、トロント行きの飛行機に乗った時である。巨大な「シャー＝ランタ」(アトランタ、シャーロット、ノースカロライナのリサーチ・トライアングルを含むメガ地域)の中心地であるコロンビアを発ってから、少なくとも四五分間は窓越しにまばゆい光が広がっていた。その後、空は暗くなり、約一時間後に飛行機は「トー＝バフ＝チェスター」(トロント、バッファロー、ロチェスターにまたがるメガ地域)の郊外にあるバッファローに接近した。真夜中にもかかわらず、前方の地平線上の雲に映る光は夜明けのように明るかった。

分析上、メガ地域は二つの重要な基準を満たす必要がある。一つ目は、大都市または大都市圏が一つ以上あり、光が集中するエリアであること。二つ目は、LRPが一〇〇〇億ドル以上あること。この定義に基づけば、世界にはちょうど四〇のメガ地域が存在していることになる(補遺Aを参照)。

人口を基準にして上位のメガ地域を見てみると、次のような統計データが導き出される。

・人口規模で上位一〇地域の合計は六億六六〇〇万人。世界の全人口の一〇パーセントにあたる。
・人口規模で上位二〇地域の合計は一一億人。世界の全人口の一七パーセントに相当する。
・人口規模で上位四〇地域の合計は一五億人。世界の全人口の二三パーセントを占める。

経済活動を基準にすると、さらに驚くべき数字が出てくる。

・経済規模で上位一〇地域の人口の合計は約四億一六〇〇万人。これは世界の全人口の六・五パーセントであるが、それで世界全体の四三パーセント（一三・四兆ドル）の経済活動を担い、イノベーションの五七パーセントを支えている。論文が多く引用されるトップ科学者の数については、世界全体の五三パーセントを占める。
・経済規模で上位二〇地域の合計人口は、世界の全人口の一〇パーセントに相当する。それが世界全体の五七パーセントの経済活動を担い、七六パーセントのイノベーションを支えている。トップ科学者の数は世界の七六パーセントを占める。
・経済規模で上位四〇地域の合計人口は、世界の全人口の一八パーセントに相当する。それで世界全体の六六パーセントの経済活動を担い、イノベーションの八六パーセントを支えている。トップ科学者の数は世界の八三パーセントを占める。

次は、世界の主要なメガ地域を地図上で確認してみよう。

北米のメガ地域

最初の地図は、北米の経済圏を形成するメガ地域だ。アメリカ合衆国の経済圏は五〇の州で成り立っているわけではないということが、一見してすぐわかるだろう（図表3－1を参照）。北米の経済の中核をなすのは、実際にはカナダや、場合によってはメキシコにまで広がる約一二のメガ地域であり、アメリカ経済の大部分もこれらの地域が動かしているのだ。

この地図からもわかるように、最大級のメガ地域は沿岸部に集中している。東海岸のボストンからニューヨークを経てワシントンDCに至る「ボス＝ワッシュ」は、長さ五〇〇マイル（約八〇〇キロメートル）におよび、経済生産は「広域東京圏」に次いで世界第二位である。一九五七年にゴットマンが最初に確認した時点では、この地域の人口は約三二〇〇万人だった。しかし現在の人口は約五四〇〇万人で、全米の人口の二割近くを占める。LRPは二・二兆ドルにのぼり、世界でもトップクラスの経済地域に数えられる。その経済活動は多岐にわたっているが、きわめて高い専門性と得意分野を持っている。ニューヨークは金融とビジネスサービス、そして芸術と文化に特化している。ボストンはバイオテクノロジーと教育分野で知られており、ワシントンDCとその周辺にはメディアや戦略情報分野などが集まっている。

その南に位置する「シャー＝ランタ」は人口が二二〇〇万人で、LRPは七三〇〇億ドル。

図表3-1◈北米のメガ地域

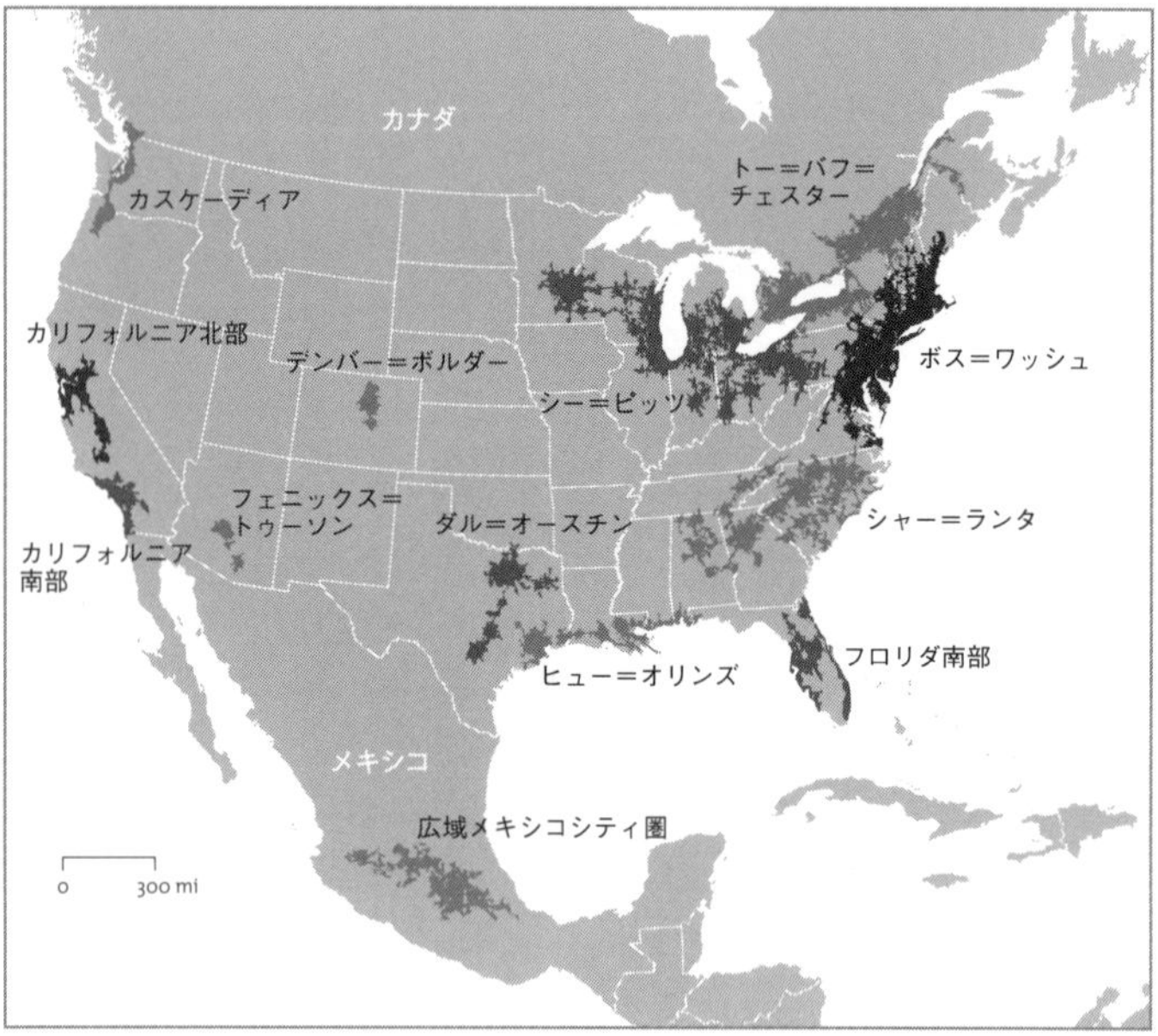

【出典】MAP BY TIMOTHY GULDEN AND RYAN MORRIS

ここに含まれるのは、各企業や団体の地区本部が集中し優秀な人材が多く集まるアトランタ、地域金融の中心地であるシャーロット、そしてテクノロジーの拠点であるノースカロライナのリサーチ・トライアングルである。

さらに南へ行くとマイアミ、オーランド、タンパを含むフロリダ南部の大規模なメガ地域がある。この地域の人口は一五〇〇万人で、ＬＲＰは四三〇〇億ドル。マイアミはラテンアメリカの金融と投資、そしてエンターテインメントとデザイン産業の拠点であり、オーランドには世界最大のテーマパーク、ディズニー・ワールドがある。こうした特徴から、芸術とエンターテインメント分野に強い地域だ。

西海岸には三つの大規模なメガ地域があり、最も大きいのはロサンゼルスからサンディエゴを経てメキシコのティファナに至るカリフォルニア南部のメガ地域である。その人口は二一〇〇万人で、二カ国にまたがるＬＲＰは七一〇〇億ドルである。ロサンゼルスは映画やエンターテインメント、ポップカルチャーの分野で突出している。また金融業やＩＴ関係の企業が多く集まっており、それらの業界の企業が目標とする地でもある。サンディエゴは世界レベルのＩＴと通信技術、バイオテクノロジー技術を擁する。ティファナはハイテク製品の世界的な生産拠点である。すなわちこの地域は、最先端のクリエイティビティとイノベーションを誇ると同時に、比較的低コストで製品を生産できる環境にある。そういう場所は世界的に見ても非常に珍しい。

西海岸で第二のメガ地域は、カリフォルニア北部、サンフランシスコのベイエリアに広がっている。この地域の人口は一三〇〇万人で、ＬＲＰは四七〇〇億ドルを超える。ＩＴ産業とベンチャー・キャピタルの主要な拠点であると共に、それぞれに得意分野を持つ世界トップクラスの大学が集まっている。スタンフォード大学とカリフォルニア大学バークレー校は科学とエンジニアリングに優れている。カリフォルニア大学サンフランシスコ校はバイオテクノロジー、カリフォルニア大学デービス校は農学とワイン醸造で知られている。

この一帯には、ＣＧアニメーション会社のピクサーや、ゲーム会社のエレクトロニック・アーツ、そしてジョージ・ルーカス率いるＩＬＭ（インダストリアル・ライト・アンド・マジック）などの企業がある。したがってこの地域の主力産業は、エンターテインメント関連技術である。だが、この地域の中核をなすのは言うまでもなく、優秀なエンジニアとイノベーターが結集するシリコンバレーだ。

西海岸のメガ地域には「カスケーディア」もある。オレゴン州のメドフォードとポートランドから北へ延び、シアトルを経てカナダのバンクーバーに至る一帯だ。この地域は九〇〇万人近くの人口を擁し、二六〇〇億ドルのＬＲＰを誇る。昔から航空機の製造が盛んだったが、ソフトウエアとインターネット産業の世界的拠点にもなり、マイクロソフト、アマゾン・ドットコム、リアルネットワークスなどの企業が本社を構えている。スターバックスやナイキといった消費者に身近なブランドや、ＲＥＩ、コストコなどの有名小売りチェーンも、この地域に本社を置く。

このほか、「デンバー＝ボルダー」と「フェニックス＝トゥーソン」の二つのメガ地域があり、それぞれのＬＲＰは共に約一四〇〇億ドルである。

アメリカ南部のメキシコ湾沿岸にもメガ地域が展開している。ヒューストンからニューオリンズにかけての広大なエネルギー生産地帯「ヒュー＝オリンズ」は、人口が一〇〇〇万人近くで、ＬＲＰは三三〇〇億ドル。テキサス州のダラス、サンアントニオ、オースチンにまたがる「ダル＝オースチン」は人口が一〇〇〇万人で、ＬＲＰは三七〇〇億ドルである。ダラス連邦準備銀行の二〇〇四年のリポートによると、この二つのメガ地域は巨大な「テキサス・トライアングル」を形成している。格安航空会社として成功しているサウスウエスト航空も、最初はテキサス州の都市をつなぐシャトル便としてスタートしたのであった。「ヒューストンの港湾機能、ダラスの陸上輸送機能、テキサス南部およびメキシコ北部への足がかりとなるサンアントニオ、そして州都オースチンの政治機能が一つに統合されれば、東海岸のニューヨークや西海岸のロサンゼルスに匹敵する、第三海岸《サード・コースト》のメガロポリスが誕生するだろう」と、ダラス連銀のリポートは記している。(8)

アメリカ中部地区は飛行機が上空を通過するだけの「フライオーバー・ステート」と皮肉交じりに呼ばれるが、ここにもメガ地域が数カ所存在する。ピッツバーグとクリーブランドからデトロイト、シカゴ、ミネアポリスに至る広大な「シー＝ピッツ」は一〇万平方マイル（二五万九〇〇〇平方キロメートル）以上におよび、四六〇〇万人の人口を誇る。ＬＲＰは一・六兆ドルで、メガ地域のなかでは世界で三番目の経済規模である。

その近くにも、二カ国にまたがるメガ地域がある。私がそのメガ地域に名前をつけたのは、二〇〇二年にバッファロー地区の将来に関する会議で発言中のことだった。この地域の再生のためのアドバイスを求められた時、思わず「トー＝バフ＝チェスター」という言葉が口をついて出たのだ。要するにトロント、バッファロー、ロチェスターを統合すべきだと言いたかったのだ。しかし、このメガ地域の地図をいま見直すと、その当時よりはるかに大きく広がっていることがわかる。オンタリオ州のウォータールーとロンドンから、トロントを経て西のオタワ、モントリオール、ケベックへ延び、さらに南へ向かってアメリカのシラキュース、イサカ、ユティカに至る。この地理的配置を考えれば、「トー＝バフ＝ルー＝モン＝タワ」という名前のほうがふさわしい。呼び方は何であれ、二カ国にまたがるこのメガ地域の人口は二二〇〇万人以上で、ＬＲＰは五三〇〇億ドルにのぼる。北米では五番目、世界でも一二番目に大きいメガ地域である。

トロントは一流の大学を擁し、芸術やエンターテインメント、デザイン、文化関連の産業の中心地である。教育システムがきちんと機能しており、犯罪も少なく、市内も安全だ。その点はロンドンも同様だが、アメリカのほとんどの主要都市とは正反対である。またニューヨークや、ロサンゼルス、サンフランシスコなどと違って、トロントの物価はそれほど高くない。ゆえに社会的にも経済的にもさまざまな階級の人々が混在している。おそらく世界で最も多様な人種が暮らす都市と言えるだろう。

その近くのオンタリオ州ウォータールーはＩＴ産業の中核地で、〈ブラックベリー〉を開発したリサーチ・イン・モーションの本社がある。モントリオールは有名サーカス団のシルク・

ドゥ・ソレイユのホームタウンで、音楽シーンも世界的に知られている。(9) 二〇〇〇年代初期の最も成功したバンドの一つ、アーケイド・ファイアも当地の出身である。国境を隔ててアメリカ側のロチェスターは人口が減りつつあるものの、ゼロックスやコダック、およびそれら企業のサプライヤーなど、電子工学や研究集約型企業の世界的中心地となっている。

——ヨーロッパのメガ地域

アメリカの五〇州と同様に、ヨーロッパの個々の国も「国境」という線によって、歴史的に人為的に作られたものだ。実際のヨーロッパ経済はおよそ一二のメガ地域で成り立っており、そこにはヨーロッパ大陸のイノベーションと生産力が集中している（図表3－2を参照）。

ヨーロッパ最大のメガ地域は、「アム＝ブラス＝トワープ」と私が名づけた巨大な経済圏だ。ここは六〇〇〇万人の人口を擁し、LRPは一・五兆ドルに迫る。世界で第四位の規模のメガ地域である。

これに次ぐ規模のメガ地域はイギリスにある。ロンドンからリーズ、マンチェスター、リバプールを経てバーミンガムに至る「ロン＝リード＝チェスター」である。ロンドンには多数のアメリカ人を含む膨大な数のクリエイティブ・クラスが居住し、世界の金融およびクリエイティブの拠点として知られている。いまやロンドンに比肩するのは、せいぜいニューヨークぐらいのものである。このメガ地域では、映画、演劇、音楽などの文化的な創造活動が特に盛んで、

図表3-2◈ヨーロッパのメガ地域

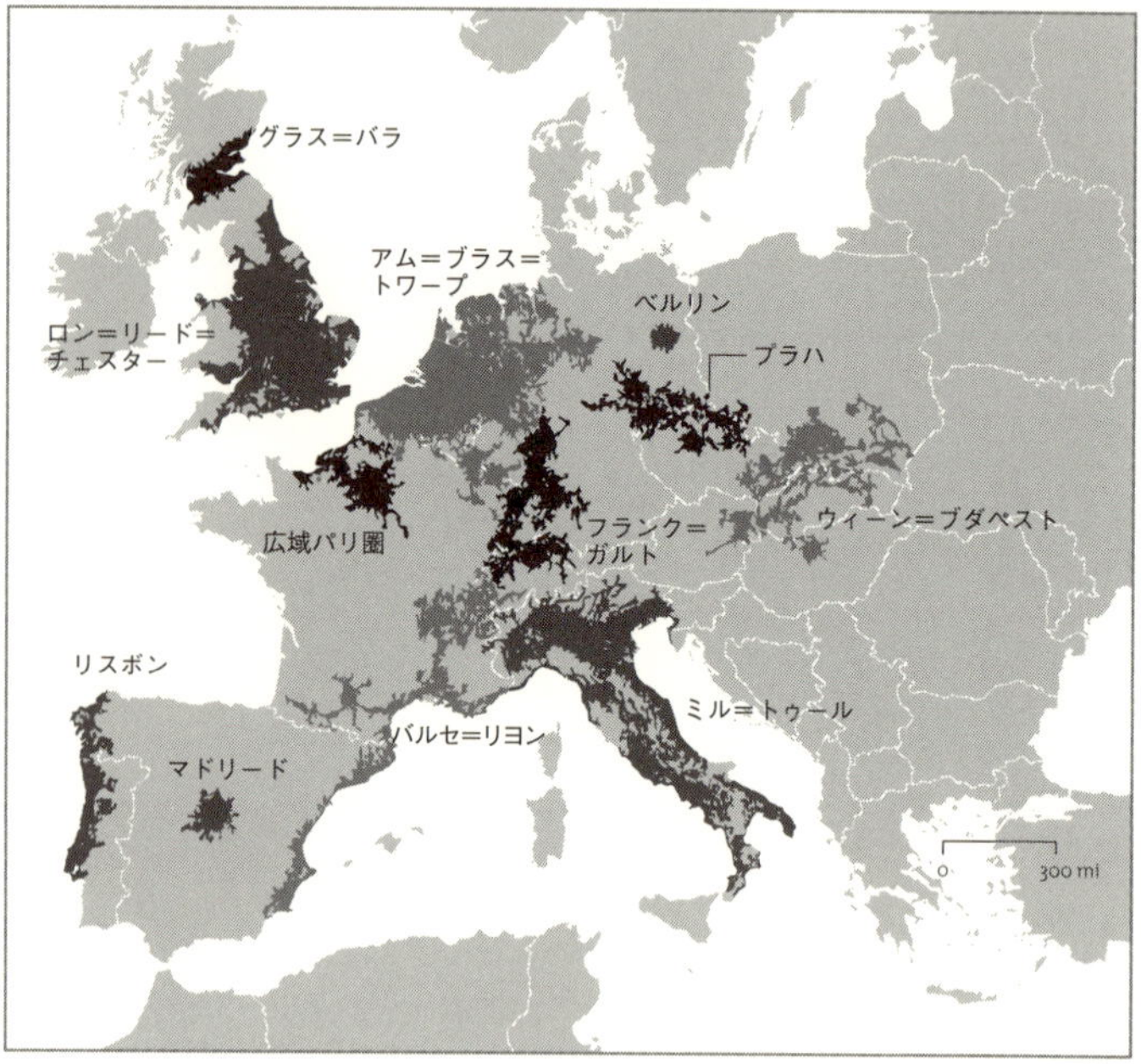

【出典】MAP BY TIMOTHY GULDEN AND RYAN MORRIS

ビートルズ、ローリング・ストーンズ、レッド・ツェッペリン、セックス・ピストルズといった世界最高のバンドを世に送り出した。人口は五〇〇〇万人、LRPは一・二兆ドルで、世界で六番目の経済規模を誇る。

イタリアのミラノからローマを経て、トリノに至る広大なメガ地域「ミル＝トゥール」は、ファッションと工業デザインの中心地である。約四八〇〇万人の人々が約一兆ドルのLRPを稼ぎ出しており、ヨーロッパで第三位、世界で第七位の経済集積である。

ドイツではシュトゥットガルト、フランクフルト、マンハイムを取り巻くメガ地域「フランク＝ガルト」に二三〇〇万人が暮らす。その多くが金融業と製造業に携わっており、六三〇〇億ドルのLRPを誇る。

その西に位置する「広域パリ圏」は人口一五〇〇万人、LRP三八〇〇億ドルのメガ地域である。ここはオートクチュールをはじめ、あらゆるファッションをリードしている。

スペインとフランスの二カ国にまたがる「バルセ＝リヨン」は、二五〇〇万人の人々が六一〇〇億ドルのLRPを稼ぎ出す。以前から北ヨーロッパの人々は、この地域でバカンスを楽しんでいた。しかし最近は仕事を求めてここへ移って来る人も増えている。私はオランダの貿易省の高官から、ある懸念を個人的に打ち明けられたことがある。北ヨーロッパの企業はそのうち、相次いでこの気候温暖で景観も美しく、人材豊富な地域に移ってしまうのではないかと、この高官は憂慮していたのだ。

ヨーロッパのその他のメガ地域は、「ウィーン＝ブダペスト」（LRP一八〇〇億ドル）、「プラハ」（ＬＲＰ一五〇〇億ドル）、「リスボン」（ＬＲＰ一一〇〇億ドル）、スコットランドの「グラス＝バラ」（ＬＲＰ一一〇〇億ドル）、「ベルリン」（ＬＲＰ一一〇〇億ドル）、そして「マドリード」（ＬＲＰ一〇〇〇億ドル）である。

アジアのメガ地域

アジアの経済もメガ地域で構成されている（図表３－３を参照）。日本には四つのメガ地域があり、そのうちの二つは世界最大級の規模を誇る。「広域東京圏」の人口は五五〇〇万人、ＬＲＰは二・五兆ドルで世界ナンバーワンである。ここは金融やデザイン、ハイテクの分野で世界を牽引している。

日本の第二のメガ地域は大阪から名古屋にかけた「大阪＝名古屋」で、三六〇〇万人もの人々が一・四兆ドルのＬＲＰを産出する。この地域が得意とするのは、ハイテク関係のイノベーションと製造業で、自動車から最先端のエレクトロニクスまで網羅している。「九州北部」は人口が一八〇〇万人で、ＬＲＰは四三〇〇億ドル。「広域札幌圏」は、人口が四〇〇万人でＬＲＰは二〇〇〇億ドルである。

日本の場合、メガ地域の境界線がはっきりしなくなってきている。世界初の統合された「スーパー・メガ地域」への道を歩み始めているのかもしれない。すなわち地理的に重なり合い、人口一億人以上、ＬＲＰ四・五兆ドルの巨大な単一経済圏が構成されつつあるのだ。

図表3-3※アジアのメガ地域

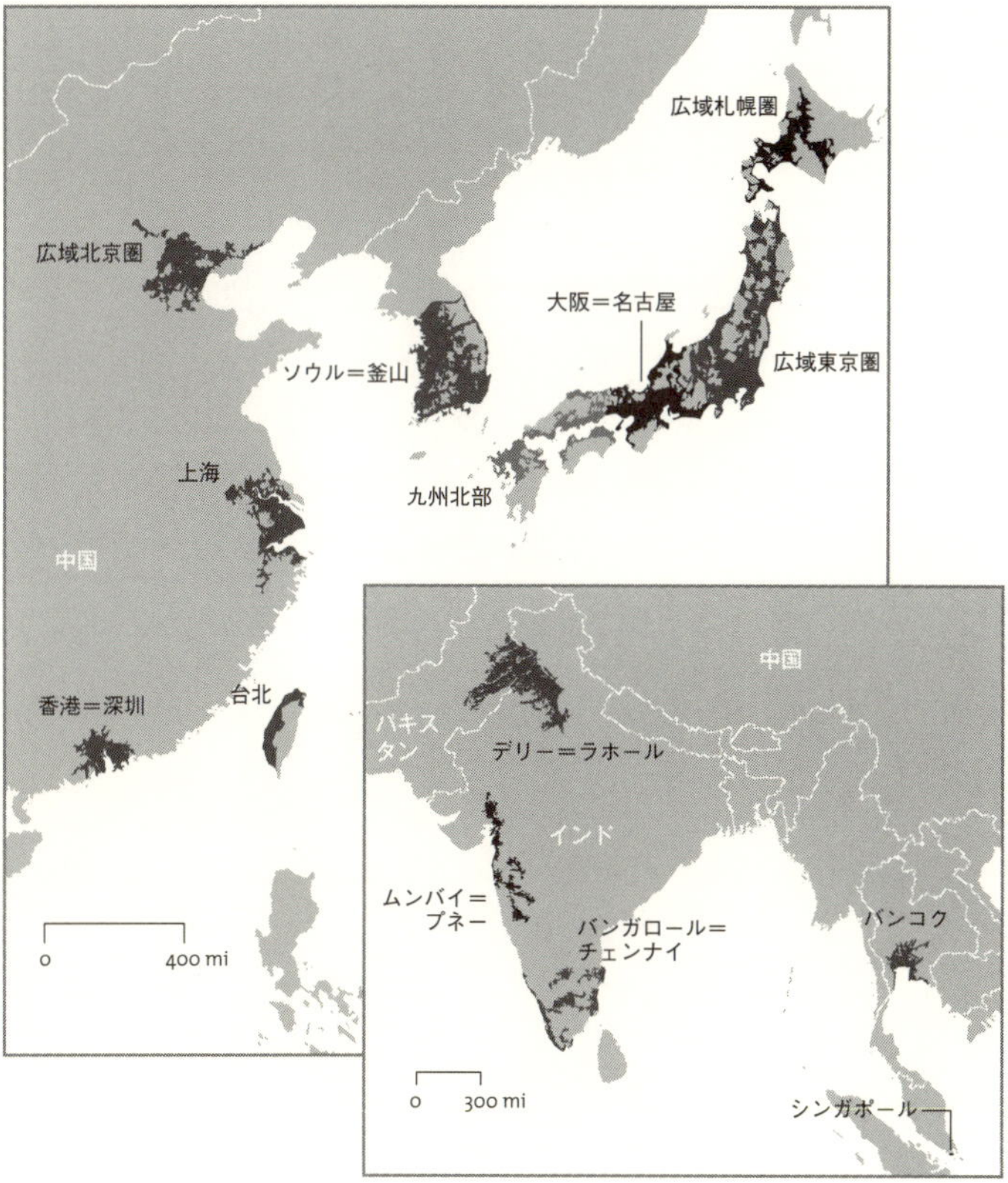

【出典】MAP BY TIMOTHY GULDEN AND RYAN MORRIS

ソウルから釜山にかけて広がるメガ地域は人口が四六〇〇万人で、ＬＲＰは五〇〇〇億ドル。この地域はエレクトロニクスや通信技術、あるいは半導体や薄型ディスプレイに至るまで、あらゆる分野において革新的な企業を擁している。

台北は人口が二二〇〇万人、ＬＲＰ一三〇〇億ドルのメガ地域の中核である。この地域の産業は北の隣国、すなわち中国と重なる部分もあり、世界トップクラスの半導体生産施設を誇っている。

シンガポールは人口六〇〇万人で、ＬＲＰ一〇〇〇億ドルの典型的な都市国家である。「普通の国になくてはならないとされている装いの一部を自らの意思で、はっきりと放棄することによって、グローバル経済……を比較的自由に利用できるようにしている」と大前は記している。シンガポールはディスク・ドライブの世界的な生産拠点であると共に、科学分野およびＩＴ関連産業に強く、欧米の一流大学の分校を招致することに成功している。クリエイティブな活動の拠点を目指す長期的戦略も功を奏した。芸術性の高いアートとストリート・カルチャーの両分野に多額の投資を行ってきた結果、あらゆるライフスタイルに関心を持つ、革新的な人材が集まるようになったのである。

タイではバンコクのメガ地域に一九〇〇万人の人々が暮らし、一〇〇〇億ドルのＬＲＰを産出している。

新興経済のメガ地域

何年か前、急激に経済成長するブラジル、ロシア、インド、中国を指して、ゴールドマン・サックスの研究者が「ＢＲＩＣｓ」と称した[10]。こうした新興経済圏の経済発展でも、メガ地域は大きな一翼を担っている。

しかしＢＲＩＣｓの国々や、メキシコやマレーシアといったその他の新興経済圏の成長と発展は、地理的に見て足並みが揃っているとは言いがたい。急成長しているメガ地域がある一方で、多くの人々が地方から流入して大規模なスラム化が進み、成長が停滞しているとは言わないまでも、進歩が遅い地域もあるからだ。また新興経済圏のメガ地域の大部分では、著しい経済格差、地域格差が生じている。メガ地域の経済が周辺の農村地帯に比べてはるかに進んでおり、かつ同じ地域内でも、持てる者と持たざる者の間の経済格差が非常に大きくなっているのである。

たとえば中国の経済は、東沿岸に位置する三つのメガ地域が独占している。最大の人口を誇るのは上海と南京、杭州を結ぶ三角地帯で、そこには六六〇〇万人が住み、一三〇〇億ドルのＬＲＰを産出している。その北の「広域北京圏」は人口四三〇〇万人で、ＬＲＰ一一〇〇億ドル。南へ行くと香港と深圳にまたがるメガ地域があり、その人口は約四五〇〇万人、ＬＲＰは二二〇〇億ドルである。これら三つのメガ地域のＬＲＰは四六〇〇億ドルにのぼり、ＬＲＰで評価した中国全土の経済活動の四三パーセントを占めている。中国のメガ地域をすべて合わせると、LRPは七三五〇億ドルに達し、中国全土の経済活動の六八パーセントになる。

前掲の三つのメガ地域は新しい大学に巨額の投資を行い、グローバルな研究開発活動の流入を促進し、無尽蔵とも言える人材を擁する。したがって「世界の工場」という現在の立場から、イノベーションとクリエイティビティの新しい拠点へと短期間のうちに変貌するだろう。今後の課題は、そのような役割で世界の中核になるために必要な開放性や寛容性、自立心を備えることができるかどうかである。

インドの経済もやはりメガ地域によって支えられている。「デリー＝ラホール」は人口が一億二〇〇〇万人で、LRPは一一〇〇億ドルである。

インドにはこのほかにも人口の集中する地域が二カ所あり、本格的なメガ地域へと発展する途中段階にある。このうち北にあるのがムンバイからプネーに伸びる地域で、人口は六二〇〇万人、LRP六〇〇億ドルである。この地域は「ボリウッド」と呼ばれる映画産業のメッカで、毎年九〇〇本以上の映画を製作、公開している。単独では世界最大級の映画製作の拠点だ。またインド南部のバンガロールからチェンナイ（旧マドラス）にかけてのハイテク地帯には七二〇〇万人が暮らしており、そのLRPは五〇〇億ドルである。これら二つの地域は、毎年一〇パーセント以上という爆発的な経済成長率を誇る。私たちが算出したLRPは二〇〇〇年時点の値なので、現在はどちらの地域もすでに一〇〇〇億ドルを突破し、本格的なメガ地域になっていると考えていいだろう。

インドはボリウッド映画とバンガロールのテクノロジーを擁しており、単なる低コストの海外生産拠点ではない。インド工科大学という世界に冠たる工学・テクノロジー系の学校もあり、インドのファッションデザイナーや製品デザイナーも頭角を現している。ロンドンやトロント、ニューヨークの音楽シーンは、インドから生まれたバングラ・ビートの影響を受けている。また、あまり知られていないことだが、インドのビデオゲーム産業は二〇一〇年までに一〇倍の規模に成長すると予測されている。アニメーション産業も現在の三倍近くの規模になると考えられている。

メガ地域は世界のほかの新興経済でも見受けられる。ラテンアメリカでは「広域メキシコシティ圏」が人口四五〇〇万人を擁し、二九〇〇億ドルのLRPを稼ぎ出す。これはメキシコ全体のLRPの半分以上にのぼる。

ブラジルでは「リオ＝パウロ」に四三〇〇万人が居住し、国全体のLRPの四〇パーセント超、すなわち二三〇〇億ドルを産出している。

「広域ブエノスアイレス圏」の人口はおよそ一四〇〇万人、LRPは一五〇〇億ドルで、アルゼンチン全体の経済生産の半分以上を占める。

中東ではテルアビブからアンマン、ダマスカス、ベイルートにかけて、巨大なメガ地域が広がる。この地域には三〇〇〇万人以上が暮らしており、LRPは一六〇〇億ドルである。

これら新興経済のメガ地域の多くは莫大な人口を誇り、経済活動のレベルもかなり高い。だがその一方で、著しい経済的、社会的格差という問題を抱えていることも強調しておかねばならない。地域によっては何百万人もの人々が、世界で最も劣悪なスラムや貧民街で生活を送っているのだ。

第2章・第3章では、世界がフラットではなく、スパイキーであるということの具体的な裏づけと視覚的な証明を行った。その凹凸を作り出しているのがメガ地域、すなわち複数の都市と郊外地域からなる大都市圏だ。それは時に国境をまたいで、貿易、交通、イノベーション、人材を共有する幅広いベルト地帯を形成している。

ただし、ここまで説明してきたのは、「何」が起きているかという事実である。「なぜ」そうなっているかはまだ述べていない。経済活動と経済成長が特定の地域に集中するのはなぜだろうか。グローバル経済の時代においても、場所が重要な要素になるのはなぜなのか。貿易が世界を広げる一方で、テクノロジーが世界を狭くすることが、経済活動を引きちぎってしまうことはないのだろうか。そうした力が働くなかで、都市や地域の物理的な接続性はどうなっていくのだろうか。都市や地域は、数ある障害に具体的にどのように立ち向かっているのだろうか。

第4章

集積の力

THE CLUSTERING FORCE

ノーベル賞経済学者のロバート・ルーカスは一九八八年に、「経済を動かす力として、通常の前提だけを考えていたのでは、都市はバラバラになってしまうだろう」と述べた。[1]「土地は常に都市の中よりも外のほうが大幅に安い」と彼は指摘する。それならば企業も人々も、なぜもっと地価が安い場所へ移動しないのだろうか。ルーカスはこの問いに対して、やはりシンプルに答えている。「人々がマンハッタンやシカゴの中心街の高い家賃を支払うのは何のためか。それは他の人々と一緒に居たいからにほかならない」

ルーカスはこれらの論評を通じて、経済成長を促す力に関する議論の中心に、「場所」という因子を提示した。すなわち、経済の根本には「集積しようとする力」が働いていると説いたのだ。人間、生産力、創造的スキル、才能――これらは特定の場所に集まり、それが経済成長の原動力になるというのである。

このことから、世界を発展させる真の経済単位は、都市やメガ地域ということになる。「生産システムや市場が組織化されている場所に人々や才能が集まると、そうなっていない場所とは比較にならない社会的、経済的利点が生まれる」とルーカスは主張する。イノベーションや生産性がもたらすメリットは、そこでの生活やビジネスにかかるコストをはるかにしのぐのだ。

経済成長の研究は複雑な分野だ。なおかつ、最近までは場所の重要性があまり注目されてこなかった。アダム・スミスは一七七六年の『国富論』で、繁栄をもたらす主な要因は高度に進んだ分業化、ないし専門化であると主張した。彼はお馴染みのピン工場の例を挙げ、各作業に特化した一〇人の労働者のほうが、単独で全工程を請け負う一〇人の労働者より多くのピンを製造できると説明し、効率的な企業経営のためには作業を専門化することが必要だと説いた。(2)

それから四半世紀後、デイビッド・リカードが経済的繁栄について独自の理論を提唱した。リカードは一八二三年に早世するまでに「比較生産費説」をまとめた。そして国が貿易によっていかに利益を得るかという、スミスが生涯頭を悩ませた経済原理の難問を解いてみせたのだ。

彼の理論は、ある国が他国に対して資源と生産能力において相対的に有利な立場にある状況を解説し、どちらの国も貿易によって利益を得ることができると説いたものだ。この理論は以下のように単純な例で説明するとわかりやすい。

たとえばA国は布の生産に優れており、B国はボタンの生産が得意だとする。両国が手間をかけず（そして低コストで）シャツを生産するためには、貿易を行うべきである。しかし、もしA国が絶対優位な立場だとしたらどうだろう。つまりA国は布とボタンの両方を生産できるが、Ｂ国はボタンだけしか作れないといった具合だ。その場合でもリカードは貿易を行うべきだと主張する。なぜならＡ国は、Ｂ国が作れない製品の生産に的を絞って資源や労働力を投入したほうが有利だからだ。Ａ国は布を生産することによって（その布をＢ国のボタンと取引し）、ボタンの製造のために資本と労働力を分割するよりも多くの利益を得ることができるのである。(3)

とはいえ、リカードにとってもスミスにとっても、基本的な経済単位は依然として国家だった。しかし一九世紀の末期になると、なぜマンチェスターやピッツバーグなどの工業都市に製造業が集まるのかについて、立地論の提唱者たちが新たな見解を示し始めた。その後しばらくすると、偉大な経済学者のアルフレッド・マーシャルが、「企業や産業が集積、あるいは一地域に集まる理由は、共同立地による経済的メリットを得るためだ」という基本的な理論を展開した（より詳細な議論は第７章を参照）。

このように経済学者や地理学者が集積の本質や、都市についての新しい見解を展開していた時も、経済成長の研究の主たるテーマは相変わらず企業と国家だった。大半の経済学者にとって、都市は経済成長にあまり関係のないものであり、単に国家経済に貢献するパーツにすぎなかった。経済成長の原動力、すなわち経済の規模を大きくする要因を定義づける際、経済学者は依然として場所との関連性を無視し続けたのである。

二〇世紀半ばまでは、「労働力と資本を増やせば経済も大きくなる」という理論が一般的だった。要するに大きな工場や機器類を増やせば、生産量も自ずと上がるという説である。

流れが変わったのは、大恐慌と第二次世界大戦を経た後だ。経済学者やビジネスリーダー、政策立案者の多くが、ヨーゼフ・シュンペーターの理論に注目するようになったためである。彼の理論によれば、経済成長の原動力は単に大規模で専門化された経済ではなく、イノベーションと起業家精神である。それによって「創造的破壊」と彼が名づけた大きな動きが生まれ、既存のシステムを破壊し、新しい企業や産業が古いものに取って代わるというのである。[4] もちろん改善も重要だが、「まったく新しいものを創り出すことを過小評価してはならない」とシュンペーターは言った。後に彼は、多くの企業の研究開発部門における官僚主義の蔓延を嘆き、「このままでは資本主義下の企業精神で不可欠なはずの、イノベーションや起業家精神を養う推進力が押しつぶされてしまう」と警鐘を鳴らしている。[5]

一九五七年にはロバート・ソローがシュンペーターの理論を発展させた。彼は計量経済学の手法を用い、経済成長に対するテクノロジーの影響を正確に測定し、その効果を確認したのだ。[6] ソローのモデルによる計算では、アメリカにおける労働者一人当たりの経済成長率の約五分の四がテクノロジーの進歩によるものだとされる。資本と労働力の効率化に、テクノロジーの進歩は多大な貢献をしていたのだ。またソローの概念では、技術面で特定の場所が恒久的な優位性を持つことはないとしている。場所によっては短期的に有利になる場合もある。ただしテクノロジーの成果は空間を自由に移動するというのである。

スタンフォード大学の経済学者ポール・ローマーが一九八〇年代および九〇年代に提唱した経済成長に関する新しい理論は、ソローの考えに基づきながらも重要な変更が加えられている。

ローマーによると、成長はシステムの「外側」で生じるイノベーションによって外生的に起こるものではない。既存の資源を使って新たな発見がなされる時にもたらされるのである[7]。技術的な知識は、システムの外部で創られるのではなく、新しいアイデアや知識を創造する過程で内生するものだ。そして、やがてはそれが新しい技術や有用な情報となり、成長の源となるというのである。ローマー自身の言葉を借りると、こういうことだ。

経済成長がもたらされるのは、人々がより有益な方法を求めて資源の再配分を行うような時である。経済における生産を台所にたとえるとわかりやすい。価値の高い完成品を作る場合は、レシピにしたがって材料を混ぜ合わせる。どんな料理を作ることができるかは、供給される材料によって限定され、経済の世界ではたいていの料理で好ましくない副産物が生じる。もし、同じ種類の料理をひたすら作り続けることでしか経済成長が得られないとしたら、やがて原材料は底をつき、許容範囲を超えた公害や有害物に悩まされることになるだろう。しかし歴史を顧みると、経済成長は料理をたくさん作ることからだけではなく、レシピを改善することから生まれることもわかっている。概して新しいレシピを使うと、好ましくない副産物は減り、原材料の単位当たりの経済生産は上がるものである。

これは実に重要な考え方だ。しかしシリコンバレーに関する最近の解説を除けば、この新しい成長理論も、場所の重要性については著しく無関心であり続けた。ここでも知識は場所から場所へと簡単に移動するものと考えられている。ローマーの理論では、経済成長は場所と無関係の抽象的なプロセスだったのである。

ジェイコブスの理論

だが、ルーカスが都市と場所の存在を大きく重視するようになる。彼はその過程で、ジェーン・ジェイコブスの昔の著書をあらためて引き出している。そして彼自身はもちろんのこと、経済成長の分野全体にとって、ジェイコブスが残した多大な功績を再評価し、最終的には彼女の理論が今後の経済成長の主要研究テーマになると予言している。「私はジェーン・ジェイコブスの忠実な後継者となるつもりだ。彼女の名著『都市の原理』は、(使われている言葉こそ違うが) 人的資本の外部効果について重点的かつ納得のいくように書かれたものだと私は思う」。ジェイコブスは経済学者でも大学卒業者でもない。だが、その理論は非常に普遍的でノーベル賞に値すると、ルーカスは後に広く回覧された電子メールに記している。

ルーカスはジェイコブスの築いた基礎に沿って研究を進めた後、才能の集積から生じる相乗効果が経済成長の「一次」決定因子であると断言した。労働力や資本、技術もたしかに重要だが、「人々が特定の場所で才能やアイデア、エネルギーを結集しなければ、意味のあるものは生まれない」と彼は説いた。

才能にあふれたクリエイティブな人々が集まると、アイデアは無限に湧き出し、個人および集団の才能が飛躍的に増大する。最終的には一足す一が三にも四にもなる。このような集積によって各自がより創造的になり、その場所さえもクリエイティビティに満ちあふれる。それに伴い、全体のクリエイティビティと経済的な繁栄度も増大するのである。簡単に言えば、これがまさに集積力なのである。

集積力がもたらすものの一つとして、地域に経済的な序列が生まれることが挙げられる。詳しくは第6章と第7章で述べるが、才能があり高等教育を受けた者が一定の地域に集まると、その場所の仕事は集中度を増し、専門性も高まる。この理論にしたがえば、人々が都市に集まると、その場所の生産性は高くなり、生活費も否応なく上昇する。そしてルーカスの言うところの「シカゴの地代」の状況が発生する。こうして地域間、あるいは人々の間で経済格差が生じるのである。

ルーカスは、ジェイコブスがこの分野で最も根本的に貢献した部分、すなわち人々の集積とその創造性が、経済成長のなかで果たす中心的役割について取り上げたのである。実際、ジェイコブス自身もそのように考えていたようだ。二〇〇一年に、どのような功績で歴史に残りたいかと問われ、彼女はこう答えている。

もしも私が今世紀の重要な思想家として人々の記憶に残るのであれば、私が研究してきたなかで最も重要なのは「何が経済を拡大させるか」ということでしょう。これは人々がずっと疑問に思ってきたことでした。私はその答えは拡大と発展にあると見つけました。

拡大と発展は別のものです。発展は、差異化――すでに存在するものを新たに差別化することです。新しい現象はほとんどすべて、これまでに起こったことが差異化したものです。あらゆること――新しい靴底の製造から法律の改定に至るまで――こういったことはすべて差異化です。拡大は、活動の規模や量が増大することです。これらは別のことなのです[8]。

ジェイコブスの言う拡大とは通常の経済成長のことで、経済の生産量が単純に増えることを意味する。たとえば、組み立てラインの製造数量を増やすといったことである。この見方にしたがうと、都市は町が拡大したもの、メガ地域は都市が拡大したものにすぎない。しかしここにもう一つ、もっと爆発的な力を持った経済成長がある。ジェイコブスやシュンペーターが提唱したように、この手の成長にはイノベーションが関係してくる。すなわち活動の量を単に増やすだけではなく、何か新しいことを行う能力だ。経済成長を促すのは分業化や専門化ではない。多様な資源の蓄えがもたらすイノベーションなのだ。そしてジェイコブスいわく、多様性はある特定の場所で生じることが多い。『都市の原理』のなかで彼女はこう記している。

都市にあらゆる種類の多様性が生まれるのは、そこに非常に多くの人々が密集しているからであり、その人々が実にさまざまな趣味、技能、要求、物資、そして独自の考えを持っているからである。

企業が専門化する傾向にある一方で、場所は多岐にわたる才能や特質を生み出す。その幅広い多様性こそがイノベーションにとって必要不可欠な要素である。これは後発的なプロセスだと言える。都市は単に規模が拡大するだけではない。多面的になると同時に、差異化していくのだ。そして、イノベーションの源泉となるのは企業ではなく都市である。新しい仕事や新しい産業部門を都市が生み出すのだ。ジェイコブスの理論によれば、都市は複雑でかつ自己組織化する生態系である。その形態はあらかじめ決めることはできず、外部からコントロールすることもできない。そうした多様性こそがイノベーションと経済成長の真の源なのである。[9]

成長は加速する

ジェイコブスは生産性やイノベーションに対し、場所がどのような影響を与えるかを説いた。しかし都市が成長するにつれ、ひずみも否応なく発生する。交通の渋滞、犯罪発生率の上昇、住宅価格の高騰などは、いずれも都市生活において発生する負の副産物である。これらは都市の発展を著しく阻害し、ひいては大打撃を与えかねない。だが、驚くべき研究結果が発表された。ジェフリー・ウェスト率いるサンタフェ研究所の学際研究チームによれば、大都市やメガ地域にはこうしたマイナス要素を超越する基本的なメカニズムがあるというのだ。[10]

科学者ならだれでも知っていることだが、生物有機体は体が大きくなるにつれて新陳代謝が遅くなる、つまり食物をエネルギーに変換するスピードが落ちるのだ。[11] そこでサンタフェの研究チームは、都市やメガ地域も同様のメカニズムを備えているのではと考えた。人口の増大によって、生産性やイノベーションの度合いが増すと、都市の「新陳代謝」はどうなるのだろうか。この仮説を検証するため、ウェストのチームはさまざまな機会を通じては、アメリカ、ヨーロッパ、中国から研究データを集めた。そして犯罪発生率、疾病感染率、人口動態、インフラのエネルギー消費、経済活動、イノベーションなどの特性を広範囲に観察したところ、次のような結果にたどり着いた。

生物有機体と同様に、社会的な組織体もエネルギーや資源を消費し、ネットワークを通じて情報や物資を流通させ、やがて廃棄物を生み出す。……都市にも、生物学で観察されるスケールメリットに似た、「べき乗則」が見られる。したがって人口が二倍になっても必要な資源は二倍より少ない量ですむのだ。都市にとっての血流にあたるインフラ、すなわちガソリンスタンドの数、電線の長さ、道路の延長などは、常に人口に対して「準線形」（べき指数が一より小さい）を示す。

ここまではすべて仮説どおりだった。しかしサンタフェの研究チームにとって予想外だったのは、イノベーションや特許活動、クリエイティブな人々の数、賃金、ＧＤＰなど、生物学との類似性が少ない特性と人口増加との相関においては、べき指数が一より「大きかった」こととだ。要するに人口が二倍になると、クリエイティブな生産活動および経済生産が二倍より大きくなるのである。生物有機体は大きくなるとすべての活動が鈍化する。これに対して、都市は大きくなればなるほど繁栄し、クリエイティブになる。この現象は「超線形」（べき指数が一より大きい）と呼ばれるが、「ほぼすべての測定において、都市の人口が増えると一人当たりのイノベーションや財産は増加する」という。このような加速は集積力がもたらすものだ。すなわち才能ある人々が寄り集まることは、生産性向上の面で重要な一要素なのである。

都市はどこまで大きくなれるか

こうして都市や地域がどのようにしてイノベーションを育み、経済発展を促すかの手がかりがつかめた。これもひとえに、ルーカスやジェイコブス、ウェスト率いるサンタフェ研究所チームの努力の賜物である。彼らのおかげで、人間の才能と労働力の集積により生産力や創造力が増すことも、都市の発展が内生的に生じることも確認できた。

世界にはさまざまな大きさの都市やメガ地域がたくさんある。最も規模が大きいのは、東京、ニューヨーク、ロンドンなどである。急速に成長している上海やバンガロール、非常に革新的なシリコンバレーなどの都市もある。一方で、小規模や中規模なままの都市もあれば、衰退していくものもある。では、このような多様な都市システムは、どのように形成され、発展するのだろうか。

私はこのことを解明するべく、ジョージメイソン大学のロバート・アクステルと共同研究を行った。アクステルはコンピュータ・モデリングに秀でた研究者で、社会の進化から企業の誕生、経済の発展に至るまで幅広い研究を行っている。[12] 私たちが作ろうと試みたのは、世界経済を構成する都市と地域の、成長と発展をシミュレーションできるような基本モデルだ。都市がどのように誕生し、なぜ一部の都市は成長し、それ以外は成長しなかったのか。そして最終的にどのようにしてグローバルなシステムへと発展するのか。こういった問題を説明できるモデルを構築しようと考えたのである。モデルが前提としたのは次の三つである。

1. どれだけ熱心に働くかは人々が自由に選択できる。そもそも人は千差万別だ。仕事熱心な人もいれば、そうでない人もいる。時間の過ごし方も各自異なる。また、だれもが同じ技能を修得したり、同じように仕事をしたりするわけではない。
2. 現実世界と同じように、勤勉かつ有能な人々は、(少なくとも初期段階では) 互いに寄り集まる傾向にある。そういう人材が集まった企業は成長する可能性が高く、生産性の低い人材を雇用した企業は衰退し、最終的には立ち行かなくなる。
3. 生産性の高い企業は、同じように生産性の高い場所に引きつけられると仮定した。ダイナミックな企業を擁する地域は成長し、そうでない地域は衰退する。

つまり私たちのモデルでは、「優先的選択」の基本法則に基づいて経済成長が進行するものとしている。有能で生産性の高い人々は同じタイプの人々を引きつけ、そういう人々が集まっては起業し、クリエイティブな組織体として斬新なアイデアや製品を生み出す。そのような組織が成長すると、やはり同じタイプの企業を引きつけるのだ。

これは現実世界を反映するよう作られた動学モデルである。勤勉で冒険心のあるクリエイティブな人々は集まっては新しい企業を興し、一定の場所へ移動する。魅力的な企業を引きとめておける場所のいくつかは成長し繁栄するが、そうでない場所は企業がよそへ移ってしまえば消滅する。前者に該当する場所では、企業が誕生して間もない段階から最初の経済成長の波が訪れる。これらの場所では、比較的高度なスキルを持った個人が中小企業で働いている。だが時間が経つと同じタイプの人々や企業がさらに集まり、コミュニティへと発展する。このようなコミュニティは、さらに多岐にわたる人々を引きつけ、古くからの住民のまわりに集積し始める。新しい企業が次々と生まれる一方で、古い企業は淘汰され、より新しい企業は新旧の混合体に呑み込まれる。そして特定の都市が拡大し、成長していくのである。

シミュレーションを進めていくと、やがて非常に興味深いことが起こり始める。こうした都市は単に右肩上がりに成長するだけではなく、外へ向かって拡大し、他の都市と合体せざるをえなくなる。

こうした集積の過程を通じて複数の都市が合体し、メガ地域になる。メガ地域は、大きくなるほど持続力もある。ただし、永遠に不滅の都市や組織はそもそも存在しない。小さいメガ地域や個々の大都市は短いスパンで発展し衰退するが、寿命が長くなる傾向はあるにせよ、最大級のメガ地域にも衰退する可能性はいつでもあり、実際に衰退するものもある。

このモデルは、今日の私たちの世界をほぼ完璧にシミュレートしている。クリエイティブな人々とその企業が強固に集積するモデルは、有名な「ジップの法則」に驚くほど近似した都市規模の序列構造を形成する。序列の中位では、個々の都市や地域は絶えず競い合っているが、上位にいくほど順位の変動は少なくなる。これは単に場所の序列を示すにとどまらず、生産性の序列であり、新陳代謝率、そしてコストの序列をも表している。

最上位に来る地域は、下位の地域よりも生産性が高く、ものごとが処理されるスピードも速く、生活コストも否応なくかかる。トップの地域にとどまる能力のある人々は、高度に専門化された業界で高い生産性を上げながら働くことがいっそう要求される（ロンドンの投資ファンドやロサンゼルスの映画製作がその典型だ）。その半面、たとえば売れないアーティストや一般人などは、最上位地域では経済的な居場所がなくなってくる。集積化による地域の選別は、必然的に人の選別でもあるのだ。

私たちのモデルは、今後ますます巨大なメガ地域が世界経済を主導することを予測している。二〇二五年までには、世界経済はこれまで以上にメガ地域の周辺に集中しているだろう。その頃には人口数億人のメガ地域といった、まるでSFのような世界が出現しているかもしれない。

信じがたいかもしれないが、歴史上の先例や現在のデータを見ると、そのような世界も決して現実離れしたものではないことがわかる。考えてみてほしい。わずか二〇〇年前、最大規模の都市でも人口は一〇万人以下だった。その当時、人口一〇〇万人の都市など想像もできなかったろう。にもかかわらず、一九〇〇年にはニューヨークの人口が三五〇万人に達し、人口一〇〇〇万都市もありえる話となった。事実、一九五〇年代の時点で、ニューヨークやロンドンなどの大都会の人口は、一〇〇〇万人をわずかに下回るあたりを推移していた。今日ではすでに、二五〇〇万人、五〇〇〇万人、一億人、そしてそれ以上の人口を持つメガ地域が存在している。

このような成長パターンに鑑みれば、人口数億人のメガ地域の登場も決してありえない話ではないだろう。ちなみにアクステルは、ジップの法則に完全にしたがうならば、最小のメガ地域の人口を一〇〇〇万人と仮定した場合、最大のメガ地域は人口四億人になると試算している。ここまで多くの人口を抱える場所とは、いったいどんなところだろう。アクステルは次のように説明している。

一人の人間に必要な生活空間、駐車場、仕事場、学校、道路、緑地などの面積を五〇〇〇平方フィート（約四五〇平方メートル）だとする。五人家族ならば、二万五〇〇〇平方フィート（約二三〇〇平方メートル）である。ただし、東京の場合、それは一九〇〇平方フィート（約一八〇平方メートル）だ。したがって東京の人口密度は私の想定より二・五倍高いことになる。ともあれ、四億人の人間が暮らすには二兆平方フィート（約一八万平方キロメートル）の面積が必要となる。これは四五〇〇万エーカー、あるいは七万二〇〇〇平方マイルに相当し、一辺が二七〇マイル（約四三〇キロメートル）四方、または幅一〇〇マイル（約一六〇キロメートル）、長さ七〇〇マイル（約一一三〇キロメートル）ということになる。この面積は、（ジャン・）ゴットマンが言及した「ボス＝ワッシュ」メガロポリス、つまり、ニューハンプシャーの州境からバージニア州ノーフォークまでの、大西洋岸から一〇〇マイル幅の地帯、また西海岸であれば、サクラメントからティファナまでの一〇〇マイル幅の地帯に相当する。

単にビルが高層化したり人口が増えたりすることで、既存のメガ地域が成長する可能性はそれほど高くない。そのことは私たちのモデルが示している。メガ地域が拡大するのは、二つ以上の地域が合体して、スーパー・メガ地域が形成される場合だ。すでに日本に広がる光のパターンが、東京から福岡に至るスーパー・メガ地域の出現の可能性を示唆している。

当面はメガ地域が世界経済を構成し、行方を占う経済単位となるだろう。だが言うまでもなく、スーパー・メガ地域はさまざまな面において、新しい難問をもたらすはずだ。

イノベーションと移動の速度が増すにつれ、世界の主要なメガ地域に重要な機能がますます集中することが予想できる。そして主要なメガ地域と停滞する都市との地域格差が広がるだろう。メガ地域はいっそう人であふれ、物価も上昇し、社会的、経済的格差はますます拡大する。交通機関と環境に関するテクノロジーのさらなる発展が求められるのも間違いない。最上位クラスのメガ地域にとっては、イノベーションの速度を維持することが最重要課題となるだろう。さもなければ成長は止まり、へたをすれば衰退に転じて、低迷、あるいは完全な破綻への道を歩むことになる。事実、ウェストと研究チームはこのように警告している。

世界の二番手や三番手の地域にとって、課題はさらに大きなものになるだろう。成長し繁栄する地域も何カ所かはあるだろうが、それをはるかに上回る地域が、グローバル社会における激しい競争にさらされるからだ。したがって都市や地域の持つグローバルなシステムも整理再編、すなわちリストラをくぐりぬけなければならないのだ。鉄鋼、自動車、エレクトロニクスなどで世界規模の業界再編が起きたのと同様である。

アメリカ国内、および国外のメガ地域はイノベーションを加速し、有能な人材を惹きつけている。アメリカの多くの二番手、三番手のメガ地域にとっては深刻な打撃であろう。そのうえ、高度なビジネス機能はシカゴのような大都市へ集中し、製造業は上海のような国外のアウトソース拠点にシフトしている。クリーブランドやピッツバーグのような工業都市は、世界中で正念場を迎えるだろう。オースチンやリサーチ・トライアングルのような研究開発拠点は、シリコンバレーのみならず、バンガロールやダブリン、テルアビブといった新興地域との競争にさらされるはずだ。

今後の世界経済の中心は一握りのメガ地域か、高度に専門化された地域に再編されるであろう。他方、それ以外の多くの地域は市場競争の舞台にとどまるだけに汲々とし、いっそう苦しい立場に追い込まれるだろう。

第2部

場所の経済学

THE WEALTH OF PLACE

第5章 移動組と定着組

THE MOBILE AND THE ROOTED

マルクス以来、あらゆる社会において対立を生み出すものは、階級であると見なされてきた。高所得者とそれ以外の層との格差が広がり、富の不平等が加速していることについては、多くの文献で言及されている(1)。しかし、このような階級の二極化現象には、これまでだれも注目しなかった別の要素が関わっている。それは、場所の果たす役割である。この新たな地理的側面について、私は「移動組」と「定着組」と名づけた二つのグループの観点から分析することにした。

移動組は、自分たちの才能を生かせる場所を探す手段や資金、意欲を持っている。彼らは必ずしも移動組の家庭に生まれたわけではなく、全員が裕福というわけでもない。ただし移動組は十分に理解しているのだ。ビジネスチャンスを追い求めるには、往々にして移動せざるをえないことを。

有名な投資家ジョージ・ソロスは、しばしばこう語っている。「もし自分が祖国ハンガリーにとどまっていたら、大した成功は収められなかっただろう。ハンガリーには自分の才能を生かすインフラがまったくなかったからだ」

今日ではおよそ二億人、つまり世界で三五人に一人が祖国を離れて生活しており、そうした移民の二世や三世の世代は増え続けている。このような国に縛られない新たな階級を、ニューヨーク・タイムズ紙の記者であった故ハーバート・ムシャンプは「グローバル遊牧民」と定義した。(2) 呼び名は何であれ、アメリカやカナダ、オーストラリアなどの都市のなかには、外国出身者の割合が四割にのぼるところもある。私が教えている学生は、こうした流動性の高い社会の完璧な縮図と言えよう。私の学生たちの出身地は日本、中国、インド、南米、アフリカにまでおよんでいる。

他方、移動組よりもはるかに数が多いのが定着組、すなわち生まれ育った土地を離れられない人々である。そのなかにはもちろん、経済が発展していて将来性豊かな土地で暮らす強運の持ち主も存在する。しかしそれ以外の多くの人々は資源が不足し、経済が低迷し、資金も集まらない地域から抜け出せないでいる。貧しい家庭に生まれると、移動のための資金はとうてい持ちえない。

むろん特定の土地に定着している人すべてが、経済的な事情で移動できないわけではない。移動する手段があるにもかかわらず、一カ所にとどまっている人も大勢いる。他の土地へ移動すれば、より良い環境を手に入れられるとわかっていても、現住地に満足している場合もある。

これは必ずしも悪いことではない。ある調査によれば、家族や友人のそばで暮らし、定期的に顔を合わせることが、まさに個人の幸福感や満足度の上昇につながるのだという。

とどまるべきか、それとも旅立つべきか

社会科学で言う流動性とは、人が社会的および経済的な階級を上下すること、すなわち社会経済的流動性のことである。しかし私は調査の結果や個人的な経験から、社会経済的流動性と地理的な流動性は相互依存の関係にあり、必ずしも無関係なものではないと確信している。

シェフィールド大学の研究チームが二〇〇七年に発表した論文は、私たちの社会経済的流動性、果ては健康状態や教育の機会が、場所によっていかに左右されるかを示した。彼らの研究によれば、貧しい地域に生まれた者は、その後の人生もずっと不利な条件を背負い続けていく傾向にある。研究チームの一人であるベサン・トーマスは、こう述べている。「人生のどの段階においても、彼らのチャンスは著しく制限される。もちろん、それは不変の真理ではない。貧しい地域の生まれでも立身出世する者もいれば、裕福な地域の生まれでも怠惰な者もいる。しかし、どちらも一般的とは言えない」

この研究チームによると、かつて平均以上と平均以下の地域の分布は、左右対称の正規分布曲線を描いていた。要するに裕福な地域と貧しい地域が両端にあり、大多数はその中間に分布していたわけだ。しかし今日の地域分布図は、二種類の地域に完全に分かれてしまっている。

言うまでもなく、片方は貧しい地域で、もう片方は裕福な地域だ。「生まれてから死ぬまでの人生の可能性は居住地次第であることが、この新しい分布によって明確になった」と、研究は結論づけている[(3)]。

こうして今日では人種、教育、職業、収入と並んで、場所が持てる者と持たざる者を分かつ要因に加わった。過去は、生まれた場所によってその者の身分がほぼ決定づけられた。今日の社会は流動性が高く、移動する能力の有無によって人生の可能性が大きく左右される。

経済学者や人口統計学者は、これまでも移動組と定着組の存在に多少は注目してきた。移動する者はきわめて高学歴で、さらなるキャリアアップを追求するには移動せざるをえない傾向にある。彼らは家族や友人に愛着を持っているものの、ひとたび移動を行えば、払った代償をはるかに上回るメリットを得ることができるのだ。

だが、ほとんどの者は自らが移動組に当てはまったとしても、移動について真剣に考えていない。あらゆる選択肢を吟味し、移動先の候補すべてについてコストとメリットを計算する余裕もなければ、その方法すら知らないからだ。事実、私たちのほとんどは必要に迫られて、ナイキのスローガン「ジャスト・ドゥ・イット」よろしく、とりあえず実行してしまう。大切な相手がほかの都市にいるとか、もっといい家を持てる見通しがあるとか、おもしろい仕事があるとか、一から再出発できるとか――最終的にはこういった「何か」が後押しをして、私たちは見切り発車で決断する。「そこにはきっと新天地があるはずだ」と、自分を納得させるわけである。これは私だけの意見ではない。このテーマを研究してきた心理学者や行動経済学者も同様の見解を示している。私たちの多くは移動の効果を肯定的に考えすぎ、後先顧みずに実行しているのだ。

そもそも人類史上の長きにわたり、移動は自発的に行われるものではなかった。戦争を避けるため、政治的あるいは宗教的な迫害から逃れるため、または仕事を見つけるため、人々は必要に迫られて移動したのだ。一九五〇年代および六〇年代においても、ホワイトカラー、ブルーカラーを問わず、大勢が仕事を求めて移動した。実際、選択肢は限られていた。ブルーカラーの労働者の仕事は、天然資源や交通の要所の周辺にできた都市に偏在していたし、ホワイトカラーのビジネスマンは上司の命を受けて移動していたからだ。かつてＩＢＭの社員たちは冗談で、「わが社の社名の由来は『I've Been Moved（私は異動になった）』の頭文字だ」と言っていたほどだ。

しかし今日では自由意思による移動が増えており、先進国で仕事に縛られている者は少数派にすぎなくなってきた。だれがどのような理由で移動するかを調べたアメリカ国勢調査局のデータによると、転居の主な理由に「就職または転職」を挙げる者はごくわずかである(4)。

アメリカの場合、転居の理由として一番多いのは住宅に関するものだ。その数は転居者の半数以上（五一・六パーセント）にのぼる。賃貸住宅に住んでいた者が持ち家を購入したり、若いカップルが広い住居へ移り住んだり、退職者が小さな家に住み替えたりする場合である。また転居者の約四分の一（二六・三パーセント）は、家族に関連した理由で転居している。これは結婚、離婚、子供の誕生、二世帯の同居、配偶者の死などを指す。

これに対し、転居の理由に仕事を挙げるアメリカ人は六人中の一人にも満たない。高学歴の人は条件の良い仕事を求めて転居したがると思いきや、大卒者でさえ、仕事を理由に転居するケースは四人に一人だけなのだ。

にもかかわらず、人は仕事を求めて移動するものだという概念は根強く残っている。「居住地や仕事をする場所を、人はどのようにして選ぶのか」というテーマに、私は興味をそそられた。以来、私は学生たちとこんな問答を重ねた。


「卒業したらどこへ行くつもりかい？」

「いい仕事があれば、どこへでも」

「それなら、ノースダコタ州のファーゴでも行くかい？」

「たぶん行きません」

「それでは、ルイジアナ州のラファイエットはどうだね？」

「行かないと思います」

「じゃあ結局、どこなら行きたいんだ？」

「さあ……。シカゴ、ボストン、シアトル、オースチン、ニューヨーク、アトランタ、ワシントンDCあたりでしょうか」

「それはなぜかい？」

「この手の場所は雇用市場が大きく、チャンスが豊富だと思うからです。それに住みやすくて、友人も大勢いますから」

こうしたやり取りから、三つの重要なことがうかがえる。第一に、人は職探しをある特定の場所で行う傾向があるということだ。第二は、その場所に友人がいるかどうかだ。そして最も肝心なのは、私たちは仕事のためならどこへでも行くわけではない、ということである。

さまざまな研究が、この傾向を裏づけている。ネクスト・ジェネレーション・コンサルティングが行った二〇〇二年の調査によると、最近の大卒者の四分の三はまず居住地を決めてから、次に職を探すという。ＣＥＯズ・フォー・シティーズという非営利組織の要請で、調査会社ヤンケロビッチの一部門が二〇〇六年六月に広範囲な調査を行っている。それによると、二五歳から三四歳までの若者のおよそ三分の二（六四パーセント）が、似たような行動パターンを取っている(5)。

人々は多種多様な理由で移動するが、その一方、一カ所にとどまって動かない人が多いのはなぜだろうか。大半の場合、それは経済的な事情によるところが大きく、ほかに選択の余地がないからだと思われる。定着組の多くは低学歴で、財産も大して持っていない。職業に対する志や、個人的な向上心もそれほど高くない。私自身の家族の歴史が、定着組と移動組の間の葛藤をよく表している。

私の祖父母はイタリア南部のカンパニア地方の出身だが、二〇世紀初頭にアメリカへ移住してきた。片言の英語もわからないまま、はるばる五〇〇〇マイルもの長旅を経て、当時世界最大の活気あふれる都市だったニューヨークへやって来たのだ。移民局のあったエリス島からニューヨークのリトルイタリーへ、そしてニュージャージー州ニューアークへと、彼らは一世代で移り住み、そこで工場の簡単な仕事を得て家族を養った。祖父母はその間に、地方の農民階級から都会の労働者階級へとステータスを向上させ、私たちがより豊かに暮らせるような基盤を築いた。

しかしニューアークに落ち着いた時点で、私の家族は定着組の仲間入りをした。親戚は何十人といるが、生まれ育った土地から二〇マイル（約三〇キロメートル）以上離れた場所に移った者はたった一人だ。それゆえ私たち家族は日曜ごとにニューアークの祖父母の家に集まり、夕食を共にすることができた。

幸い、私の両親は大学へ行くことの大切さを常に力説していた。両親にとって、大学の学位は社会的ステータスが上がることと同義であり、より良い生活への近道だったのだ。しかし残念ながら、両親は私が近くにとどまること、つまり地元の大学に入って実家から車で通うことを望んだ。それでも私は何とかして、大学入学を機に家から出たいと思っていた。

もちろん、一人暮らしによって得られる自由に憧れていたのは否定しない。自分の好きな時間に家に出入りできるし、両親や親戚の目を気にすることなく、遅くまで友人たちと外で遊んでいられるからだ。それと同時に、私は本能的に気づいていた。少年時代からの悪ガキ仲間から離れることが、何よりもプラスになるであろうということを。というのも、彼らの多くはすでにドラッグや軽犯罪に手を染めていたのだ。そうでない者にしても、大学へ進学し、出世しようという志を持つ者は皆無に等しかった。当時の私もある程度はわかっていたのだ。家を出て大学へ行くことは私にとって夢の実現につながるだけでなく、脱出の手段でもあることを。

幸い、ガーデンステート奨学金がそれらをすべて叶えてくれた。この奨学金は授業料だけでなく、部屋代と食費まで賄ってくれた。それで私は両親を説得し、実家から三〇マイル（約五〇キロメートル）ほど南のニューブランズウィック市にあるラトガーズ大学へ入学できた。それまでラトガーズ大学はかなり遠方にあると思っていたが、実際に移動してみると案外そうでもなかった。しかし両親は、まるで私が地の果てへ行ってしまったかのように、食料やビール、その他の日用必需品を毎月差し入れに来た。何も事情を知らない者がその様子を目にしたら、巡礼に訪れたかのように思っただろう。

ともかく私は大学生となって人生初の移動を行ったが、その後も私が住まいを変えるたびに、両親は遠方への大旅行のように感じていたようであった。コロンビア大学の大学院生だった時も、両親は五年あまりの間にたった二回しかニューヨークにやって来なかった。通勤距離にあったにもかかわらずだ。

両親は亡くなるまでに三つの州を訪れたが、ただの一度も飛行機には乗らず、本格的な休暇を取ることもなかった。長旅をしたら、ささやかな貯蓄を切り崩すことになる。そればかりか移動中は、最も落ち着ける場所であったであろう、自宅と家族のもとから離れなければならなかったからだ。一方、私は移動を繰り返した。地理的に動かなければ、大学院へ行くこともできず、大学教授にもなれなかっただろう。ましてや本書を書くこともなかったはずだ。

ロンドン大学の経済学者ナッタブド・ポウドサベーは、二〇〇七年に興味深い研究を行っている。その内容はアンケート調査によって、頻繁に会う友人や親戚の金銭的価値を試算するものだった。(6) 彼によると、友人や親戚と毎日欠かさず会えることは一〇万ドル以上の追加収入に匹敵するという。たとえば、家族や友人に定期的に会える場所から、はるか遠くへ引っ越したとする。その喪失感は一三万三〇〇〇ドルに相当するというのだ。

さらにポウドサベーは、自分の時間について常に意識的に選択することが重要だと強調し、このように述べている。「高収入を得ることも、安定した人間関係を築くことも、共に時間と労力を要する。したがって、お金と友情のどちらにウエイトを置くかは、個人の価値観次第である」

人間関係に適正な値段を付けることが可能かどうか、私にはわからない。しかしポウドサベーの試算にしたがうと、私は妻のラナに大きな借りを作ったことになる。彼女は私と結婚した際に、両親と五人の兄弟姉妹、大勢のめいとおい、そして無数の親しい親戚や友人と別れてきた。その喪失感をお金に換算したら、かなりの額になるはずである。

他の土地へ移動できる経済力があったとしても、一カ所にとどまることを選択する人は大勢いる。そういう人々は、緊密な人間関係の価値を本能的に知っているのだろう。だが移動した人々もたいてい、最終的には故郷へ帰る決心をする。家族と一緒に暮らしたいから、年老いた親や子供の面倒を見るため、また生涯の友人と一緒にいたいからなど理由はさまざまだが、故郷が人を惹きつける力は途方もなく大きい。私は本書の執筆にあたって、およそ二〇〇例もの詳細な移動のサンプルを集めたが、そのうちの多くが転居を繰り返した後、人生の後半になって故郷に戻っている。

たとえばオペラ歌手のリンダ・マグワイアは、トロントでの輝かしいキャリアを投げ打ち、故郷のバージニア州に戻った。「これまでの芸術的で、クリエイティブで、アカデミックな生活は、私にとって信じられないほど贅沢なものでした。カナダ政府の支援を受け、プロフェッショナルな歌手として歌ってこられたおかげです」と彼女は述べている。そのうえで、「どうしても本当の自分、つまり私がバージニア州出身のアメリカ人だということを否定することができなくなったのです。故郷に戻ってくることができたのは、ほんとうに素晴らしいことだと思います」と付け加えている。

最も移動性の高い二〇、三〇代の人々も、故郷の持つ引力には逆らえないようだ。テキサス州出身の政治活動家のベロニカ・エスコバルもその一人である。彼女は、私が各地で主催している「クリエイティブ・シティーズ・リーダーシップ・プロジェクト」に参加してくれた人物だ。

彼女はキャリアアップを図るべく、まずニューヨークへ移って大学院へ進もうと考えた。「私がそうしようと思ったのは、故郷のエルパソには何もなかったからです。就職口も、知的な仕事も、将来も、あそこでは見つからないと思いました。他の都市のほうが魅力的でおもしろそうだったし、もっと華やかでエキサイティングでした」。彼女はニューヨークでの学生生活を大いに楽しんだようで、「住むには最高の街でした」とも記している。「修士を取ったらサンフランシスコへ行こうと思っていました。ベイエリアで博士課程のプログラムを受けようと思ったからです。住み心地やさまざまな面での質の高さも、ニューヨークには引けをとらないでしょうし」

しかし彼女は西海岸に向かう前にエルパソにしばらくとどまることにした。西海岸との違いには愕然としつつも、彼女はその理由をこのように続ける。「地元では文学活動が盛んでしたし、政治に熱気もありました」。彼女は、以前は想像もしなかったようなつながりを自分と故郷との間に感じ始めたことに驚いたという。「エルパソが急に、まったく新しい場所に思えてきたのです。文学者のグループに交じって、私も政治運動に参加するようになり、やがて世界が開けました。あらゆることが可能な国境の街に暮らすのが、いかにエキサイティングなことか気づいたのです。私は自分と同じような人たちと交流するようになりました。この街を愛しているがゆえに根を下ろし、働き、果敢に戦う決心をした同世代の人たちです」

優れた政治経済学者であるアルバート・O・ハーシュマンは、私たちが移動すべきか定着すべきか選択する際に、参考となりうるフレームワークを提供している。一九一五年にベルリンで生まれたハーシュマンは、ナチス時代にドイツからアメリカへ移住し、第二次世界大戦中はアメリカ陸軍に従軍した。その後、エール大学、コロンビア大学、ハーバード大学、そしてプリンストン高等研究所で教授職を歴任した。ハーシュマンは一九七〇年に出版された代表作『離脱・発言・忠誠——企業・組織・国家における衰退への反応』で、私たちは満足のいかない状況に直面すると、不満であることを「発言」するか、または「離脱」するかのどちらかを行うと主張している。「忠誠」の思いが強ければ強いほど、私たちは前者の行動を取る傾向がある。要するに移動するかどうかの決断は、私たちが住んでいる場所への忠誠心と、そこでの人間関係に左右されるのだ(7)。

しかし今日、移動組と定着組の微妙なバランスは崩れつつあるようだ。集積することによるメリットが増大し、世界がスパイキーになればなるほど、移動組に加わらなくてはと考える人が増える傾向にある。だからといって永遠に世界を放浪し続ける必要はない。私が言いたいのは、私たちが本来の能力を発揮して幸福を見出すには、場所の重要性を認識し、選択肢を正しく比較検討して、必要とあれば移動する覚悟を持つべきだ、ということなのである。

第6章

才能の集まる場所

WHERE THE BRAINS ARE

前章でも述べたが、人類はいつの時代も移動を続けてきた。その目的は食糧を探すため、軍事対立を避けるため、宗教的あるいは政治的な迫害を逃れるため、ビジネスチャンスをつかむためなどである。しかし人類史の大部分において、移動は比較的ささいな出来事だった。人類史における移動の変遷について、二〇〇七年のエコノミスト誌では次のように論じられている。

人類発祥の地がどこであろうと、たしかなことが一つある。それはホモ・サピエンスが最初に住んだ場所は都市ではなかったということだ。およそ一万一〇〇〇年前の氷河期の末期に、人類は初めて村と呼べるものを作り始めたが、その時はすでに人類が生まれてから約一二万年も経っていた。人口一〇万人超の都市ができたのは、さらに六〇〇〇年後のことである。一九世紀に入ってもなお、都市生活者は世界の人口のわずか三パーセントにすぎなかった。しかしその割合は、現時点ではいざ知らず、数カ月後には五〇パーセントを越すはずだ。ホモ・サピエンス（賢い人）は、それが賢い選択かどうかは別として、ホモ・アーバノス（都会の人）になったのである。[1]

そして、この傾向は今後もまだ続く。国連の予想によると、二〇三〇年までに世界の全人口の三分の二以上（四四億人）が都市生活者になるという。[2]

一九六〇年代以降、人口の移動パターンが都市から郊外へ移ったという意見もある。何百万もの人口が郊外へ大挙して押し寄せ、それまで主流だった郊外から都市へという動きの方向が変わったというのだ。実際、新居や新しいインフラ、生活の質の向上などを求めて何百万、何千万人という人々が郊外へ流出している。その結果、車社会が始まり、それと共に大量消費社会へと移行し、まったく新しい生活パターンが成立した。そして新しい階層が台頭し始めた。[3]

アメリカでは、北東部および中西部の降霜地帯《フロストベルト》から、南部および南西部の温暖地帯《サンベルト》へ人口が移動していることが、しばしば引き合いに出される。事実、テキサス、アリゾナ、フロリダ、ネバダといった州は、近年目を見張るような成長を遂げている。フェニックスやラスベガスの周辺地域で新しい住民が急激に増えているのだ。多くのアメリカ人が準郊外（郊外よりもさらに離れた場所に広がる高級住宅地）や、周縁都市《エッジシティ》へと移動する傾向も見られる。周縁都市とはワシントン・ポスト紙のジョエル・ガローが命名したもので、ハイウェイのインターチェンジやオフィス用高層ビル、ショッピングセンターなどを中心に展開されている都市を指す。その典型例として、カリフォルニアのシリコンバレーや、バージニア州北部のタイソンズコーナーなどが挙げられる[4]。

しかし世界規模での都市への人口移動と、アメリカにおける都市回帰の動きは、こうした流れに逆行している。事実、中・高所得者の移住によって都心部に高級化の波が押し寄せ、倉庫が住宅に転用され、賃貸マションから高級分譲マンションへの転換が各地で進んでいる。また歴史的建造物の保存が行われ、新しいレストランや小売店が出店し、ナイトライフの活気が復活した。だが、こうした傾向は間もなく沈静化するという予測もある。なぜなら、このような再開発の原動力となった中・高所得者でさえも、住宅の確保と維持が難しくなってきたからである。

都市から郊外へ、そして郊外から都市へという正反対の動きがもたらす結果の一つとして、主要な人口統計学者や政治社会学者は、価値観や文化、政治信条に基づく「人々の新たな類型の誕生」を挙げている。それを最も的確にとらえているのは、デイビッド・ブルックスが描いた二つの象徴的なアメリカの人物像だろう。すなわち、カプチーノを愛飲する都会の「ブルジョア・ボヘミアン」（略して「ボボズ」）と、郊外の高級住宅地でパティオ（中庭のテラス）付きの家に暮らす「パティオマン」である[5]。

稼ぐ手段の移動

二〇〇六年に私はアトランティック・マンスリー誌で、さらに顕著な人口の再編成が起きている様子を提示した。高学歴、高収入で才能に恵まれた人々が、ごく一部の大都市へ大量に流入する一方で、従来そこに住んでいた下層および中産階級は追い出されるように移動している。経済力による人々の地理的な再編成が、これほど大きな規模で起きるのは過去にも例のないことだ。

私はこの現象を「稼ぐ手段の移動（means migration）」と呼び、高学歴、高収入の人々を獲得できた地域を「稼げる都市（means metro）」と名づけた。

稼ぐ手段の移動は、大卒者の数が特定の場所に集中していることからも明らかである（図表6－1を参照）。ハーバード大学のエドワード・グレイサーとシカゴ大学のクリストファー・ベリーが行った調査によると、一九七〇年時点では大卒者は全米に比較的均等に分布していた。(6) 当時のアメリカでは二五歳以上の人口の一一パーセントが学士号を持ち、アメリカに三一八ある大都市圏の半数で、その割合は九パーセントから一三パーセントの間にあった。

大卒者率の低かった地域としてはクリーブランドやデトロイト、セントルイスなどが挙げられる。クリーブランドの大卒者は成人の四パーセントにすぎず、デトロイトとセントルイスも、それよりわずかに高い六パーセントにすぎなかった。他方、サンフランシスコでは成人の一七

図表6-1◈人的資本の地域分布

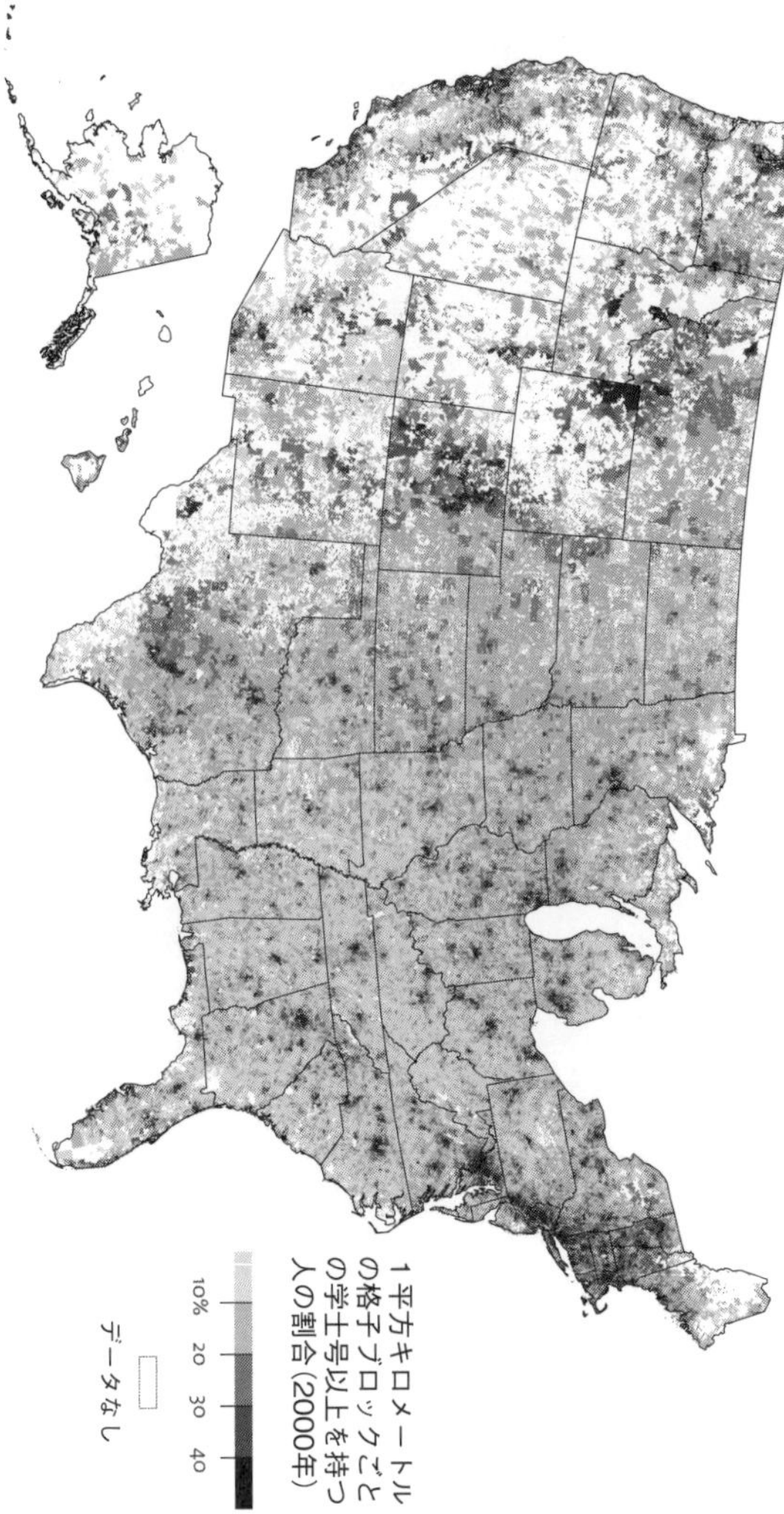

【出典】CENTER FOR INTERNATIONAL EARTH SCIENCE INFORMATION NETWORK,COLUMBIA UNIVERSITY; U.S.CENSUS BUREAU; MAP BY RYAN MORRIS

パーセント、ワシントンＤＣでは一八パーセントに達し、全米のトップに位置していた。
それから約三〇年の間にアメリカの大卒者は二倍以上に増加し、二〇〇四年には二七パーセントに達した。とはいっても地図（図表６‐１）が示すように、アメリカ全土で均等に増加しているわけではない。

たとえばサンフランシスコでは現在、全住民の半数以上が大卒者である。また、四五パーセント以上の地域が全国で五カ所ある。ワシントンＤＣでも、全住民のほぼ半数に達している。しかし、デトロイトやクリーブランドはそれぞれ一一パーセントと四パーセントで、三〇年前に比べて微増したにすぎない。二〇〇四年時点で大卒者が成人人口の二〇パーセントに満たない大都市圏は全国で一二カ所あり、一〇パーセント未満の地域も数カ所ある。

大学院の修了者についても同様の傾向が見られる。二〇〇四年時点で、ワシントンＤＣとシアトルでは成人の二〇パーセント超が大学院の学位を持っていた。だが、クリーブランドでは五パーセント、デトロイトでは四パーセント、ニューアークではわずか二パーセントにすぎない。活力のある都市の中心部では、高学歴者の集中度はさらに高くなっている。二〇〇〇年には、シカゴの中心部とマンハッタンの中心部では大卒者が住民の三分の二を超えた[7]。にもかかわらず、かつての工業都市や郊外、そして遠方の地域における大卒者率はいまだに低いままだ。高学歴の高所得者は、稼げる都市に集中しているのだ。

稼ぐ手段の移動は、地域の所得格差からも見て取れる。過去一〇年から二〇年の間に、高収入の世帯が稼げる都市に急速に流入した。二〇〇六年の世帯収入の平均（中央値）はカリフォルニア州サンノゼで八万六三八ドル、ワシントンDCで七万八九七八ドルだった。それに対し、ニューオリンズとオクラホマシティでは五万ドルに満たない。人口一〇〇万人以下の都市圏も対象に加えると、その格差はさらに広がる。テキサス州マッカレンの世帯収入の平均は二万八六六〇ドル、同州ブラウンズビルでは二万七六七二ドルなのである。この現象は、何を意味しているのだろうか。

人々は、ただ単に稼げる都市に憧れているわけではない。もちろんそういった都市の多くは見るからに華やかで活力にあふれ、住んでいて楽しい。だが一方で、狭隘で混雑して、物価が高いのもまた事実だ。

しかし、これは経済原則に基づいている。才能に恵まれ、野心を持った人々が持てる能力を存分に発揮するには、稼げる都市に住む「必要がある」のだ。

すでに第4章でも述べたが、才能ある人々が寄り集まると、イノベーションや経済成長に大きな効果をもたらす。起業家、投資家、エンジニア、デザイナー、その他の優秀でクリエイティブな人々が大勢、常に顔を突き合わせれば、ビジネスのアイデアは絶え間なく生まれ、研ぎ澄まされ、実行に移される。そして成功すれば、そのアイデアはさらに拡大されるのだ。

人々が優秀であればあるほど、そして彼らのつながりが緊密であればあるほど、あらゆる面でスピードが加速する。集積の相乗効果が働くのだ。こうして多様な才能の集まる場所では経済の進化が加速する。

優秀な人たちが寄り集まり、クリエイティブなアイデアが身近にあるという利点もさること

図表6-2◎世帯収入の地域分布

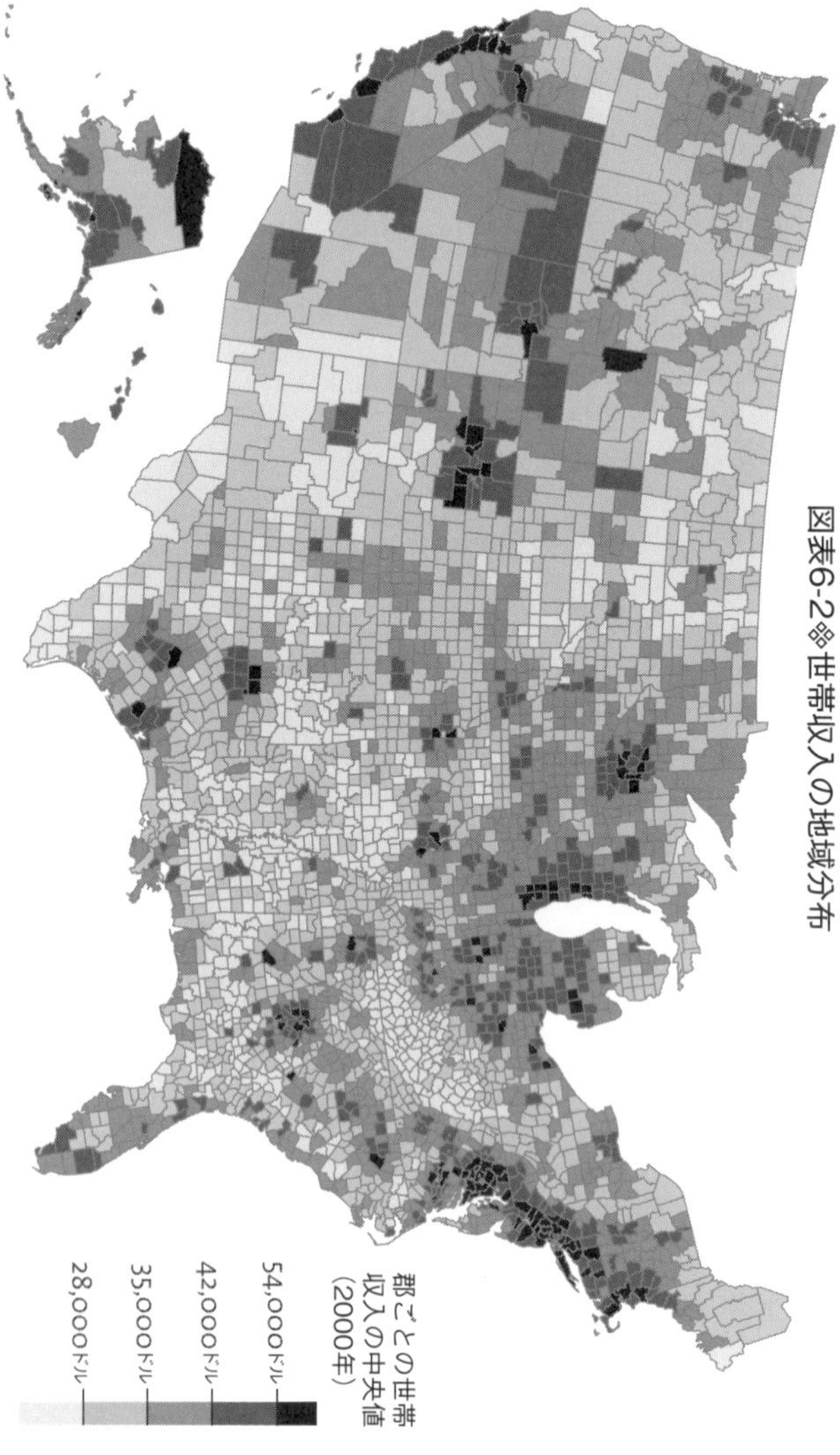

【出典】U.S.CENSUS BUREAU;MAP BY RYAN MORRIS

ながら、稼げる都市にはもっと単純で大きなメリットがある。それはスタート時から有利な環境が整っているという点だ。優秀な大学の存在をはじめとするさまざまな理由で、稼げる都市には才能ある人々を最初から惹きつける力がある。そうした人々が増えるにしたがって成長の度合いも増していく。これは全体が成長するだけでなく、個人の収入や機会も増えるということである。

もちろん、機会はだれに対しても均等にあるというわけではない。人類史においては、人口の増加は経済成長を意味し、農耕経済や工業化経済の下では人口の増加がそのまま労働力の増加につながった。つまり総体的な人口の増加こそが経済成長のカギであり、経済成長が雇用を創出したのだ。

ところが稼ぐ手段の移動は、長年続いた人口増加と経済成長の関係を断ち切ってしまった。その要因となったのは、進化し続けるテクノロジー、世界貿易の拡大、日業業務のアウトソーシングなどである。そのため高技能者は、低技能者ないし平均的な技能者と仕事を共にする必然性を感じなくなった。

今日の社会で最も重要なのは、大勢の人々がどこに集まるかではない。「高い能力を持った人々がどこに集まるか」である。有能な人々が場所を共有することによるメリットは非常に大きく、高所得者の収入の上昇速度は非常に速い。有能な労働者が不動産価格をますます高騰させ（これについては第8章で述べる）、従来の中産階級が負担しきれないものとなるのも自然の流れである。

だが、ごく少数の高収入世帯が従来の中産階級の世帯に取って代わると、経済成長は続いているのに人口は減少することになる。アメリカおよび世界で最も成功した都市や地域では、一握りの裕福で流動性の高い労働者が特権的な生活を送る半面、最下層のサービス労働者はますます都市から離れざるをえなくなるだろう。

その結果、世界はまったく異なった経済展望を持つ地域に二極化されることになる。移動組と高技能者が少数の稼げる都市に大挙して集まり、彼らの収入と不動産価格は上昇を続ける。だが、それ以外の大勢の人々にとっては正反対の現象が降りかかるのである。

住宅価格と生活費の高騰がいきすぎると、今日の稼げる都市のいくつかはやがて衰退することも考えられる。しかし、特定の地域に才能が集中すれば、地域間の格差が今後も広がり続け、二極化がさらに加速すると信じるに足る根拠もあるのだ。

ペンシルベニア大学ウォートン・スクールの経済学者ジョセフ・ジョルコは、「このような居住地の再編成は、一九世紀末の農村から都市への移住と同じくらい、アメリカという国の本質に影響を与えるだろう」と述べている(8)。

さらにジョルコは「人々が、教育的、経済的、心理的背景の同じ者としか交流しない社会を想像してほしい。大都市では、すでに収入によって非常に大きな断絶が存在している。それは、大都市のすべてのコミュニティが、どこも同じように裕福で将来性豊かであるということとはまったく違う」と述べている。

私も問いを投げかけたい。移動組と定着組の断絶が深まることで、社会構造はどのような影響を受けるのだろうか。稼げる都市ばかりが繁栄を極め、それ以外の地域が立ち遅れる状態が続くとしたら、社会の多様性はどのように維持すればよいのだろう。

チャンスを求めて移動し続ける者がいる半面、一カ所から動けない者がおり、アメリカ社会はますます二極化していく。はたしてアメリカはこんな現状で、「チャンスにあふれる自由の国」であり続けることができるのだろうか。

第7章 ジョブ・シフト

JOB-SHIFT

集積力には、才能を特定の地域に集中させる働きと同時に、職業や経歴によって人々をふるいにかける働きがある。居住地次第で収入に高低が生じるのと同様に、職業とその成功の度合いも居住地に左右されるのだ。

各居住地が提供できる職業は、地域ごとに細分化、専門化が進んでいる。最もわかりやすい例が、ロンドンやニューヨークにおける金融業、シリコンバレーのハイテク産業、ロサンゼルスの映画産業、ナッシュビルの音楽産業といった特定地域への産業の集中である。むろん医師や弁護士、看護師、教師のように、地域を問わず人々から需要があり、収入がほぼ一定の職業も存在する。したがって一くくりにできない面はあるが、ますます多くの業種で地域的な専門化が起きていると見てよいだろう。

人はだれしも、生計を立てる方法を真剣に見出そうとする。猛勉強して大学に入った後、そのまま大学院へ進む者は多い。卒業後の就職活動にしても同様で、志望企業をじっくりと見極めたうえで、履歴書を送ったり入社試験を受けたりする。そして晴れて就職すると、上司に評価されることを目標に努力し、実績を積み重ねることで昇給や昇進を手にする。また自己啓発やスキルの修得に労を惜しまず、自らの可能性を広げるために同業の仲間と情報交換を行ったりもする。他方、会社を辞めてフリーランサーになった人の場合は、自分でビジネスチャンスを見つけ、顧客を獲得しなければならない(1)。

このような多大な努力を払って、私たちは生活を維持し、家族を養っている。にもかかわらず、働く「場所」がいかに大切であるかを認識している人はきわめて少ない。雇用機会や収入は場所によって大きく違うというのに。

たとえばシリコンバレーには、IT関連の仕事が豊富にあるだけではない。同地域でハイテク産業に従事する人々の平均給与は、同業種におけるアメリカ国内の平均を七五パーセントも上回っている。またシリコンバレーの企業の多くの社員には、さらなる貯蓄増が見込めるストックオプションの権利も与えられている。

「野心のある人は、自分に最適な場所に移ることで得られるメリットを、十分に自覚しなければならない」と私に宛てた文書に記したのは、ウェブマガジン「ケート・アンバウンド」の編集者ウィル・ウィルキンソンだ。「俳優志望がロサンゼルスやニューヨーク、ワシントンDCやシカゴに住むのを嫌がっていたら話にならない。これらエンターテインメントの中心地に何としても引っ越すべきだ。それが無理ならば、田舎の観光地でくすぶるほかにない」

――クリエイティブ部門とサービス部門

今日の先進経済は、前代未聞の変化を遂げようとしている。そのスケールや影響力の大きさは、過去一、二世紀に起きた農業から工業への産業構造の変化を凌駕している。その結果として製造業は衰退し、二つの経済部門で雇用機会が生まれている。まずは小売業や個人向けサービス業など低賃金の各種サービス産業、もう一つは私がクリエイティブ経済と呼ぶ、高給で専門的、革新的、創造的な産業である。

こうした職業構造の変化は多くの人々に痛みと混乱をもたらしている。なかでも苦しんでいるのは、この数十年間に良質で高給の雇用を失った多くの製造業労働者である。そのことを私は体験的に知っている。

私の父は、ニューアークのアイアンバウンド工業地区にあるビクトリー・オプティカルという会社に五〇年以上勤めた。おかげで両親は小さな家を郊外に買うことができ、弟と私をカトリックの私立学校に通わせ、大学に進学させてくれた。私が暮らしていた当時のピッツバーグでは製鋼所の閉鎖や倒産が相次ぎ、一五万人ものブルーカラーの職が失われた。経済の地理的な移動が、住民や地域社会全体にどれほどの痛みをおよぼすかを、私は目の当たりにしたのだ。妻の故郷のデトロイトで起きた自動車産業の衰退が、どういった影響をおよぼしたかも、私はこの目で見て知っている。

一九五〇年、製造業はアメリカの全雇用の四九パーセントを占めていた。だが一九九〇年には二七パーセント、二〇〇五年には二四パーセントにまで減少した。こうした傾向は現在も続いており、アメリカでは今後一〇年間で五〇万人分の製造業の職がさらに消えようとしている。

その一方で、新たな仕事も生まれている。ＵＣＬＡの経済学者エドワード・リーマーの言葉を借りれば、いまや労働人口は「専門職従事者《ギークス》」と「単純労働従事者《グランツ》」という職業集団に二分されようとしている。前者は高賃金、高スキルの仕事に従事するクリエイティブ産業の人々を指し、後者は必要とされるスキルが少ない、低賃金のサービス産業で働く人々を指す。

私たちを取り巻く社会は事実上、ハーバード大学の社会学者ダニエル・ベルが一九七〇年代に予測した「脱工業化社会」に突入した。すでに私たちは目に見える商品ではなく、無形のサービスに対価を払う生活を送っている。また全米の総労働人口の四五パーセント以上にあたる約五九〇〇万人ものアメリカ人が小売業の販売員、理学療法士、歯科衛生士、ホームヘルパー、飲食サービス従事者、理容師、ネイルアーティスト、造園技師といった職に就いている。

これらの業種は驚くべき比率で成長を遂げており、アメリカ労働統計局（ＢＬＳ）の推定によると、二〇一四年までにアメリカ国内ではサービス部門の雇用が新たに数百万も生まれるとしている。その内訳は小売業で七三万五〇〇〇、フードサービス業で五五万、接客業で四七万、清掃業で四四万、飲食業で三七万五〇〇〇、造園業で二三万となっている。しかし、これらの業種は総じて低賃金で、平均年収は二万七〇〇〇ドルにも満たない。

アメリカと世界の両経済にとって、サービス部門の行く末には重要な意味がある。すべての人が医師、弁護士、エンジニアなどの専門職に就けるわけでもなければ、就くことを望んでもいない。大量の製造業の職が失われたいまこそ、サービス業における数百万の雇用を安定した地位のものに改善し、賃金水準を引き上げることが必要だ。

私は教え子の何人かに、高給で安定した生活の工員と、薄給で臨時雇いの美容師のどちらになりたいかを尋ねてみたが、美容師を選ぶ者が圧倒的に多かった。美容師のほうがよりクリエイティブで、働きがいのある仕事だと彼らは感じているのだ。市場もこうした心理を反映しているようだ。機械工を養成する職業訓練校は生徒集めに苦戦しているのに、美容学校の生徒数は常に定員オーバーの状況にある。

こうした実態を痛切に感じたのは二〇〇五年の春、地元のスパ施設を訪れた時だった。この種の施設に不慣れな私は、だれかと雑談をして気を紛らわせようと思い、ある女性従業員に声をかけた。

「地元はどちら？」

「コネチカット州です」

「いつからワシントンＤＣに？」

「大学の時からです」

「どちらの大学に？」

「メリーランド大学です」

おや、名門大学じゃないか……と私は思い、さらにこう尋ねた。

「いったい何を専攻していたんですか?」

「経済学です」

ちょっと待てよ。経済学を勉強していた女性が、どうしてスパ施設で働いているんだ?

「実は大学を卒業した後、BLS(アメリカ労働統計局)に就職したんです」

「BLSだって?」

私は思わず目を丸くして聞き返した。が、聞き間違いではなかった。私が最も信頼している政府資料の発行元で、私の著作の論拠を提供してくれているBLSに彼女は勤めていたのだ。

私は転職の理由を尋ねずにはいられなかった。「君のように若くて高学歴の女性が、スパ施設に転職するのは合点がいかない」と率直な疑問もぶつけたが、彼女はさして気にしていない様子だった。

「狭いオフィスで一日中、集計表を眺めているのに飽きてしまって。日中は頭を使うことがそれほど必要なかったから、毎晩友達と出歩いてなかったら、我慢できなかったでしょう。でもやっぱり、退屈で耐えられなくなったんです。私は、やりがいがほしかったんです」

この女性はBLSを退職してから美容学校で学んだ後、形成外科病院に就職し、さらにスキルを積んだ。そして現在はジョージタウンのフォーシーズンズ・ホテルと、バージニア郊外の別のスパ施設で働いている。

その後も私は、「収入は安定しているのか」とか、「待遇に満足しているのか」など、だれもが気になる事柄について尋ねた。が、「どちらも関係ありません」という答えが即座に返ってきた。歩合制なので働けば働くほど収入は上がるし、働く時間は好きに決められる。仕事自体も楽しく、毎日充実した気分で働いている。雇用流動性の増した時代のなか、安定や保障を求めずに気ままな生活を満喫している──少なくとも私が会った時の彼女はそのように見えた。しかしいつかはやりたいことに専念すべく、彼女自身が安定を求め始めるのではないかと、私は思わずにいられなかった。

ＢＬＳに勤めていた頃の彼女は、いまは亡きピーター・ドラッカーが唱えた「知識労働者」そのもので、信用ある連邦政府機関で高度な情報を扱う立場にいた。(2) しかし彼女はその仕事に嫌気がさしてしまったのだ。職業人としての幸福のカギは、大学で得た知識を活用することではなく、天賦のクリエイティブな才能を生かすことだと悟ったわけだ。

ここで私が主張したいのは、彼女の現在の職業が以前の仕事ないし私の父が長年勤めた工場の仕事よりも優れているということではない。接客サービスは他の業種に比べてアウトソーシングがきわめて難しい。ゆえにこうした仕事を安定させ、賃金上昇が確実になるようにすることは、社会的な利益につながると言いたいのである。

サービス業の賃金の低さについてはよく議論になる。「市場要因が賃金上昇の妨げになっている」という見解もあれば、「高賃金が保障される以前に、サービス業界自体の構造に改革が必要だ」とする見方もある。しかし、経済学者や政治家が議論を戦わせている間にも、スターバックス、ホールフーズマーケット、ターゲットといった企業は、業務を改善させるべく新たな戦略を生み出している。そして顧客に良質のサービスを提供すべく、従業員の給与や手当てを引き上げ、彼らがクリエイティブな才能を発揮できる環境を整えている。そうした努力はすべて、それによって企業の収益が増大するという前提の下に行われている。

そのよい実例が、世界最大手の家電販売チェーンであるベスト・バイという企業で見られる。ベスト・バイは約一四万人の従業員を抱えており、年間売上げは三六〇億ドルにのぼる。かの有名なトヨタ自動車の管理システムを見習い、CEO（最高経営責任者）のブラッド・アンダーソンは自社のスローガンとして、「最善を尽くしつつも楽しみながら働けて、従業員のポテンシャルを引き出せる、包括的で革新的な職場作り」を掲げている。そこで社内の業務プロセスや手法を見直すと共に、顧客サービス向上策を編み出すことを従業員に奨励している。多くの場合、それらは販売の現場で生まれた小さなアイデアに端を発する。たとえば一〇代の販売員が商品のディスプレイを変えたり、移民の販売員が英語を話さないコミュニティへの電話サービスの拡張を試みたりといった具合だ。これらの小さなアイデアが全米中の店舗で採用されれば、やがて数億ドルもの収益増に結びつくであろうというのだ。

アンダーソンは、小売販売のようなサービス業で成功することは、新たなテクノロジーや魅力的な商品を開発することよりも意義深いことだと考えている。要するに、アメリカの経済競争力が史上初めて人間のクリエイティブな才能の開発に委ねられ、そこにクリエイティブな時代の可能性があると彼は言いたいのだ。まさにアメリカ経済の今後の発展は、性別、年齢、人種、民族、性的指向の如何にかかわらず、労働人口に属する国民のクリエイティブな才能を余さず活用できるかどうかにかかっているのだ。

——地域経済を潤す職種

二つ目の新たな雇用部門、すなわちクリエイティブ産業は、サービス業以上に成長性がある。と同時に、アメリカの経済成長を考えるうえでいっそう重要な意味を持っている。この産業に属すのは、科学、テクノロジー、芸術、デザイン、エンターテインメント、メディア、法律、金融、マネジメント、医療、そして教育である。

クリエイティブ部門の驚異的な成長は前世紀から始まっており、近年に限られたものではない。この産業を担うクリエイティブ・クラスがアメリカの雇用に占める割合は、一九〇〇年はたった五パーセントだったが、一九五〇年には一〇パーセント、一九八〇年には一五パーセント、二〇〇五年には三〇パーセント以上にまで上昇した[3]（図表7‐1を参照）。そして今日では約四〇〇〇万人がクリエイティブ産業に従事している。

私たちの推計では、アメリカ経済におけるクリエイティブ部門の雇用は二〇一四年までにさらに一〇〇〇万も増加すると見ている。いまや、ほぼすべての先進国がアメリカと似かよった状況にあり、クリエイティブ・クラスが労働人口に占める割合は、国によって三五〜四五パーセントの間で推移している。

クリエイティブ・クラスは高学歴者ばかりなのかと考える人がいるかもしれないが、必ずしもそうではない。経済学者は一般的に学校教育の水準を、労働人口の総体的な知識と専門技能

図表7-1※クリエイティブ経済の台頭

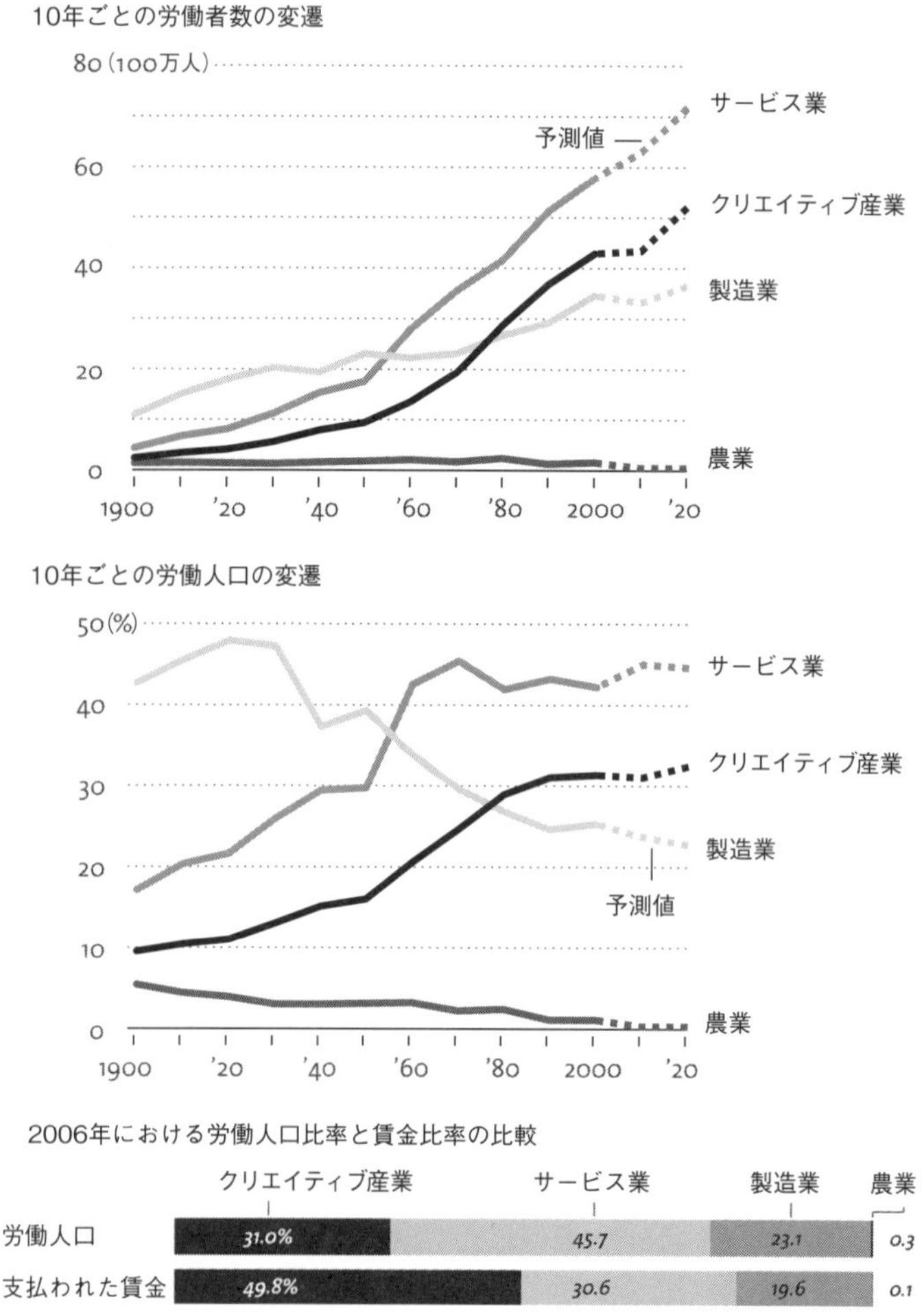

【出典】KEVIN STOLARICK; GRAPHIC BY RYAN MORRIS

の指標とする。ゆえに経済学者は大卒以上の学歴を持つ人々の割合を人的資本として調べるが、学歴は人間のクリエイティブな潜在能力を示す指標の一つにすぎない。

そもそも、大卒者でなくともクリエイティブな才能を驚くほど発揮し、成功を収めた人物は大勢いる。ビル・ゲイツ、スティーブ・ジョブズ、マイケル・デルは現代有数の起業家だが、三人とも大学は中退している。実際、二〇〇七年にフォーブス誌が発表した世界長者番付に名を連ねた起業家二六人のうち、一一人は大学を卒業していない[4]。

むろん大学を中退した者が、だれでもスティーブ・ジョブズのような大起業家になれるわけではない。高学歴が収入増につながるのも事実だが、人間のスキルは教育によってのみ形成されるものではないということだ。実地で得られる経験、知恵や機転、創造性、向上心、起業家としての才能は形式的に教えることはできないものだが、これらはクリエイティブ経済で成功するためには欠かせない能力なのである。

教育水準とクリエイティブな職業には相関関係が認められるが、この二つが経済成長に果たす役割は異なっている。私はシャーロッタ・ミランダー、ケビン・ストラリックと共同で調査した結果、クリエイティブ部門の人々と高学歴者では、地域経済の発展に貢献する経路が異なることを導き出した[5]。

高学歴者のほうが、クリエイティブ・クラスよりも所得は高い。だが、それは給与のみならず、資産所得などすべての収入源を考慮した場合である。実際、クリエイティブ・クラスは高学歴者を上回る賃金、すなわち特定の労働に対するより高い対価を得ているのだ。

賃金は、その地域のビジネスの現状を映し出す鏡だ。それゆえ地域の生産力を推し量るうえで有効な指標となる。たとえばフロリダ州ネープルズとシリコンバレーは、アメリカ国内において最も富める地域だが、その経済の内訳は著しく異なっている。ネープルズの場合、住民の賃金は総所得の三分の一にも満たない（三二パーセント）が、サンノゼでは、総所得の九〇パーセントを賃金が占める。

職業には、地域の経済成長に影響をおよぼすもう一つの重要な側面があることも、私たちの調査によって明らかになった。職業と地域所得との相関を考察したところ、ある特定の職業は他の職業よりも地域経済に大きな影響を与えることが判明した。地域経済と最も大きな相関関係が見られるのは、事務職や財務、コンピュータなどに関係する仕事である。次いで営業職、芸術、デザイン、メディア、エンターテインメント、さらに経営管理、エンジニア職、弁護士、科学者などの職業が続く[6]。ここで、芸術やエンターテインメント関連の職業が上位に入ってくることは興味深い。経済力が芸術やエンターテインメントの発展を支えると考えることはあっても、その逆の状況を想像する人は少ないはずだ。

製造業が衰退した地域の多くは、教育や医療に関連した業種で経済の立て直しを図ってきた。デトロイト、クリーブランド、セントルイス、ピッツバーグのようなかつての工業都市では、大学や病院などの公的機関が最大の雇用先となっている。こうした事実は、少なくとも地域住民の雇用が確保されるという意味では評価できる。だが私たちの研究によれば、教育や医療といった部門への極端な集中は、地域経済にとって究極的には好ましいことではない。多くの雇用と良質のサービス提供が確保できる半面、地域所得の増加は微々たるものしか期待できないからだ。[7] クリエイティブ部門のなかで教育と医療の比率が高いほど、賃金水準は低くなる傾向があるのだ。

こうした状況はなぜ起きるのか。一つには、教育と医療は地域の労働人口を独占する傾向にあるからだ。そもそも教育や医療は良質のサービスを提供するうえで、多くの人員を必要とするため、他の業種の雇用枠が削られてしまうのである。たしかに教育や医療は、警察や消防と同様、生活に必要不可欠であり、どの地域も一定の労働人口を割く必要がある。だが、これらの業種は地域外からの収入をほとんど期待できない。事実、他州出身学生の授業料や政府の研究助成を除けば、地域所得のほとんどは地域の住民間によってのみ生み出される。これとは対照的に、革新的でクリエイティブな会社や企業グループは、世界中を相手に収入を見込める。成長している地域では、教育や医療、公共サービス以外の分野が比較的高い比率を見せる。そうした分野は地理的な集積が進む分野なのである。

産業集積の実態

職業や産業の集積は、いつの時代においても見受けられた。ピッツバーグの一帯に立ち並ぶ製鉄所や、デトロイトにおける自動車の一大生産拠点――これらは集積力が生んだ歴史的な事例の一部にすぎない。

古典的な立地論を唱えたヨハン・ハインリッヒ・フォン・チューネンや、アルフレッド・ウェーバー（著名な社会学者マックス・ウェーバーの弟）は、原材料と物流コストの観点に基づいた産業立地の変遷について広範に考察している[8]。

重工業に携わる企業は、原材料が豊富で物流コストを最小限に抑えられる立地を探し求める傾向にある。また工業化時代における地域は、単独の基幹産業もしくは複数の基幹産業を取り込めるような有機的な構造を備えていた。これらの地域は初めのうちは中心部に、その後は外側へ向かって、同心円状に成長していった[9]。製造業のなかでも、ある特定の分野は港湾都市の周辺で発展し、そうした都市ではビジネスや投資の情報を提供する専門的なオフィス街も栄えていった。港湾都市や工業地帯を取り囲む住宅街は、路面電車の路線に沿うようにして拡大し、やがて初期の郊外型住宅地を形成した。こうした地域の生活は、多分に近隣の農家や農業生産者によって支えられていた。

だがクリエイティブ経済の台頭は、天然資源に対する依存度を大幅に縮小し、このように入り組んだ地域のシステムを根本から変えた。「職業や産業の分散が起きるのでは」との予測どおり、基盤となる製造業が先進国から開発途上国へ移行するなど、多くの産業で分散は現実に起きた。一方で分散しない産業もあった。その好例が一九八〇年代のイタリアにおける衣類製造産業の復興で、経済学者や社会学者はこれに強い衝撃を受けた。インドや中国などコスト競争力のある新興国に取って代わられた（あるいは少なくとも業務の海外移行を強いられた）と思いきや、イタリアの伝統産業が生き残ったのはなぜだろうか。その答えは、偉大な経済学者アルフレッド・マーシャルが唱えた「産業集積」の概念にこそある。[10]

企業はその活動を統合、拡大することによって規模の経済を利用しようとする。だが企業は、互いに隣接し合うことによる集積の経済によっても利益を獲得できる。アルマーニやプラダ、グッチといった企業の利益獲得は、高度な生産力とイノベーション以上に、サプライヤー、ユーザー、バイヤーらが形成する密度の高い集積によるところが大きい。集積がもたらす経済力や効率性は、海外移行を強力に促す外圧を十二分に跳ね返すことができたのだ。

一九九〇年代初めに入ると、こうした産業集積地の復興はハーバード・ビジネススクール教授のマイケル・ポーターのような一流の経済学者や経営学者の注目を集めるようになった。[11] ポーターは世界で有数の経営理論家とされるが、九〇年代半ばまでは、世界の産業集積地の研究に没頭していた。そのおかげで新たな経済圏の地図が明らかになり、アメリカならびに世界における産業集積の実態が示された。たとえばコネチカット州ハートフォードの保険業、ラスベガスのアミューズメント・カジノ業、ノースカロライナ州ハイポイントの家具製造業、ミシガン州グランドラピッズのオフィス家具製造業、カリフォルニア州カールスバッドのゴルフ用品製造業、ニューヨーク州ロチェスターにおける最先端のイメージング技術を活用した産業など高度な産業集積地が明らかになったのである。

こうした産業集積地が生き残りに成功したのは、知識水準の高いユーザーが寄り集まっていたこと、技術力の高い地元の人材を雇用する力を地域自体が有していたこと、そして大学や専門学校といった施設に近接していることなどが幸いした、とポーターは指摘している。

海外へのアウトソーシングは産業集積地の価値を損なうと考える人が多いが、ポーターは彼らとは正反対の意見を唱えた。彼は二〇〇六年のビジネスウィーク誌のオンラインインタビューで、こう述べている。「グローバリゼーションが加速する現代、産業集積は地域ごとにますます専門化の様相を見せている。グローバル経済は集積状態を後押ししつつ、専門化のプロセスを加速させている」

さらに興味深いことがある。労働力の投入が比較的少ないソフトウエアやバイオテクノロジーのようなハイテク産業では、さらに高密度の集積が見られるのだ。二〇〇一年に発表されたバイオテクノロジー産業に関する調査では、一九九〇年代に設立されたバイオテクノロジー企業の四分の三が、たった九つの地域に立地している事実を突き止めている[12]。この九つの地域はその他の地域に比べ、バイオテクノロジー分野の研究において八倍の実績を誇り、一〇倍のバイオ関連企業数、三〇倍ものベンチャー資金を擁している。

ベンチャー資金は、ハイテク産業の集積の様子を示すもう一つの有力な指標である。二〇〇七年の第2四半期において、シリコンバレー、サンディエゴ、ボストンの三つの地域が集めた資金はアメリカ全体の五割以上を占めたが、そのうちの三分の二以上がシリコンバレーに流れていた[13]。

シリコンバレー経済に低迷の気配は見られない。シリコンバレーで事業を行うには多額のコストを要するが、それでもハイテク関連の企業や雇用はこの地域に集まり続けている。「シリコンバレー人気はいまも衰えず」と題した二〇〇六年のウォールストリート・ジャーナル紙の記事には、デトロイトやシカゴ、イスラエルのテルアビブからシリコンバレーに拠点を移した六つの企業の事例が記されている。[14]

同年のシリコンバレーにおける年間平均賃金は、国内平均を約五万ドルも上回っていたにもかかわらず、企業は移転してくるのだ。集積によって得られる資源は、コストを相殺して余りあるということなのであろう。

その一社、オンライン動画共有サイト、ビデオエッグの創設者マット・サンチェスは、記事のなかでこう語っている。「ハイテク企業を設立するならシリコンバレーに限る。ほかで得ることのできない独特の資源がシリコンバレーにはある」

トロント大学ロットマン・スクール・オブ・マネジメントの学長で、私の同僚でもあるロジャー・マーチンは、「企業が競争優位性を高めるためにできることはたくさんある。立地もビジネスの成功を下支えする重要な役割を果たす」と述べる。あらゆる立地は、他の地域が簡単に模倣できないユニークな利点を有している。[15] 彼はその事実を「立地優位性」と称し、次のように説明する。

……都市、地域、州、国のいずれの次元であれ、最高の環境を有することで、人的資本や企業を引きつける優位性を築くことができる。高度なスキルやテクノロジーを備えた人間や大企業は、ボストンが世界で最も素晴らしい場所だと思っているだろう。その一方で、ミシガン州のグランドラピッズこそ一番だと考える人々もいるだろう。どちらの土地にと

図表7-2※クリエイティブ・クラスの地域分布

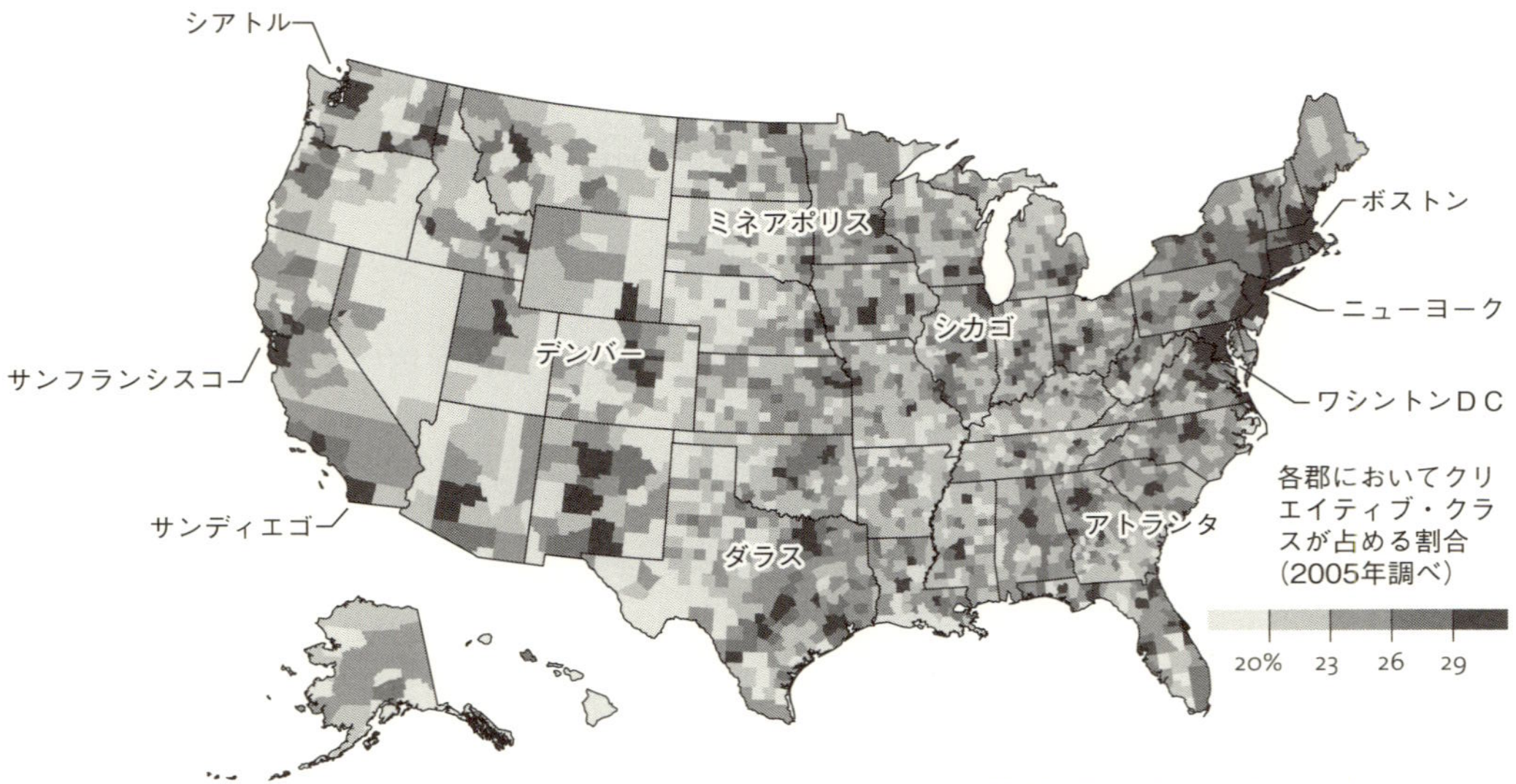

【出典】KEVIN STOLARICK; MAP BY RYAN MORRIS

っても、それは間違いではない。現代の経済においては、多くの地域が専門化を進めることで立地優位性を築くことができるのだ。

私はBLSの精密な職業データを使い、地域ごとの職業の集積状況を分析した。特定の職業の地域占有率と、アメリカ全体での比率、すなわち雇用の「立地集積度（LQ：location quotients）」を、すべての主要な職業と地域を対象に計測したのである。たとえばある職業のLQが一・二五の場合、当該地域への当該職業の集中度は十分に高いと考えられる。

LQ合計が一〇〇を超える地域はアメリカ国内に九つある。繊維業の中心地であるジョージア州ドールトンや、観光船の操舵士が多いルイジアナ州ティボドーなどだ。LQ合計が五〇を超える地域は三七、LQ合計一〇以上の地域は五〇〇を超える。

もちろん、だれもが同一の職業に就いているとは限らず、また観光船の操舵士のような比較的珍しい職業においては、この分析結果は特に意外でもなければ重要でもない。だが、経済的に多数の雇用が発生している職業を対象にすることで、にわかに興味が沸いてくる。アメリカ全土における職業の集中度を示した地図を見てもらいたい（図表7－3を参照）。

・アメリカの芸能人の四分の三と、タレント・エージェントの二五パーセントがロサンゼルスで働いている。

・ワシントンDCには政治学者の七八パーセント、ならびにかなりの比率の経済学者、数学

図表7-3※新たな職業の地域分布

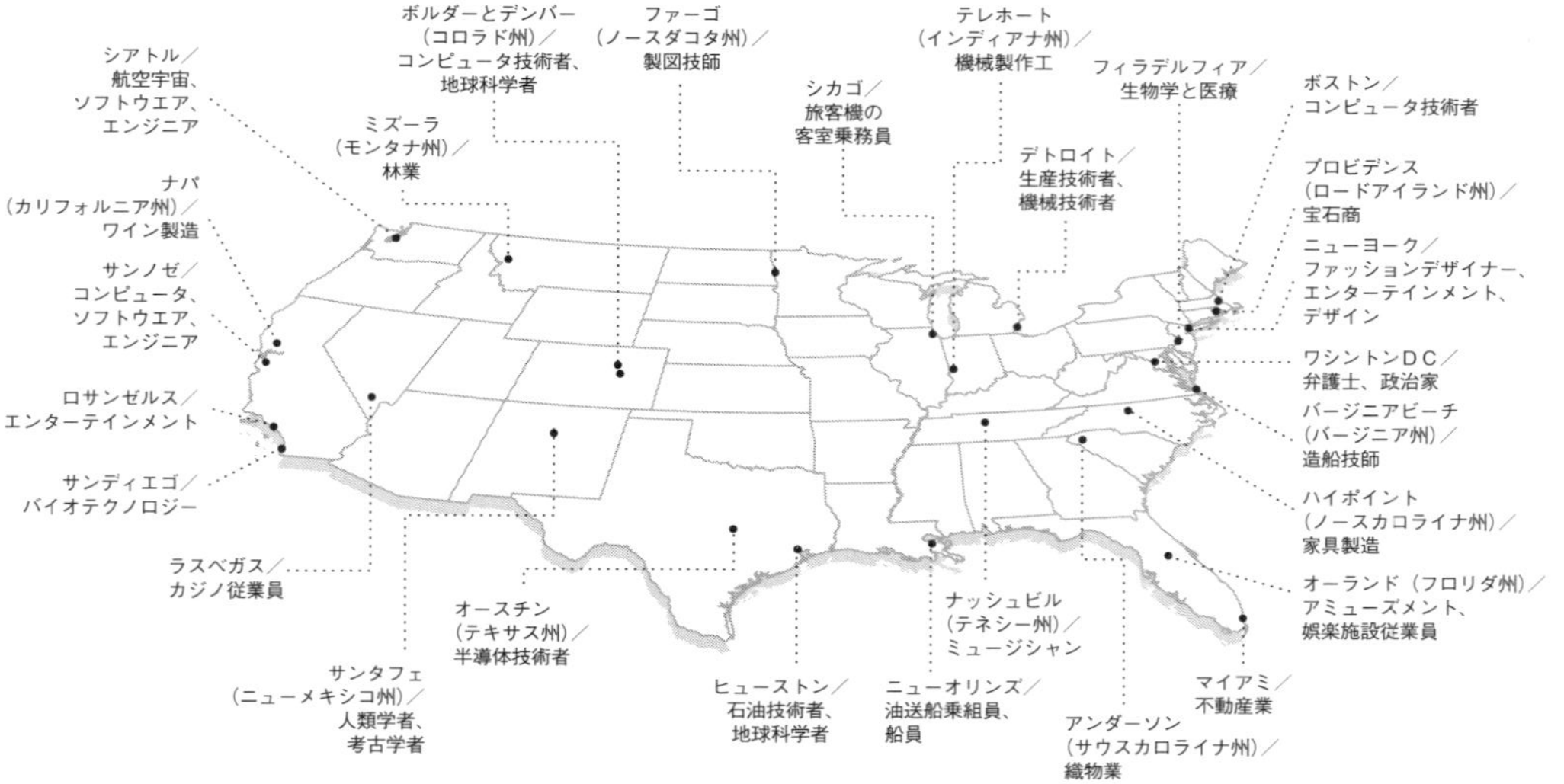

【出典】BUREAU OF LABOR STATISTICS; MAP BY RYAN MORRIS

者、天文学者が住んでいる。
・ファッションデザイナーの五〇パーセント以上、証券仲介業者の四分の三はニューヨーク周辺に固まっている。私の担当編集者ビル・フルヒトによれば、マンハッタンの二三番地と五番街が交差するあたりには、大手出版社が徒歩五分圏内に集まっている。したがって出版関係者は転職しても駐車場を変える必要はなく、地下鉄の駅にして一つか二つの範囲で、一生勤め上げることができる。
・石油関連の仕事の三分の一以上がヒューストンに集まっている。
・全米のカジノの管理者の約三分の一と、スロットマシンの出納係の二〇パーセント、カジノのフロアマネジャーと舞台の衣装係の一六パーセントがラスベガスで働いている。

地域集積と職業の専門化は、第4章で言及した集積力と直接的な因果関係にある。立ち遅れている地域の生産力を改善するにあたって、「人々が高い家賃を払うのはなぜか」という、いまとなっては当たり前すぎるルーカスの問いかけと、それに対する彼自身の答えを思い出す必要がある。

シリコンバレーのソフトウエア開発者にしろ、ニューヨークの投資銀行家にしろ、特定地域に寄り集まる理由は、産業や企業がそこにあるからではない。人々がそこに集まっているからこそ、総合的な生産性が向上し、利潤も得られるので、企業がそこに立地するのだ。またサンタフェ研究所の研究者が明らかにしたように、大都市や大規模な集積地が立ち遅れないためには、都市自体の代謝速度をいっそうスピードアップさせる必要がある。
職業の集積は生産性の向上をもたらす一方で、仕事や雇用機会を都市や地域単位に分布させた。職業の地理的分布は今後もさらに専門化を進めながら、アメリカ国内はもちろん、世界全体に広がっていくであろう。

創造の現場

地理的に近接していることは集積の前提条件であると共に、生産性を向上させるのに必要な人間同士の直接的コミュニケーション、情報共有、連携を促進させる要素でもある。工業化時代の頃は、知識を体系的に会得し、マニュアルや図面にしたがえばスキルを修得できた。これとは対照的に、クリエイティブな仕事は属人的で、人間の頭脳のなかにしか存在しない。言い換えると、人と人の頭脳の『間』にしか存在しない知識に、大きく依存している。ハーバード大学の政治学者ロバート・パットナムはベストセラー『孤独なボウリング』のなかで、このように述べている。「ネットワークとは、人々や企業が互いに不可欠な情報の共有を可能にする、人間同士のつながりである」

パットナムが同書と、その前著にあたる『哲学する民主主義』で提唱した「社会資本《ソーシャル・キャピタル》」の概念はすでに広く知られているが、近年は緊密なネットワークの弱体化、近隣住民への関心の低下、社会的孤立度の上昇、市民活動の衰退などが何かと取り沙汰されている。[16] そもそもネットワークは、「絆」と「橋渡し」という二つの異なる方法で形成されている。絆とは、近親者や民族内のコミュニティにおける緊密なつながりを意味し、パットナムはその衰退を嘆いた。これに対して橋渡しとは、異なる集団をまたいで結びつける、比較的ゆるい絆を意味する。集積には、この二つ目のつながりこそが重要である。

「橋渡しは、社会のなかに必ず存在する多様な価値観や行為に人々をさらす」と述べたのは、カリフォルニア大学デービス校、テクノロジーマネジメント・プログラムのディレクター、アンドリュー・ハーガドンだ。[17] 彼はさらにこう続けている。「橋渡しは本質的に、自分とは異なった意見によって見方を変えるだけでなく、自分たちの社会を支配する考え方や行動をどうとらえるかにも変化をおよぼす。橋渡しはクリエイティビティや、新たなひらめきの必要条件なのである」

またアナリー・サクセニアンは、シリコンバレーのハイテク産業とボストン周辺の外環道路「ルート128」についての研究を通じ、「一九九〇年代におけるシリコンバレーの企業の業績回復は、起業家、投資家、エンジニア、そして新進気鋭の大学研究者たちによる、分散した協力ネットワークの適応力に起因する」と明らかにした。[18]

かたちがどうあれ、人間同士のネットワークは、スタンフォード大学の社会学者マーク・グラノベッターの言うところの「弱い絆の強さ」の影響を受ける。[19] 人々が実際にどのように職探しをするかを考察した著名な研究のなかで、彼は「本当に重要なのは少数の強い絆よりも、無数の弱い絆だ」と結論づけた。極端な話、見ず知らずの他人との関係のほうが、人生の長きにわたる友人との結びつきより重要だというわけだ。人間同士のネットワークがどのように機能するかを視野に入れない限り、この考え方は受け入れがたいだろう。

では弱い絆の利点とは何なのだろうか。それは私たちに新鮮な情報をもたらすことである。おそらくあなたは、常に同じ友人や仲間とばかり旅に出かけているのではないか。代わり映えのしない人々と同じ場所にばかり出入りし、同じような話題にばかり興じているのではないか。これに対して弱い絆は対象となる人数が多い半面、関係性を維持する労力は少なくて済む。弱い絆は安定した日常に混沌をもたらすおそれもある。しかし安定した日常は概して、新しい可能性やアイデアを見出すカギとなりえないのだ。

ネットワークのかたちは仕事の内容によって明らかに変化するが、その役割や機能自体はまったく変わらない。昔ながらのオフィスワーカーにとっては冷水器を囲んでの立ち話や週末のゴルフ、投資家なら昼食会や旅行、ハイテク企業ならば朝食を兼ねた会議やビールパーティ、サイクリングといったところだろうか。あるシリコンバレーの投資家の言葉を聞き、私はこうした実態に深く納得した。「自転車レースで先頭集団に入れなければ、取引から外されたも同然だ」。この言葉はたとえ話ではなく、文字どおりの意味だ。

さて、ここからは音楽や文学、美術といった芸術方面におけるクリエイティブな職業の成長に目を向けることで、仕事や職業が集積する理由を掘り下げてみよう。

クリエイティブな職業ではその実行において、物資（たとえば鉄鉱石や石炭などの原材料）をほとんど必要とせず、規模の経済も発生しない。芸術家の活動は個人生産の最たるものだ。

芸術家は制作プロセスに多くの人員を割くことなく、個性的で非凡な作品を作り上げる。では、その創造の現場(シーン)には何があるのだろうか。

音楽界における「シーン」とは、ニューオリンズのジャズ、ナッシュビルのカントリーミュージック、シカゴのブルースのように、音楽の特徴的なスタイルを指す表現だが、創造の現場という意味のシーンは社会的、経済的インフラと一体化したものである。そうした創造の現場たるシーンが、才能ある人々に、インスピレーションをかき立て、他人の仕事ぶりから学べる環境、すなわちコラボレーションや競争にうってつけの環境を提供してきたのである。

ハーバード大学の経済学者リチャード・ケイブズは、著書 *Creative Industries*(クリエイティブ産業)のなかで、音楽業界の成功は作曲家や作詞家、ミュージシャンが作品制作を行い、エージェントや原盤管理者がそれを販売するシステムそのものに大きく依存していると説く。またエリザベス・カリッドの *The Warhol Economy*(ウォーホル経済)によれば、創造の現場はクラブやレストランなどのネットワークが機能する環境から生まれるという。[20] つまり、創造の現場は商品の製造、消費、改善の場であると同時に、新たな経験を生み出す役割を担っているというのだ。

この分野における第一人者であるシカゴ大学のダニエル・シルバー、テリー・クラーク、ロレンス・ロスフィールドは、創造の現場が「文化的な生産と消費を結びつける様式」になっていると述べる。[21] 創造の現場は数、種類共にさまざまである。その具体例には音楽業界におけるナッシュビル、演劇界におけるニューヨーク、映画業界におけるロサンゼルスなどがある。シルバーらは「こうした創造の現場が、ある分野において『本場』となりえた理由は何か」と問いかける。ニューヨークのブロードウェイにある数多くの劇場と、その他の地域の劇場とを分ける決め手は何だったのだろうか。

創造の現場の大きな特徴は、そこで得られる「自分が他者を眺め、自分も他者から見られる」機会のなかにあると彼らは指摘する。それは「仕事という意識からはずれた、完全にエンターテインメントな文化」なのだ。「独特の環境や才能の集積によって、ある種の価値観や趣味の共有が促され、人間関係が構築され、正しい作法のあり方が決まる」。こうした実態のなかにこそ手掛かりはあると彼らは説く。創造の現場は、職業がいまも集積し続ける理由を見極めるうえで、有効な視点を私たちに与えてくれる。

●ナッシュビルに移ったジャック・ホワイト

アーティストやミュージシャンならば好きな場所で暮らせる、と思ってはいないだろうか。彼らの才能はあらゆる場所で必要とされる。であるならば、彼らの住まいも各地に「点在」して当然ではないかというわけだ。しかし実際にはそんなことはなく、統計もその事実を裏づけている。

ジョージメイソン大学の大学院生スコット・ジャクソンは、一九七〇年から二〇〇四年におけるミュージシャンやバンドの所在地を大規模に調査した。[22] 都市圏の定義は一九七〇年以降、数回にわたって変化しているため、彼は地域の境界線とデータが間違いなく整合するように細心の注意を払った。その結果、彼は三一の都市圏に住むミュージシャンの詳細なデータを完成させた。

ジャクソンによる分析は、音楽業界における地理的な集中と、専門化が強まっている傾向をはっきりと映し出している。三一の都市圏に住むミュージシャンの割合は一九七〇年時点で五二パーセントだったが、二〇〇四年には六三パーセントに増加している。しかも三一の都市圏のうちの一つは、他を大きく圧倒している。テネシー州ナッシュビルである。

立地集積度（ＬＱ）を分析すると、ナッシュビルの台頭ぶりにはことさら驚かされる。一九七〇年当時のナッシュビルは、音楽業界におけるＬＱ上位五都市にさえ入っていなかった。カントリーミュージックでは知られていたものの、業界の中心地とは言えなかった。大勢のミュージシャンが暮らす都市と言えば、かつてはニューヨークとロサンゼルスの二カ所だった。

ところが二〇〇四年までに、ナッシュビルのＬＱは平均のおよそ四倍に達し、全米トップとなった。ナッシュビルの発展ぶりは群を抜いており、ジャクソンが一九七〇年から二〇〇四年のＬＱの変化を調査したところ、明らかなプラス成長を記録している場所はナッシュビルだけだった。ナッシュビルは音楽の守備範囲をカントリー以外のあらゆるジャンル、なかでもロックとポップスに広げ、音楽業界の経済成長を独占したのである。今日のナッシュビルには、世界トップクラスのスタジオミュージシャンの大半が住んでいる。楽曲制作、レコーディング、アルバム制作に最適な場所として、ニューヨークやロサンゼルスをも凌駕するようになった。

ハイテク企業がシリコンバレーを目指すように、優秀なミュージシャンの多くは最終的にはナッシュビル周辺に活動拠点を置くようになった。たとえば、ホワイト・ストライプスのリーダーであるジャック・ホワイトは二〇〇五年、自身の新しいプロジェクトのザ・ラカンターズの活動拠点をデトロイトからナッシュビルに移した。

ホワイトはナッシュビルに移る前、ロレッタ・リンの大ヒットアルバム *Van Lear Rose* をプロデュースし、バックボーカルやギターも披露したが、このアルバムもナッシュビルで録音されたものだ。ナッシュビルに感銘を受けたホワイトはデトロイトを去り、ナッシュビルで家を購入した。

ザ・ラカンターズのメンバーのなかで、生粋のナッシュビル育ちは一人もいない。ホワイトとブレンダン・ベンソンはデトロイト出身、ドラムのパトリック・キーラーとベースのジャック・ローレンスはシンシナティ発祥のバンド、ザ・グリーンホーンズのメンバーだ。

元来デトロイトは、革新的で強い影響力を持ったロックバンドのMC5やイギー・ポップ・アンド・ストゥージズ、あるいはモータウンといった音楽ジャンルの発祥地だった。[23]にもかかわらず、ホワイトはナッシュビルへ転居した。その理由を尋ねられたホワイトは、「デトロイトの音楽業界があまりに陰湿で閉鎖的になったからだ」と答えた。聞くところによれば、かつての仲間や支援者たちは、ホワイト・ストライプスの成功に嫉妬していたらしい。「ナッシュビルはデトロイトとは違う。ミュージシャンたちのプロ意識は高いし、感情的対立も少なく、人間関係はシンプルだ」と彼は続ける。

ハイテク業界におけるシリコンバレーのように、ナッシュビルは音楽業界のなかで群を抜く存在だ。ほかの地域から招いた優れた才能とのコラボレーションや、経済的インフラでは世界トップクラスである。

さて、どんな仕事に就くかは、私たちの経済的繁栄や幸福を決定的に左右する。しかし、稼いで得た収入をどのように使うかは、それとはまた別の問題だ。たいていの人にとって住宅は人生最大の投資であり、その金額も得られる成果も場所次第で大きく変わる。次章では、そうした居住地の選択にかかわる都市や地域の話に言及したい。

第8章 スーパースター都市

SUPERSTAR CITIES

さほどテレビ好きではない私が、最近よく見るようになった番組がある。「マイホーム《ホワット・ユー・ゲット・》のお値段《フォー・ザ・マネー》」という番組で、内容は毎回アメリカ国内から四、五カ所取り上げて、その地域で購入できる不動産物件を紹介するというものだ。物件の価格は最低で三〇万ドル、高いものでは一〇〇万ドルを超える。ちなみに三〇万ドルで買える物件は、およそ築五〇年の古い家（アリゾナ州フラッグスタッフ）、広さ二三〇〇平方フィート（約六五坪）で寝室が四つあるコロニアル様式の邸宅（ニューヨーク州ロチェスター）、一八〇〇平方フィート（約五一坪）のモダンな一軒家（ケンタッキー州ルイビル）などだ。一〇〇万ドル払えばデンバーのモダンなログハウスや、ナッシュビルの一軒家、ボストンの繁華街にある分譲マンションのペントハウスが買える。

同じ金額で、物件内容にこれほど大きな差が生じるのはなぜだろう。すべては不動産業界に昔から伝わる「一にも二にも、三にも立地」という言葉に帰する。金融資産をなるべく有効利用し、手ごろな値段で大きな家を買いたいという人は多い。事実、私は世界中を旅するなかで「ここなら、マンハッタンのワンルームマンションよりも安値で大邸宅が買える」と人々が誇らしげに話すのを耳にした。しかし、そうした大邸宅がマンハッタンのワンルームよりも安い理由を突き詰めて考える人は、だれ一人いない。

不動産の購入には複雑な要素が絡む。一般に建物自体の価格は重要ではない。土地の値段、場所の価値こそが重要とされる。それは、前掲のような不動産業界の金言ともなっている。需要が高い場所、なかでも需要が供給を上回る場所においては、土地自体に資産価値がある。

立地は物件の取得額にとどまらず、資産価値をも左右する。それが投資である以上、不動産投資の最大のポイントは入手価格ではなく、その後の資産価値にある。住宅の購入は私たちにとって人生最大の投資だ。長い目で見た時、住宅の価格上昇率が個人の財産形成に与える影響力を自覚していなければならない。詳しくは後述するが、不動産価値における立地の重要性はいっそう増し、住宅価格の地域格差は拡大傾向にある。

地価格差は地域格差

「不動産価格はその場所の需要を映し出す鏡である」と経済学者たちは言う。アメリカ国勢調査局の地域調査によると、不動産価格が最も低い都市と高い都市とでは、大きな差がある(1)（図

表8－1を参照)。二〇〇六年当時、不動産価格が最も高い都市はサンノゼで、住宅価格の中央値は七四万ドル以上だった。最も価格が低いのはテキサス州オデッサで、中央値はサンノゼに遠くおよばず五万四〇〇〇ドルだった。その他、住宅価格が著しく高い都市はサンフランシスコ、ロサンゼルス、ニューヨーク、ボストン、ワシントンDCだ。

郵便番号別にもっと細かく分析すると、価格差がさらに広がることに気づく。二〇〇七年のビジネスウィーク誌の調査によると、地域の住宅の平均相場が二〇〇万ドルを超える郵便番号地域がアメリカ国内には五つ、一五〇万～二〇〇万ドルの地域が二四、一〇〇万～一五〇万ドルの地域が六六あった。[2] これらはあくまでも中央値である。裏を返せば、これらの地域の住宅の半分は相場以上ということだ。

その反対に、二〇〇六年の地域調査で平均相場が一二万ドルを下回った都市も数多く存在する。たとえばタルサ、エルパソ、ウィチタ、バッファローなどだ。特にエルパソにおける持ち家に対する月々の平均支払額は九三六ドルだった（中央値）。タルサ、セントルイス、バッファロー、トゥーソン、クリーブランド、トレド、ウィチタ、メンフィスは一三〇〇ドル以下だ。マンハッタンのワンルームマンションに毎月二〇〇〇ドルも払っている人たちが大勢いることを思えば、こうした地域の家はかなりの掘り出し物だ。

事実、これらの地域はいずれも魅力がある。私自身、実際に暮らしたことのある場所も含まれるし、仕事や旅でなら大半の場所を訪れている。バッファローで訪問研究をしていた一九八〇年代初め、私はエルムウッド通り近くのこぢんまりしたアパートに部屋を借りていた。エル

図表8-1❖不動産価格の地図

各都市圏の住宅平均相場（中央値）（2006年調べ）

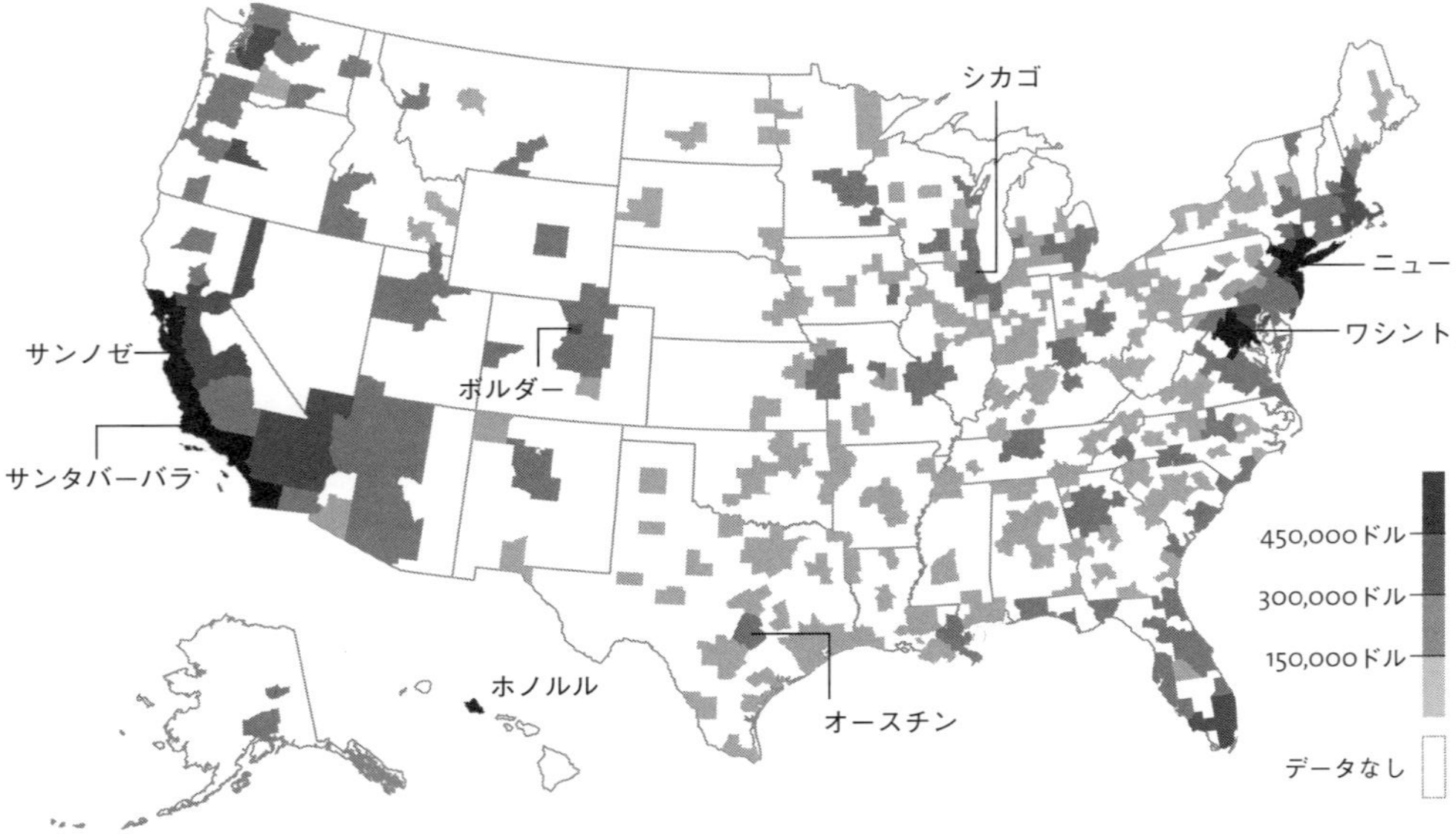

【出典】AMERICAN COMMUNITY SURVEY, U.S.CENSUS BUREAU; MAP BY RYAN MORRIS

ムウッド通りには高級感のある店やレストランが立ち並び、ナイトライフも充実していた。エルパソへも研究で頻繁に訪れている。メキシコとの国境にあり、異文化が混じり合う、熱気と活力にあふれた街だ。

メンフィスにも馴染みがある。私が主催者の一人として協力している、メンフィス・マニフェスト・サミットの開催地だ。これはクリエイティブな発想に基づく都市再生がテーマの大規模な全国会議である。またシンシナティ、クリーブランド、ルイビル、レキシントン、タルサ、オクラホマシティの地域の指導者らと、私は仕事を共にしたことがある。

ところが、である。これらの地域では住宅を入手しやすいにもかかわらず、そのほとんどすべてで優秀な人々が続々と流出してしまっている。なぜ人々はバッファローやクリーブランドに移り住みに来ないのだろうか。

基本的な経済原理に基づけば、企業や人々はコストを重視するので、安価な不動産を有効活用するはずだ。しかしそうなっていないのにも、きわめて基本的な理由がある。住宅価格は、人々がその場所に住むうえで負担してもよいと考える金額を反映したもので、人気が過熱する場所で上昇し、需要が低いところでは停滞もしくは下落するのだ。

人気が過熱する都市

ペンシルベニア大学ウォートン・スクールのジョセフ・ジョルコと同僚のトッド・サイナイ、

コロンビア大学のクリス・マイヤーは住宅価格の長期動向を基に、スーパースター都市の台頭を明らかにした(3)。彼らは一九五〇年から二〇〇〇年のアメリカの五〇都市における住宅価格の変動を調査した結果、少数のスーパースター都市の存在を突き止めた。総じてこれらの都市は住宅需要の伸び率が継続的かつ急速に全米平均を上回っている半面、供給も頭打ちの状態にある。その上位一〇傑は、サンフランシスコ、オークランド、シアトル、サンディエゴ、ロサンゼルス、ポートランド(オレゴン州)、ボストン、バーゲン＝パセーイク(ニュージャージー州)、シャーロット、ニューヘブンである。

一九五四年から二〇〇〇年までの間に、シリコンバレーの住宅価格は一一倍に跳ね上がり、サンフランシスコでも住宅価格は九倍となった。一九四〇年にはシンシナティのごく平均的な住宅の価格は六万五〇〇〇ドルで、サンフランシスコよりも高かった。しかし二〇〇四年までに、サンフランシスコの住宅の平均相場は六六万一九〇〇ドルに達した。これはシンシナティの住宅相場(一一万八三五〇ドル)の五倍以上、ジョルコらの調査対象となった五〇都市のなかで最下位だったバッファロー(五万九三七〇ドル)の一〇倍にあたる。

ジョルコらによると、スーパースター都市の不動産人気は相当な長期間にわたって続いているという。短期的に見ればスーパースター都市の不動産価格は激しく上下するが、長期的には一貫して上昇しているのだ。

しかし、過去四〇年間で五〇パーセント前後の人口増加率を記録したラスベガスでは、住宅価格に明らかな上昇は見られない。ジョルコは、「人口増加とスーパースター都市とを一体のものとして考えるのは間違いだ。ラスベガスの住宅価格は比較的低いうえに値崩れしており、住宅の入手は容易である」と指摘する。

数少ない人気地域に住むために多くの人が「支払ってもよい」と考える金額は、その地域の経済的価値を説明している。もちろん住宅市場は変動するし、バブルははじけるものだが、スーパースター都市は少なくとも半世紀前から顕著な持続力を呈している。それらの都市について、ジョルコは「土地本来の希少性と価格水準により、住むためには相当な価格プレミアムが課せられる場所」と定義する。スーパースター都市がその人気を持続しているのは、常に住まうにふさわしい人々、すなわちより高い技能を持った高所得の世帯を引きつけることができているためだ。常に豊かな世帯が移り住み、所得の下がった世帯が土地を追われていく進化生存競争が展開されているのだ。土地の需要が大きく、供給は限られている。ゆえに「国民所得が上がると、こうした土地の不動産価格は一気に高騰する」とジョルコらは主張する。

さらに不動産市場のグローバル化が、スーパースター都市の人気過熱に拍車をかける。私がその事実を理解し始めたのは、妻と共にトロントで家探しをしていた二〇〇七年の春のことだ。トロント市内の住宅相場は、私たちが前に住んでいたワシントンDC北西部に比べて相当高かった。それに気づいた私は、不動産業者の女性に理由を尋ねたところ、「外国人、とりわけロシア人によって、高額物件のほとんどが取引されているんですよ」という答えが即座に返ってきた。

市場のグローバル化とドル安下で、マンハッタンやビバリーヒルズの不動産物件はロンドン、

図表8-2※スーパースター都市

住宅価格の平均年間上昇率（1950〜2000年）

（1950年当時の人口が50万人以上の地域で、住宅価格の上昇率において上位と下位それぞれ10位以内のものを示した）

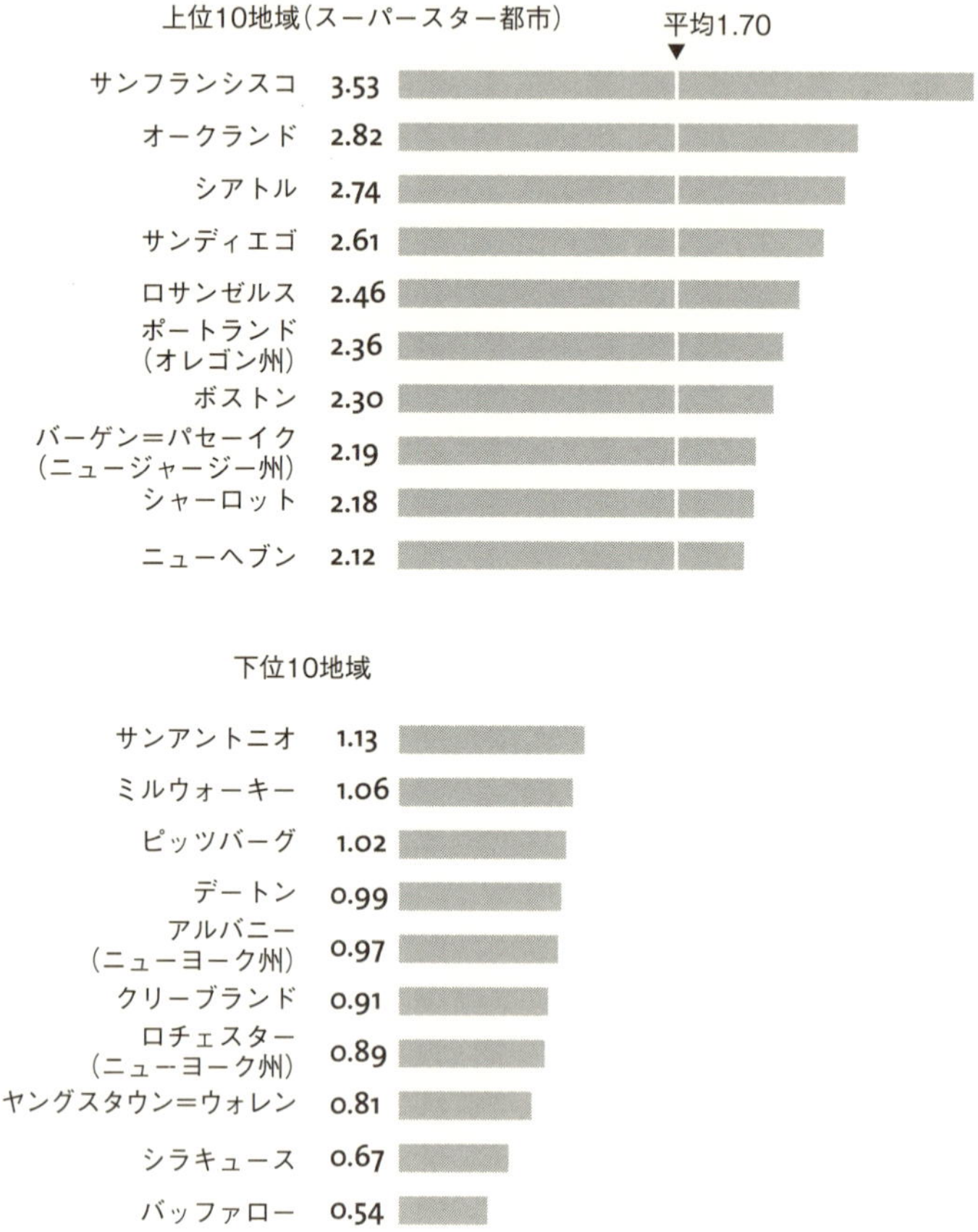

【出典】JOSEPH GYOURKO, CHRISTOPHER MAYER, TODD SINAI

東京、香港、モスクワなどに比べて格安となっている。そのため前述のスーパースター都市では、物件の取得がいっそう困難になっている。かつて不動産取引の舞台は国内市場だけだったが、いまでは文字どおり世界中に拡大しているのだ。

少数のメガ地域がスパイキーな世界をもたらしたことで、アメリカの不動産市場は完全に二分されようとしている。一方は取引価格が高騰し続ける海外向け市場、もう一方は安定もしくは下落する国内向け市場である。

とはいえ、スーパースター都市の不動産の高騰がこのまま続くとは考えていない経済学者もいる。ベストセラー『根拠なき熱狂』の著者でエール大学の経済学者ロバート・シラーは、こうした傾向の終焉を予測する人物の一人だ。彼は同書で、二〇〇〇年代初めのハイテク投資の崩壊を予測した。また二〇〇七年五月のある特集記事では、「人気都市の不動産価値が永遠に上がり続ける保証はあるのか」と問いかけた。[4] たしかに、ニューヨークやロンドンの面積そのものを広げる方法は存在しない。しかしシラーは、過去に繰り返し起きてきた事実として「いかなる状況下でも、新たな都市が生まれる可能性のある土地はあちこちに存在する」とも述べ、さらにこう指摘した。「民間の開発業者は主要都市から一時間で行けるような小さな町を、魅力ある都市に再開発するのが非常にうまい。このような再開発はあまりに多くの場所で、あまりに日常的に起きている。それに私たちはすっかり慣れてしまい、事の変化に気づかない」

シラーの分析によると、二〇〇〇年代初めの住宅ブームの間に住宅価格は行き着くところまで上昇し、人々の収入との釣り合いがまったく取れなくなっているという。[5]「この一〇年以内に、あらゆる地域の住宅価格が三〇パーセントから五〇パーセントは下落するだろう」と彼は警鐘を鳴らしている。

たしかにシラーの言うとおりかもしれない。しかし不動産投資が、他の投資とは性質を異にするきわめて明快な点がある。不動産投資のそもそもの目的は資産を増やすためではなく、人が住むという実需にあるのだ。

「住宅バブルははたして、ドットコム・バブルと同じなのだろうか」、ウォールストリート・ジャーナル紙の元記者ロジャー・ローウェンスタインは書いている。「住宅所有者の大半はそこに住むために家を購入する。だから住宅価格が下落した時、金融市場関係者とはまったく異なった判断をする。すなわち住宅を手放すより、長く手元に置こうとするのである。ネット企業の株は日常的な投機の対象だとしても、個々の住宅はそうではない(6)」

住宅相場が悪ければ、ほとんどの住宅所有者はじっとしているだけだ。市場価格の瞬間的な変動に住宅市場は滅多に反応しない。それどころか所得が上がって住宅需要が高まり、急速な価格上昇が再開するまで、何年にもわたって動かないものだ。

シラーの共同研究者であるウェルズリー大学の経済学者カール・ケースは、住宅価格が下がり始めた二〇〇六年に、ボストンにある六〇〇以上の不動産物件の追跡調査を行った。四カ月が経過しても住宅のほとんどは売りに出されず、売却物件でも値下げは最大で四パーセントにとどまった。ケースは、不動産は他の金融資産に比べて「粘着性があるので下がりにくい」と結論づけている。一方、シラーはこれに異論を唱え、不動産価格は単純に上がるものだというのは物件所有者の思い込みにすぎないと指摘した。

ワシントンDCに活動拠点を置く都市研究者ライアン・アベントは、都市は基本的に代替不可能なものだと指摘する。(7) ニューヨークに住み、働くことは、住民が数千人しかいない小さな街で暮らすのとはわけが違う。そもそもニューヨーク、サンフランシスコ、ロンドンのようなスーパースター都市は、生産においても消費においても他の都市とは比べものにならない優位性を維持している。新たに転入してくる人々によって、こうした都市の優位性が高まることはあっても低下することはない、と主張するのである。

アベントはさらに、自らの知識や技能への高い見返りを期待する人々が、スーパースター都市に利点を感じるのは当然だと示唆する。逆に、自分に備わるさまざまな技量から大きな見返りを求めない人がニューヨークに住むのは得策ではない、とも言える。住宅価格が高ければ、なおさらそのことに気づくはずだ。こうした人々が他の場所に移り住むことで、ニューヨークやサンフランシスコの持つ利点と、それ以外の都市の持つ利点との差は拡大し続ける。集積力とスーパースター都市は相互作用しながら、人々を地理的にふるい分けていくのだ。

ゲイやボヘミアンの影響力

投資全般について言えることだが、不動産投資で大きな収益を上げるには、価格が高騰しそうな場所を事前に見極める手立てを持っておく必要がある。ゆえに不動産開発業者や投資家は、私が都市や地域の実態について算出したボヘミアン指数やゲイ指数に何年も前から興味を示してきた。世界最大級の不動産企業の一つである、フォレストシティ・エンタープライゼスの共同会長アルバート・ラトナーは、「『クリエイティブ資本論』は必ずやベストセラーに名を連ねる。そう太鼓判を押したのは自分だけだった」と繰り返し言ってきた。「君の地図のおかげで、どこに投資すべきかわかったよ」と感謝する不動産投資家もいた。そういう意図で『クリエイティブ資本論』を書いたつもりはさらさらないが、これらの投資家の発言はあながち間違っていない。私の示したデータは、もともと不動産価格の高騰しそうな場所を明らかにするためのものだったのだから。

地域の属性データと不動産価格の関連性に興味を引かれた私は、その実態をさらに詳しく調べることにした。シャーロット・ミランダーと私は二〇〇七年の冬、利便性や人口といったさまざまな地域的要素と、住宅価格との関係について調査した。(8)経済原則にしたがい、住宅価格は供給（住宅の供給量）と需要（賃金や所得に左右される）のバランスで決まる。住宅の新築が比較的容易な場所では供給が需要に追いつくため、多かれ少なかれ価格は安定する。しかし、細かな土地規制が敷かれている地域においては、住民の所得が増えた分だけ住宅価格は上がり、相場が高騰する。

住宅供給量が絶対的に少ないがゆえに、スーパースター都市には高付加価値が付く。そもそも全国の不動産を一斉に取引できる市場は存在せず、特定の場所の不動産価値が高くなる理由もさまざまである。高学歴で高収入の世帯を引きつける地域では高い住宅需要、特に大枚をはたいてでもそこに住みたいと思う人々からの高い需要が認められる。二〇〇二年のシリコンバレーに関する調査では、ハイテクやその他の成長産業が集中する地域では、住宅価格の上昇が所得の上昇をしのぐ勢いを見せた。[9]

環境と娯楽に恵まれた地域では、一般的に不動産が高値で取引される。このような相関関係を一九八二年に的確に指摘していた人物が、経済学者ジェニファー・ロバック・モースだ。彼女は地価や給与と同様に、環境が住宅価格に大きく影響することを見出した。[10]

モースの発見を追認する研究もある。エドワード・グレイサーらは「消費都市」に関する調査のなかで、都市の住宅価格は賃金よりも速く上昇する傾向にあることに気づき、住宅価格の高騰の要因は所得ではなく都市の環境にあると示唆している。[11] グレイサーらはこれを、「都市の生産性プレミアム＋都市の環境プレミアム＝都市の家賃プレミアム」というシンプルな式で表現している。

とはいえ、美しい砂浜や街中のカフェ、サイクリングコースの有無だけが不動産価値を示す指標ではない。「五年後から一〇年後に不動産価格が上がる場所はどこか」。二〇〇七年にビジネスウィーク誌に掲載された、「ボヘミアンが住む街では家賃が上がる」と題した記事はそう問いかけた。[12]「芸術家たちが住んでいる場所に注目すべき」とするこの記事は、芸術家やデザイナー、音楽家、作家などを都市成長のパイオニアと位置づけた。芸術家たちは地域経済の振興に寄与しており、彼ら自身が住むことで近隣地域の不動産価値を上げるという考え方は長年にわたり、社会学者や政策立案者から注目されてきた。

だが、芸術家やゲイの人口は決して多くはなく、彼らが住宅価格におよぼす影響の程度も限られている。二〇〇〇年の時点で、アメリカ国内には芸術、デザイン、エンターテインメント、メディア関連の職業に就く人々を含めたボヘミアン人口は約一三〇万人だが、これはアメリカの総労働人口の一・三パーセントにすぎない。またゲイおよびレズビアンを表明している人の数は八八〇万人で、それはアメリカの成人人口のたった四パーセントである。これほど少数の集団が住宅価格に大きな影響をおよぼしうるだろうか。

ミランダーと私による調査は、こうした要素の影響を詳細に知るために行ったものだ。全米の三〇〇以上の地域を対象にハイテク産業、人的資本、高額所得者、職業、給与、収入、芸術家、ボヘミアン、ゲイといった要素の相関関係、ならびに各要素同士の直接的な相関関係を詳しく調べたのである。その結果は衝撃的なものだった。

まず二つの要素が絡み合って、住宅の価値が決まることに気づいた。一つ目は住民が豊かになるほど住宅価格は上がるという現象、すなわち「所得効果」である。しかし、ここで相関関係があるのは住民の財産であって、賃金ではない。株式の売却益やその他の収入を除いた賃金単体では、住宅価格との相関関係はほとんど見られない。その点は地域の教育水準、人的資本、クリエイティブ・クラスの存在、職業の構成についても同じである。

二つ目のより強力な相関を見せた要素は、私が主張するところのボヘミアン指数（地域の芸術関連人口比率）とゲイ指数（地域の同性愛人口比率）を合成させたボヘミアン＝ゲイ指数だった。適用した変数、使用したモデルの種類、地域にかかわらず、ボヘミアンやゲイの人口集中と住宅価格にはかなりの相関が認められたのである。

ゲイやレズビアンが特定の地域に引き寄せられることはあっても、地域の発展などに寄与するものではないと多くの人は考えている。そこで私たちはパスモデル（独立変数、中間変数、従属変数同士を関連づける高度な統計学的手法）を用い、ボヘミアンやゲイと住宅価格に関連する他の要因との相関関係、さらにはボヘミアンやゲイの直接的な相関関係を算出してみた。

すると、私たちが最初に想定したとおりの結果が出た。他の立地変数（所得や人的資本）と同様に、ボヘミアンやゲイは居住地を魅力的なものに変えつつ、住宅価格に直接的な影響を与えることがわかったのだ。換言すれば、こうした人的集団の存在は住宅価格の上昇だけでなく、所得の増加にも関与している。なぜこういうことが起きるのか。ボヘミアンやゲイは質の高い居住地が形成されるうえで、二つの異なる貢献をしているためだ。

一つ目の貢献は環境への美的感覚である。芸術家やボヘミアンは快適な生活空間を自ら提供するだけでなく、元来そうした環境が備わっている場所に惹かれる。快適性、物事の真贋、美的感覚に対する厳しい目を備えた消費者として、彼らはそうした条件が整っている場所に集中する傾向にある。

二つ目の貢献は寛容性、または文化的開放性である。ボヘミアンやゲイ人口の多い地域は文化的な参入障壁が低い。ゆえに人種や民族などの垣根を超えて、さまざまな才能や人的資本を引きつけるのだ。芸術家やゲイは、開放的な精神や自己表現に価値を置くコミュニティにも参画する傾向にある。

さらに、芸術家やゲイが社会の主流から外れてきた歴史を紐解けば、彼らが自立心に富んでいると共に、部外者に対して寛容であることがわかる。彼らは一からネットワークを構築し、自主的に資源を集め、組織や企業を自ら設立しなくてはならなかったのである。

こうした多くの理由により、芸術家やゲイが定住した地域は他の地域に比べてイノベーションや起業風土にあふれており、新たな企業を生みやすい状況にある。むろんゲイやボヘミアンが率先して住宅価格を吊り上げているわけではなく、彼らが住宅価格に与える影響は間接的なものだ。だがボヘミアンやゲイの人々は、条件が整っている地域をいっそう望ましく、より多くの人が好みやすい場所に変えることに寄与しており、それが結果的に居住地としての価値を引き上げているのだ。

停滞していく場所

住宅価格には地域の経済力や生産性、発展段階などではなく、むしろ住民所得や人的資本、そしてボヘミアンやゲイたちの集中度が関係していることが、私たちの研究で明らかになった。所得は賃金と違って、その所有者と共に場所を移動する。たとえばフロリダ南部には裕福な住民が多いが、彼らの財産は概ね他の地域で得られたものだ。したがって、地域の労働市場が問題なのではない。住宅価格を手の届かないところまで押し上げているのは、その土地の持つ魅力と社会的流動性の増加との相乗作用なのだ。

不動産価格の高騰はイノベーションの妨げになりかねない。創造的で革新的な活動の多くは、それが新規のハイテク事業、画廊、音楽であれ、「安価な空間」を必要とする。これこそジェーン・ジェイコブスの有名な言葉「新しいアイデアには古い建築が必要だ」のとおりなのである。

かつてシリコンバレー、サンディエゴ、ケンブリッジ（マサチューセッツ州）、ニューヨークのダウンタウンなどには安価な空間が豊富に存在し、スティーブ・ジョブズやボブ・ディランら大勢の人が自らの出発点とした。しかしいまや、これらの都市で安価な空間を入手するのは困難である。一九九〇年代に、シリコンバレーのガレージのいくつかはハイテク企業の創業地となったが、いまでは博物館になっている。住宅価格が上昇し、街の建物が高級分譲マンションや高級小売店に変わるにつれ、クリエイティビティを育てる環境は失われていったのだ。

不動産価格の極端な上昇は、地域に新たな才能を引きつけ、蓄積することの妨げにもなる。三〇年前、ＭＩＴやスタンフォード大学、カリフォルニア大学サンディエゴ校の若い研究者たちは、大学の近くに手ごろな価格の家を見つけることができた。だが今日では、若い科学者が大学から一〇マイル（約一六キロメートル）圏内に家を買うことなど不可能だ。大学の教授たち、それも家族のいる四〇代の中堅どころでさえ手が出ない。彼らは住んでいる賃貸物件が分譲マンションへと変わるたびに、次から次へと住む場所を移動しなければならないのだ。クリエイティブで生産的な地域が、経済力のある（多くは他の地域で財産を蓄えた）豊かな人々の住む場所へと変わる時、地域経済の循環は崩壊する。この点についても、ジェイコブスは予見していたのだろう。彼女はかつて「退屈になった土地からは金持ちさえいなくなる」と述べていた。

しかしどういうわけか、生き残る地域もある。その一つの理由には、大学が独自に職員の住宅を供給しようと努力したことが挙げられる。他方、自分の理想の場所に住むべく、収入に見合わない家賃でも惜しまず負担する人もいれば、ルームシェアによって部屋代を節約する人もいる。才能とクリエイティビティのある人々が同じ地域に住むことで、地域の生産性は増大する。もちろん金融やハイテクなど一部の業界では格段の高給が約束されるので、その従業員はニューヨークやシリコンバレーといった場所でも住むことができる。

私はある一流投資銀行の幹部に、「マンハッタンの不動産価格が高いと、投資銀行に優秀な人材を引きつけるのが難しくならないか」と尋ねたことがある。その幹部はこう答えた。「私たちは、不動産市場を動かす要因であって結果ではありません」。これは決して、マンハッタンのような街が地価高騰の代償を払わずに済んでいるという意味ではない。マンハッタンはクリエイティブな地域にとどまってはいるが、創造的で革新的な仕事の生産現場はマンハッタン以外の行政区、隣接するニュージャージー、さらにフィラデルフィアへと移行しつつあるのだ。

住宅市場が社会的流動性を損なう点にこそ、見過ごせない危険性が潜んでいる。『まっとうな経済学』の著者ティム・ハーフォードは、ウェブマガジン「スレイト」の最近の連載コラムのなかでこう述べている。[13]「なぜ人々は、あれほど疲弊しているデトロイトにいまでも住もうとし、シカゴやニューヨークに移ろうとしないのか」。そして彼はイギリスの経済学者アンドリユー・オズワルドの「経済的に恵まれていない人々にとって、持ち家政策は望ましいものではない」とする研究結果を引用している。[14] オズワルドは、アメリカとヨーロッパの双方において、住宅所有率の高さと失業率の高さは相関しており、労働組合の組織率や生活保護の受給率よりも、失業率と強い関連性が見られるとしている。ハーフォードは「住宅所有者と非所有者が職を見つけるのに要する時間はほぼ同じだが、住宅の非所有者は職場までの長距離通勤にあまり抵抗感を持っていない」とする別の研究を紹介している。

不動産は社会的流動性を制限する。事実、ある経済学者は「住宅は移動しない」と表現している。住宅を購入できるかどうかは、経済機会との相関だけで決まるものではない。「デトロイトやウェールズの炭鉱都市がどれほど不景気に陥っても、住宅はそこにあり続け、価格が安ければ人はそこに住みたいと願う」とハーフォードは述べる。「その結果としてもたらされるのは、希望の見えない、ある種の人種差別社会だ。経済の繁栄する街でよい仕事に就けそうだと思う者はそこに移り住み、高い家賃を負担する。一方、そんな自信のない者は無給のまま家賃の高い家に住むよりは、別の家賃の安い家に移ろうと考える」。こうした単純な事実が、経済の衰退する地域にとどまらざるをえない住民をさらに増やしているのだ。

今日のアメリカの住宅事情はこのような点において、高い流動性と柔軟な経済への需要にいささか適合していないように思える。アメリカは住宅所有者の多い国であることを長年誇りとしてきた。持ち家率は六〇パーセント以上にものぼり、若年層に対しては貯蓄をして家を買うように奨励もしている。住宅ローンの税控除からインフラへの公的投資に至るまで、アメリカは住宅購入のためにさまざまな支援策を打ち出している。要するに持ち家願望はアメリカンドリームの中核を成しているのだ。

私は、そのような願望が工業化時代の遺物だとまでは思わない。しかし、クリエイティブ経済の中心要素は柔軟性だ。人々は仕事を頻繁に変え、企業はアウトソーシングを加速させる。テクノロジーのおかげで、これまで不可能とされた遠隔地でも働けるようになった。そのため多くの個人や企業は、チャンスを生かすには流動性が重要だと痛感している。しかし不思議なことに、アメリカの持ち家政策は社会的流動性を著しく妨げている。全国民のおよそ三分の二が持ち家に縛られているという現実は、この国の経済に停滞をもたらしかねない。

クリエイティブな時代では、所有と賃貸との中間に位置する、何らかの新たな仕組みが必要となるだろう。現代においては、住宅を所有するよりも借りるほうが経済的には得策である。しかし賃貸物件の選択肢は限られ、賃貸マンションを自分好みにリフォームするのに多額の費用がかかる。そこで一つの代案となるのが、長期の契約と共に、オフィス空間の改装を頻繁に手がける不動産開発業者に相談してみることだろう。

本章で見てきたように、スーパースター都市に人気が集まるのには多くの理由がある。だが、そこには住宅を所有したいという願望は入りえないのである。

第3部

場所の心理学

THE GEOGRAPHY OF HAPPINESS

第9章

輝ける幸せな場所

SHINY HAPPY PLACES

私たちは人類の発展を常に物質的な観点で評価してきた。成功は富の大小によって決められ、一家の社会的信用はマイホームとマイカーで判断される。国家の発展はGDP、都市の発展は就業機会でそれぞれ評価される。だからといって、私たちだけが物質主義の塊というわけではない。有史以前から、物質的な豊かさは種の生存と進化に不可欠とされてきたのである。

しかしアリストテレスの時代から、人間が最終的に目指してきたものは幸福であった。心理学者のマーチン・セリグマンは二〇〇五年のタイム誌のカバーストーリーで、幸福を「人類を繁栄させる条件」と表現している。幸福の心理学への関心は高まっており、数多くの研究や報道がなされてきた。[1]

たしかに経済的、物質的な発展は依然として重要だが、幸福について研究する人々は「それだけでは真の満足は保証されない」と主張する。真に幸福をもたらすのは、家族や友人との親密で愛情のこもった人間関係と、やりがいや情熱を注ぐことのできる仕事に就くことだという。それが幸福研究で多勢を占める見解だ。二〇〇二年にノーベル経済学賞を受賞したプリンストン大学教授のダニエル・カーネマンも、「富や健康を測定しても、それだけで社会全体の状態、あるいはその中の特定の集団の状態がわかるとは限らない」と指摘している。[2]

またハーバード大学の心理学者ダニエル・ギルバートは、ベストセラーになった著書『幸せはいつもちょっと先にある』でこう述べている。「たいていの者は人生のなかで、少なくとも三つの重要な決定を行う。どこに住むか、何をするか、だれとするかである」。[3] 彼は偶然に「どこ」という問いを最初に挙げてはいるが、他の幸福学の研究者と同様に、彼の著書のなかでも比重が高いのは「何」と「だれ」の部分である。

このようにギルバートら幸福学の研究者も「どこ」という問題をほとんど無視してきた。しかし、どれだけお金を稼げるか、何を学べるか、どれだけ健康でいられるか、ストレスはどうか、雇用の機会はどうか、どんな人に出会えるか――といった事柄はもっぱら居住地で決まってくる。私たちが幸せになる過程において、居住地は重要な役割を果たしているのだ。

そこで本章と次章では、私たちが幸福で満ち足りた生活を送るに当たり、居住地がどのような影響を与えるかについて述べる。まず本章では、私がギャラップ・オーガニゼーションと共に行った大規模な「居住地と幸福に関する調査」のデータを基に、居住地が私たちの全般的な幸福感にどう影響しているかを示す。そして次章では、居住地として何が本当に大切なのか、すなわち何が真の幸福を感じさせてくれる要素なのかについて解説する。

幸せの探求

幸福学の研究者の間で一致した見解は、幸せはお金だけでは買えないということだ。質の高い生活を謳歌できる先進国では、人々は自己実現、娯楽、肯定的感情といった目に見えないことで満足感を得ようとする。

この傾向についてマーチン・セリグマンとエドワード・ディーナーは、何百もの研究を包括的に考察した論文で次のように解説している。「現代社会では商品もサービスも豊富で、単純な欲求のほとんどが満たされている。そのため今日の人々は『豊かな暮らし』、すなわち楽しく、有意義で、魅力があり、充実した暮らしに関心を向ける余裕がある」[4]。そのうえで二人は、「人々は人生の目標として、お金よりも幸せと満足感を上位に挙げる」と述べると共に、「先進国の政府は所得や経済生産のみならず、幸福も重視すべきだ」と指摘している。GNPすなわち国民総生産があるのだから、GNH（gross national happiness）すなわち国民総幸福量があってもいいではないか、というわけだ。

たしかにある程度までは、幸福とお金は関係する。概して先進国の人々は、開発途上国の人々に比べて幸福と言える。しかし一定の所得を超えると、お金や物が幸福感におよぼす影響は横ばいになる。所得や経済水準が上がっても、幸福感のレベルも上昇するとは限らない。その証拠として、アメリカのGNPは一九四〇年代や五〇年代に比べて著しく増加したが、国民の幸福感のレベルは当時とほとんど変わっていない。

ある詳しい調査によれば、一人当たりの年間所得が約一万ドルに達すると、幸福感は横ばいになるか、少なくとも増加のスピードは鈍るという。一万ドルはそれほど大きな金額ではない。また意外なことに、国家ではなく個人を対象とした調査では、幸福感が所得と共に増加したとしても、その相関は比較的小さいという。

別の研究では、お金と幸福感の相関は実在するものの、その順序は一般通念とは逆だと示唆している。金持ちが幸福なのではなく、幸福な人ほど多くのお金を稼ぐというのだ。ディーナーとセリグマンは、「幸福感が高い収入をもたらすのであって、その逆ではない。幸福な人々は不幸な人々より高い収入を稼ぎ続けている」と述べている。

不幸な人々は、物質的な豊かさの追求に時間と努力を費やしがちだ。新車や新居、新品のゴルフセットやハンドバッグなどを買ったとしても、それらがもたらす幸福感は刹那的なものにすぎない。時が経つにつれて車は傷つき、地下室は水漏れし、ハンドバッグは流行遅れになる。それに比べれば浮き沈みはあれど、経験や人間関係がもたらす効果はより持続する。

私たちを本当の意味で幸せにしてくれるのがお金ではないとしたら、いったい何なのだろう。ある調査によれば、そのうちの一つは活発な社会生活であるようだ。気の合う仲間と楽しい時間を過ごしている人は、そうでない人よりも幸せなのである。そしてもう一つは、心身共に健康であることだ。うつをはじめとする心の病いを患っている人は、幸福感のレベルも当然ながらかなり低くなっている。

幸福感の大部分は、どのような人間関係を築いているかによって決まってくる。配偶者や大切な相手、子供たちと愛情ある関係を保ち、家族や友人と頻繁に有意義な交流を持つことは、幸福を得るためには欠かせないことである。ある研究によれば、既婚者は単身者よりも幸福だという。宗教や信仰も大きなプラス効果があるようだ。

さらに幸福感は職業とも関わっているが、ここでもやはり重要なのは給料の大小ではなく、仕事自体の中身や働き甲斐のようだ。

住む場所の重要性

居住地については、幸福学ではまだ十分に研究されていない。多くの人々が居住地から大きな喜びと充足感を得ていることを考えると、これは実に驚くべきことだ。「場所」という要因に最も深く迫った研究は、せいぜい通勤のマイナス効果に関する調査くらいだろう。

通勤は一般的に私たちが最も不愉快に思うことの一つだが、それでもなお人々は電車やマイカーで毎日通勤する。ニューヨーカー誌の二〇〇七年の記事によると、アメリカの労働人口のおよそ六人に一人は片道四五分以上かけて通勤している。片道九〇分以上の長距離通勤者の数も急増している。[5] だがその理由が何なのか、通勤に関して研究している者でさえ見落としている場合が多い。

人はなぜ、そうまでして自宅と職場を往復するのだろうか。それは端的に言えば、住居を職場の近くに移せないか、あるいは移したくないからだ。同時に、いまの居住地では仕事ができない、あるいはしたくないからである。いずれにしても、通勤という行為やその必然性が、場所に関連しているのは明白だ。よい職を維持すること、自分の好きな場所（あるいは好きな人のそば）で寝食すること、刺激的な環境で働くこと、年老いた両親のそばにいること――こうした事柄のために、私たちは我慢して通勤している。しかし私の知る限り、なぜ場所が幸福感の決定的要因となるかについて、体系的に調査した研究はこれまでになかった。

そこで私はギャラップと協力して、このテーマについての大々的な調査に取り組み、これを「居住地と幸福に関する調査」と名づけた。調査にあたって、私たちは幸福感を四つの基本的なカテゴリーに分けた。そのうちの三つは従来の幸福学の研究から取ったもので、私生活における幸福感、仕事における幸福感、経済的な幸福感である。これら三つのカテゴリーに、私たちは「居住地にまつわる幸福感」を新たに追加した。

この調査では居住地に対する満足度、そこで経験したことや期待すること、転居するつもりがあるかないか、その居住地を友人や親戚に勧められるかどうかについて、アンケート形式で質問した。

その後、居住地に対する満足度と、全般的な幸福感に影響をおよぼしそうな場所の要素に焦点を絞り、労働市場、学校、医療施設、芸術と文化、公園と公共空間、その他多数の事柄について質問を行った（詳細は次章で述べる）。最終的に質問事項は一〇〇を超え、幸福感と居住地への満足度に関して、私たちの考えうるあらゆる側面を網羅するものとなった。

私たちは事前に予備調査を行うと共に、詳細な統計分析を駆使して、私たちが突き止めたい概念と理論に対する答えを確実に引き出せるようにした。最初の調査は二〇〇五年の夏に行われ、アメリカの二二都市に住む人々から二三〇〇件の回答を集めた。翌年に行われた二回目の調査では、はるかに大きなグループを対象とし、アメリカ全土八〇〇〇の郡市町から二万七〇〇〇件以上の回答を得た。サンプルには、あらゆる所得階層、職業、年齢層、人種と民族、家族構成、性的指向、教育レベルの人々が含まれている。

調査結果は、居住地が幸福感にとって非常に重要であることを示すものであった。人間関係や仕事と同様に、居住地は私たちの幸福に大きく作用していた。幸福との関係性を一から五までの五段階で評価したところ、居住地の評価値は三・六三で、私生活（四・〇八）と仕事（三・九八）に次いでおり、経済状態（三・四六）よりも上位にランクされた。

これらの要因がどのように相互作用するかを、私はより正確に測定することにした。そこでカーネギーメロン大学のアイリーン・ティナグリと共に、居住地に対する満足度、仕事に対する満足度、経済的な満足度、安全とストレスへの感覚の測定値、さらに年齢、人種、性別、収入といった人口統計上の属性を変数として、多変量解析を行った。

ティナグリの分析によると、居住地、経済面、仕事の満足度を合わせると、全般的な満足度の分散の四分の一を占める結果となった。これは統計的にはかなり大きな割合と言える。収入を含む人口統計上の属性をすべて合わせても、全般的な満足度の分散の一・二パーセントにしかならないからだ。(6) 居住地は、私たちの幸福感にとって教育や収入よりも重要なのである。

幸福感をまた別の角度から調査することで、このことはさらに浮き彫りとなった。うつやストレスのレベルが高いと、幸福感や満足度のレベルは下がる。今日の世界では、ストレスは大きな問題となっている。事実、アンケートの回答者の三分の二以上（六七パーセント）が少なくとも「中程度のストレスを感じる」と答えていた。またストレスが「非常に大きい」と答えた人は一一パーセントだった。だが、居住地はほとんどストレスの原因とはなっていない。

ストレスの原因として仕事を挙げた人の割合は三〇パーセント超、経済状態を挙げた人の割合は二〇パーセントであり、次いで家族が一三パーセント、健康が一〇パーセント、そして犯罪が八パーセントだった。これに対し、生活上のストレスの原因として居住地だけを挙げた人は三パーセントにすぎなかった。居住地は、あらゆるストレス要因のなかで最も低くランクされたのである。

ティナグリと私は、所得や教育、年齢、性別といった要因が、居住地に対する満足度にどのような影響を与えているかについても調べることにした。調査データを子細に分析した結果、いくつかの顕著な傾向がわかった。

• 所得——全体としては居住地に対する満足度に、ごく小さな影響しか与えていない。[7] しかし所得別に見ると、少なくともある段階までは、居住地に対する満足度は所得と共に上昇している。所得が二万ドル未満のグループでは全体の四三パーセントが居住地に「満足している」、あるいは「非常に満足している」と答えた。二万〜四万ドルのグループではこれが五六パーセントに上がり、四万~六万ドルで六五パーセント、六万~一〇万ドルで七二パーセントとなり、一〇万~一五万ドルでは七七パーセントとピークに達する。それ以上の所得階層では満足度は下がっている。

• 持ち家――持ち家はアメリカンドリームの象徴だと多くの人が信じている。にもかかわらず、調査結果では借家に住む人のほうが、持ち家に住む人よりも居住地に対する満足度が若干高かったのが興味深い。

• 教育――多くの研究結果によると、教育は職業および経済的な満足度と深い相関がある。教育水準が高ければ高いほど、仕事および経済面に対する満足度は高くなる。ティナグリの調査では、居住地に対する満足度との間にも顕著なプラスの相関があることがわかった。居住地に「満足している」、あるいは「非常に満足している」と答えたのは、大学院修了レベルの学歴を持つ回答者の七三パーセント、大卒者の六八パーセントだった。しかし、高校を卒業していない回答者の満足度は五七パーセント、高卒者では六三パーセントだった。また高等教育を受けていない人で、居住地に「不満」、あるいは「あまり満足していない」と答えた人の割合は、大学院修了者の二倍となった(それぞれ七パーセントと一六パーセント)。つまり高学歴者ほど流動性が高く、住む場所を自由に選択しているのである。

• 婚姻関係――結婚している人は居住地への満足度が高かった。既婚者の六九パーセントが居住地に「満足している」、あるいは「非常に満足している」と回答した。これに対し、別居中の場合はこの割合が五三パーセント、離婚した場合は六〇パーセントだった。
・年齢――年齢が高いほど満足度が高かった。六五歳以上の七一パーセントが現在の居住地に「満足している」、あるいは「非常に満足している」と答えた。だが、二五～四五歳では六五パーセント、二五歳未満では五六パーセントだった。
・人種――居住地への満足度と人種との間には顕著な相関が認められた。すべての人種グループのなかで、ヒスパニック系は居住地に対する満足度のレベルが最も高かった。次が白人で、アフリカ系アメリカ人の居住地への満足度はかなり低くなっている。

都会か、それとも地方か

居住地と幸福感との相関がはっきりしたところで、私たちはさまざまなタイプのコミュニティが幸福感にどのように影響しているかを調べた。その結果わかったのは、コミュニティの「性格」によって、私たちの幸福感へおよぼす影響も異なってくるということだった。コミュニティは単に場所を意味するだけの言葉ではない。労働市場であり、社会的交流の場でもあるのだ。

幸福感のすべてのカテゴリーで高い水準を示した都市がある。たとえばデンバーとオースチンである。これらの都市の住民は、私生活、仕事、経済的安定、そしてコミュニティ自体に高レベルの満足度を示している。

ある特定の分野において、他より抜きんでた水準にある都市も見られた。たとえばワシントンDCなどでは、カクテルパーティで初対面の相手に対し、どこに住んでいるかではなく、どんな仕事をしているかを聞くという。そのような都市では、仕事への満足度が全般的な幸福感を決定している。

また、住民の幸福感の大部分が私生活の満足度に基づく都市もある。今回の調査によると、ニューオリンズではこの回答が特に多かった。ハリケーン「カトリーナ」に見舞われる数週間前に行われた最初の調査では、ニューオリンズ市民の私生活に対する満足度は、他のどの都市よりも高かった。

これらはいずれも、中心市街地、郊外、準郊外といった多種多様なエリアで成り立つ大都市である。むしろのどかな地方で暮らすほうが、ゴミゴミした都心で暮らすよりも幸せだろうと考える人も多いのではないだろうか。ピュー・センターが二〇〇六年に行った調査では、顕著ではないがそうした結果も出ている。

だが、人はどのような場所に住もうとも幸せを見出せるものだ。小さな町での静かな生活に安らぎを感じる人もいれば、大都会の賑やかさがないと落ち着かない人も大勢いる。「居住地と幸福に関する調査」によれば、都市生活者は地方居住者が評価しない事柄に満足感を覚えていた。地方居住者は澄んだ空気や美しい自然に大きな満足を感じるが、都市生活者は学校や雇用機会、治安を重視する。彼らは新たなビジネスパートナーに出会ったり、新しい友人を作ったりすることに価値を認め、劇場、美術館といった多様な文化施設や、活気のあるナイトライフを重視する。また都市生活者は公共の交通機関を有効に活用しており、車を利用しない、あるいは所有しないという人も多い。そして彼らは人種的、民族的マイノリティや、移民、若者、ゲイやレズビアンなど、幅広いグループに寛容なコミュニティに住むことに満足感を覚えている。

もちろん、都市で暮らす動機はほかにもある。子供たちが巣立った後、郊外の広い家から都会のマンションに住み替える人もいる。活気のある場所に住むのが長年の夢だったという人もいるかもしれない。

しかし今回の調査で非常に興味深かったのは、大多数の回答者が自ら住むと決めた場所にかなり満足しているという点だ。というのも郊外の住人の六八パーセント、地方の住人の六七パーセント、都市の住人の六四パーセントが居住地に「満足している」、あるいは「非常に満足している」と答えており、また都市生活者の半数あまり（五六パーセント）、郊外と地方の居住者の各五七パーセントが、現住地のことを「住環境として最適」、または「ほぼ最適」と評価していたからだ。

「現住地を友人に勧めるか」という質問には、郊外の住人の六一パーセント、都市の住人と地方の住人の五七パーセントが、それぞれ「勧める」と答えている。

ほとんどの回答者は、現住地で暮らし続けるだろうと答えている。その割合は、都市生活者で七一パーセント、郊外の住人で七三パーセント、そして土地との結びつきが最も強い地方居住者で七八パーセントである。

特にニューヨーク市民の居住地に対する愛着には格別のものがあった。人間関係の希薄な都会の住人という印象を持たれがちだが、九月一一日の同時多発テロをきっかけに、ニューヨーカーの誇りは世界中に知れわたった。このように、だれもが皆とは言わないまでも、ほとんどの人々が自分に合った居住地を見つけている。

ティナグリは今回の分析を通じて、都心、郊外、地方のどこに住んでいようと、人間が現住地を高く評価する点は同じであることを発見した。都市生活者と地方居住者の生活体験は当然それぞれに異なる。だが、居住地への満足度に影響する心理的メカニズムはほとんど同じなのだ。これには大きな理由が三つある。

一つ目の理由は、居住地は興奮やクリエイティブな刺激の源であり、私たちが精神的に満ち足りるうえで欠かせないものだという点だ。クリエイティビティを研究する心理学の第一人者であるミハイ・チクセントミハイは、「文章の執筆、音楽の演奏、コンピュータのプログラミング、山登り、チェスのゲームなどのクリエイティブな行為は、喜びや生産性の向上に大きく役立つ」と主張し続けてきた。彼は、クリエイティブな行為において私たちが感じる高揚感ないし、高い精神集中の状態を「フロー」と表現する。(8) こうしたフロー状態で楽しみながら生産的な活動をしている点に注目したのだ。きわめてクリエイティブな人々は、他者と活発に交流する時期と、深く集中する時期を繰り返す傾向にある。また、彼らは高揚状態にある時が最も満足度が高い。

これはチクセントミハイから聞いた話だが、高名な物理学者のフリーマン・ダイソンは、しばしば自分のオフィスのドアを開け放しにしてデスクに腰かけていたそうだ。一見、何もしていないように見えたが、その実ダイソンは廊下での興味深い会話から刺激となるものを探していたという。一、二週間そうやって外の会話を吸収した後に、ダイソンはドアを閉めて一人で新たな発見に向けて取り組むのである。

ブルックリンの芸術シーンや、シリコンバレーのハイテク地域のようなクリエイティブな場所でも同様のことが行われている。そういう場所は刺激的な文化に恵まれており、周囲にいる優秀な人たちとコラボレーションをしたり、彼らを観察したりすることができる。アウトドアの環境も活気にあふれている。外部からの刺激も豊富で、そこから吸収できることも多いが、プライバシーを保てる余地も十分にある。

以前に私がロナルド・イングルハートと共に行った調査は、クリエイティビティと自己表現、そして経済成長の関係を立証した。クリエイティビティと自己表現は幸福感や満足感とも密接に関係している。ハーバード・ビジネススクール教授のテレサ・アマビールは職場の作業効率に関する研究で、幸福感がクリエイティビティにつながるのであって、その逆ではないということがわかった(9)。アマビールの研究チームはさまざまな要因を精査し、ポジティブな職場の雰囲気はクリエイティブな考え方や職場のイノベーションの実現につながることを突き止めた。また、イノベーションがポジティブな職場の雰囲気を育むことも実証した。

幸福になれる場所を見つけることは、私たちの「活性化」に大きく役立つ。そのような場所においては、人は他の場所でやれる以上のことを成し遂げる。たとえば、普段以上にクリエイティブになったり、画期的な発明を行ったり、会社を興したりといった具合だ。これらはいずれも達成感があると共に、経済的にも生産性が高い行為である。ティナグリの研究によると、この種の活性化は場所に備わる視覚的、文化的刺激によるところが大きい。公園や公共空間、文化施設などを、彼女は「象徴的なアメニティ」と呼んでいる。これらは持続可能な好循環を生み出す。要するにアメニティの刺激がクリエイティブなエネルギーを放出し、やがて他の地域からエネルギッシュな人々を引きつけるのだ。その結果としてイノベーション率も高まる。経済的にもさらに繁栄し、生活水準が高くなり、アメニティの刺激がさらに増えるのだ。

二つ目の理由は自我に関わるものである。一般的に人は自分自身であること、そしてそれぞれの個性を伸ばすことから幸福感を得る。社会学や心理学では以前から自己表現が幸福感の主要な源泉であることを指摘してきた。居住地はまさにそのための道具なのだ。

居住地が提供してくれる環境に私たちは適応し、それを自分のものとすることができる。今日の流動的な社会のメリットは、私たちが地理的なバックグラウンド、すなわち家族や宗教、その土地に代々伝わる規範や慣習にいつまでも縛られなくてすむという点にある。私たちは自発的な選択によって、仕事やライフスタイル、個人的な興味、さまざまな活動など、自分たちにとって重要なことを基にアイデンティティを再構築することができる。無意識にかもしれないが、私たちは自らの可能性をつかみ取るために、自分の心理的要求を満たす場所を探しているのだ。

三つ目の理由は、前者の理由とはコインの表裏をなす。居住地は、私たちにいるべきところを提供し、誇りと愛着心を感じさせてくれる。居住地は、自分の本質に関わるような帰属意識を与え、私たちが住むための物理的、象徴的空間を提供してくれる。地元のスポーツチームを熱狂的に応援する人を見れば一目瞭然である。他方、美しい自然環境や周辺の住民から活力を得る人もいる。

場所とアイデンティティの相関は、日常の至るところに痕跡を残している。乗用車のナンバープレートもその好例だ。また、「MVY」や「ADKS」といったステッカーを、リアウィンドウに貼った車を時折見かけるが、初めて目にした時にはその意味がわからなかった。それらの記号は、本来のナンバープレートの地名表示とは往々にして異なっていたからだ。その後、だれかが「あれは場所の名前を省略したものだ」と教えてくれた。MVY＝マサチューセッツ州マーサズビニヤード、ADKS＝ニューヨーク北東部のアディロンダック山地といった具合に、たいていはお気に入りのリゾート地を指しているのだという。

電話の市外局番も同様である。マンハッタンに新たに転居した際、昔から親しまれた市外局番212でなく、一九九〇年代末に追加された917や646を電話会社から指定されて気分を損ねた人がいるという。シカゴのサウスサイドでも、繁華街の市外局番312ではなく、その外側の地域の市外局番773を割り当てられると立腹する人がいる。慣れ親しんだ電話番号を、転居後もそのまま使いたがる人も多い。利便性からだけでなく、その電話番号自体が自らのアイデンティティの一部となっているのだ。このように、いったんその場所が自分にふさわしいと心に刻むと、私たちは常にそこに対する誇りを胸に行動する。

居住地に対する私たちの誇りは、歌の歌詞からも伝わってくる。アーティストがコンサート中に、歌詞にある地名をわざと公演地に言い換えて歌うのを聞いたことがあるだろう。観客は必ず大歓声を上げて喜ぶものだ（うっかり、前日の公演地の名前を口にしなければだが）。

以上で、居住地が人の幸福感にどのような影響を与えるかの大まかな手がかりがつかめた。では、私たちはその場所のどういう点が気に入って、どういう点が気に入らないのか。どういう場所が高価で、どういう場所が安価なのか。各地域のどんな点が私たちに幸福感を与えてくれるのか。あるいは与えてくれないのか。次章ではこういったことを検証してみたい。

第10章

人々の欲求を満たす場所

BEYOND MASLOW'S CITY

心理学者のアブラハム・マズローは一九四三年に欲求段階説を提唱した。[1] この理論はしばしばピラミッドで表されるが、人間が満足感を得るには食物、水、空気、セックスだけでなく、より高次の欲求を満たすことが必要だとしている。基本的、生理的な欲求がピラミッドの最下層を構成するとすれば、その上に安全の欲求、所属と愛の欲求、承認欲求と続き、最上段に自己実現の欲求がある。最上段以外の四つの階層をマズローは「欠乏欲求」と名づけた。すなわち四つの欠乏欲求が充足されることで、私たちはピラミッドの頂点に初めて到達し、自己の真の可能性を満たすことができるというのである。

マズローは一九七〇年に没する前に、自己の潜在能力を最大限に発揮する「自己実現」を最上位とするのは、必ずしも正しいとは言えないとの結論に達した。そこで彼はこの理論を発展させると共に、私たちの飽くなき知的探究心と美を愛する願望を追加し、さらに高次の階層を作って「自己超越」と名づけた。それ以前の欲求をすべて満たしてこの段階に至ると、人間はさらなる達成感を得るために他人を助けたいと思うようになるのだそうだ。自己実現ないし自己超越の欲求は基本的な生存本能とはあまり関係なさそうだが、現代社会に暮らす私たちの精神の発展には欠かせないものである。いずれもさまざまな方法で私たちにモチベーションを与え、幸福で満ち足りた人生へのカギを示してくれる。

ここで興味深いのは、前段階の欲求が満たされているかどうかにかかわらず、現代社会ではだれもがピラミッドの頂点を求めていると思われることだ。マズローの理論にしたがうと、あるレベルの欲求を満たすには、その前段階の欲求を満足させていることが前提となる。つまり承認欲求を満たすには、生理的欲求と安全欲求をすでに満たしていなければならない。しかし現代においてピラミッドの頂点を贅沢品だと考える者はだれもいない。これは、すべての人に生活と自由、そして幸せの追求を約束しているアメリカンドリームの精神にも通じることだ。要するに、自己実現へのプロセスは努力して獲得するものではなく、当然あるべき権利と見なされているのである。

しかし、場所に関する議論では、いまだに二者択一の範疇を脱していない。裕福で自己実現のできる現代社会においても、重要なのは基本的な欲求のみだと頑なに信じ込んでいる有識者や地域のリーダーがまだいるのである。よい学校と地域の安全、そして最新のインフラがあるのが素晴らしいコミュニティだと、彼らは主張する。そして公園や遊歩道、美術館やその他のアメニティはすべて金持ちやエリート向けの贅沢品だと言うのである。あまつさえ、こうしたものの整備はコミュニティが豊かになってから考えるものだと言い放つ。

本章では、その考え方が間違っていることを示す。私たちが真に幸福になれる場所では、そのような二者択一の妥協をする必要はない。そこではよい学校、地域の安全、さらにきれいな公園といったあらゆるものが等しく提供されるのだ。

住環境として何が本当に重要なのかを考察してみよう。ここでは過去の議論にとらわれることなく、「居住地と幸福に関する調査」で得た二万七〇〇〇以上の回答を活用して、居住地への満足度を裏づける主だった要素を確認していきたい。

この調査ではコミュニティの特質を数多く網羅しているが、私たちはそれを五つの主要なカテゴリーに集約した。

- 治安と経済的安定――犯罪と安全に対する認識、経済の全般的な方向性、雇用機会
- 基本的サービス――学校、医療、住宅の入手しやすさ、道路、公共の交通機関
- リーダーシップ――(選出、非選出問わず)官民のリーダーシップの資質と実行力、そして一般市民および地元住民の地域への参加の可能性
- 開放性――子供のいる家庭、人種的・民族的マイノリティ、高齢者、海外からの移民、ゲイやレズビアンなど、さまざまな人口統計上のグループに対する寛容性と受容性
- 美的感覚――美観、快適性、文化的環境

所得、教育、職業、年齢、人種、民族などの属人的要因によって、住環境として重視される点がどう変わるかについても検証した。

ちなみにコミュニティの特質のなかでアメリカ人が最重要視するのは、どのような事柄だろうか。前記の五つの要因はいずれも重要な役割を果たしているが、美的感覚と基本的サービスの二つが上位を占め、次いで開放性が三位だった（この調査の主な統計結果は補遺Bにまとめてある）。ここには二者択一の考え方は存在しない。少なくとも調査に回答した二万七〇〇〇人以上の人々の頭には、そういう発想はなかった。言うまでもなく、これらの項目はどれも等しく重要なのである。

都市も見た目が決め手

美的感覚、すなわち見た目の美しさが大切だという調査結果には異論がありそうだが、この結果は実は理にかなったものである。たいていの人は自分たちのコミュニティが基本的サービスを提供してくれるものだと期待しており、ほとんどのコミュニティがその期待に応えている。事実、私たちの調査が示すように、人々は基本的サービスが重要だと考えている。

しかし、美的感覚もまた重要なのである。コミュニティの美しさ、物理的な環境、そして娯楽施設に対する人々の評価が高ければ高いほど、そのコミュニティに対する全般的な満足度は高くなる。また、基本的サービスは提供されて当然だと見なされているため、結果的に美的感覚のほうが若干高めに評価されるのである。これは車を購入する場合と似ている。品質に大きな差があった時代は、人々は質の高い車に魅力を感じていた。しかし、いまはどの車も最低限の品質はクリアしていると考えられており、人々の優先事項はデザインやスタイル、オプションなどに移ったのである。

バージニア・ポストレルは *The Substance of Style*（スタイルの本質）やその他の著書のなかで、美的感覚が経済にアピールする力とその価値について説得力のある見解を示している(2)。「ある程度生計が安定すると、人々は身だしなみやインテリアなどで、生活の外観と雰囲気を豊かにする」と彼は述べる。洞窟で生活していた原始人でさえも、アクセサリーや化粧をして身を飾り、籠や壺を置いて住居を飾っていた。何かを「特別な」ものにしようとする本能は、自己を満足させるだけのものではなく、またあらゆる人間の持つ普遍的な欲求なのだと、ポストレルは主張している。

ポートランド在住のバーバラ・スタインフェルドは、一九九〇年代半ばにフロリダ州で暮らしていた時に、州の観光庁のマーケティング担当の職を失った。彼女は必死に努力したにもかかわらず、自分の住む観光のメッカ、オーランドでは前職と同等の仕事を見つけることができなかった。ところで彼女は以前から、住むとしたらどこがいいかを夫と話し合っていた。二〇年前に一度だけ訪れたオレゴン州に住みたいと思っていたのである。それから間もなく、ポートランドの観光協会が文化観光事業の担当者を募集している求人が目に留まった。彼女は「これだ」と思ったそうだ。「好きな場所でやりたいことを存分にできる仕事だと直感しました」。

その職を得た瞬間から、ポートランドは彼女いわく、「お気に入りの平底サンダルを履いているような」心地よい場所になった。「街のエネルギー、気取らない雰囲気、自然の美しさ、街に浸透した芸術、あらゆる意思決定にコミュニティが参加している点、素晴らしくおいしい料理」などに彼女は心を奪われた。気候も申し分なかった、「常に暑すぎもせず、寒すぎもせず、空気もきれいで緑も多いんです」。徒歩でどこへでも行けるし、街には活気が感じられた。「最初の五年間は、昼休みに繁華街を歩くだけで、毎日がバケーションのような気分でした」。それまで彼女が暮らしていたフロリダ州や中西部には、「場違いな感覚があった」そうだ。だが、彼女は生まれて初めて心から居心地のよさを感じている。

ポートランドは大きな街だ。活発なユダヤ人やゲイのコミュニティ、芸術シーン、繁華街、大きなショッピングセンターなどもある。と同時に、開発地区と自然保護区を明確に分ける都市計画のおかげで豊富な緑があり、「こぢんまりしたご近所感覚」も残っている。

ところで、なぜ美的感覚がコミュニティへの満足感と幸福感につながるのだろうか。美観が住民の深い共感を呼ぶ理由を知るべく、「居住地と幸福に関する調査」では住んでいる場所の物理的環境に関するさまざまな項目を回答者にランク付けしてもらった。「全般的な美観」、「野外の公園、子供の遊び場、遊歩道」、さらに「気候」、「大気環境」に至るまでだ。その後、それらを人々のコミュニティに対する満足度と比較したが、その結果は実に興味深かった。最も重要だとされたのは、「美観」だったのだ。続いて「野外の公園、子供の遊び場、遊歩道」である。基本的な「気候」や「大気環境」も重視されたが、上記の二つよりは評価が低かった。

ではマズローの理論は間違っていたのだろうか。ポストレルに言わせると、「決してそうではない」という。ただしマズローの理論を単純なピラミッドだけで考えると、「美的感覚は人々が裕福になって初めて関心を持つ贅沢品」という、誤った結論に達しかねない。「下位の階層の欲求を満たさないと、上位の階層に上がれないというピラミッド構造は実は存在しない」と、ポストレルは指摘するのである。「私たちが次に何を消費するかは、私たちが何をすでに所有しているかによって変わってくる。……食物や住居などの限界価値（消費を一単位増やす時、その一単位に支払ってもよいと思える最大限度額）は、最初のうちは高い。だれも吹雪のなかで飢え死にしたり、凍死したりしたくはないからだ。しかしその価値は、美的感覚などその他の要素の限界価値よりも速く低下する」

要するに、見た目の美しさを欠かすことはできないのだ。そして私たちは、周りを取り巻くさまざまなもの、特に住環境にその美しさを求めるのである。経済学者はこれを「ビューティ・プレミアム」と呼ぶ。人は見た目の美しさに惹かれ、より多くの金を支払う。家の売り手にしろ買い手にしろ、外観上の美しさをいかに重視しているかを考えてほしい。

イギリスとオランダの経済学者らは二〇〇七年、オランダのテレビ番組のゲームで失格になるプレーヤーの傾向を調べた(3)。するとビューティ・プレミアムは物品以外のものにもおよぶことがわかった。容貌の美しい人がチヤホヤされる一方で、魅力的でない人に対する偏見は著しく大きいのである。しかもこの調査では、容貌以外に違いがないとした場合でも、魅力的なプレーヤーが「失格になる確率はきわめて低く」、魅力的でないプレーヤーが「第一ラウンドで失格になる確率は、他のプレーヤーに比べて倍近く高い」との結果になった。魅力的でないプレーヤーはゲーム中の成績や振る舞いとは無関係な理由で不公平な扱いを受けると、この調査は結論づけている。

差別が当事者に心理的ダメージを与えるとわかっていても、人間は本能的に魅力的でない人から距離を置こうとする。だとすれば、コミュニティやそれを取り巻く環境に対し、私たちが同じような反応を示すのも驚くには当たらない。

このように書くと、アメリカ中西部や北東部にある斜陽の工業都市を魅力的でないと見なす人もいるかもしれない。たしかに美しさや雰囲気、自然景観、野外レクリエーションに関して言えば、ピッツバーグやクリーブランドは、サンフランシスコ、シアトル、ボルダー、オースチンといった都市よりは一段劣るかもしれない。だが美観といっても、きれいな公園や山河の景観だけを指すわけではない。伝統のあるコミュニティでは、自然環境と工業全盛時代の建築物が絶妙に溶け合っている。そこには古い倉庫や、伝統家屋、素晴らしい住宅地がふんだんにある。一九世紀や二〇世紀初頭の偉大な造園設計家の手による、雄大な都市公園があるところも多い。

私は二〇年近くピッツバーグに住んでいたが、あの街の工業的な美観が大好きだ。市中を流れる美しい三本の川と、無骨で古びた工場の景観的対比は実に魅力的である。ピッツバーグの思い出のなかでも特にお気に入りなのは、自転車で街の工業地帯を駆け抜けて郊外の丘を登り、そこからさらに離れた緑豊かな住宅地までサイクリングしたことだ。あれは本当に脚力を試される上り坂だった。ピッツバーグは万人の気に入る都市ではないかもしれない。しかし、あそこで暮らした私の経験は、どんな土地にも魅力的な部分が必ずあるということを証明している。

シカゴの湖畔地域の復興でも、二〇世紀の素晴らしい建築物や美しく改装された地区が古いコミュニティ独特の美観を際立たせている。これにはシカゴ市長リチャード・デイリーの功績が大きい。彼はミレニアムパークの新設や湖畔地域の美化などランドマークの整備を行った。それだけにとどまらず、小さなコミュニティの公園や庭園を改装したり、木を植えたり、公共の場所に芸術作品を展示したり、手塗りのベンチや花壇を設置するなどして、細部に至るまで改善の手を広げたのである。

シカゴ大学でセミナーを行うために、そういった地区を車で走っていた時のことだ。私を招いてくれたシカゴ大学のテリー・クラークが車の窓から指を差し、「ここは低所得者のコミュニティだ」と教えてくれたが、私は目を疑った。道をアーチのように覆って青々と生い茂る木々、きれいな街並み、コミュニティの公園――これらは、もっと裕福なエリアを思わせる光景だったからだ。その時に気づいたのだが、恵まれないコミュニティが「貧しく」見えるのは、ほとんどの場合において街並みに木々や緑地がまったくないからである。

また居住地がきれいに手入れされていることを望む人は多いが、私がトロントで気に入っている点は、むしろ「都会的な乱雑さ」である。高層マンションの隣にいまにも倒れそうなビクトリア朝様式の家が建っており、高級ブティックの隣には家族で細々と経営する店舗が並んでいる。緑の木々に囲まれた道は突如として車の行き交う幹線道路にぶつかり、ゴミゴミした都

会のなかを雄大な景観を呈す渓谷が横断している。さらに自転車通勤の人々が、バスや高級車と並走しているのだ。(4)

人に出会える場所

当然のことだが、だれかと出会って友だちになれるということは、その場所での幸福度を決定する最も重要な要因である。だが残念ながら、その機会に恵まれない人が増えている。

二〇〇六年にアリゾナ大学とデューク大学の社会学者チームが行った研究によると、地域内で社会的に孤立していると感じている人（定義としてはプライベートな相談事をできる相手がいない人）の割合は、一九八五年は一〇パーセントだったが、二〇〇四年には二五パーセントを超えている。(5) この研究によると、主に高学歴の中産階級の人々が孤独を感じているとのことである。おそらく通勤時間や労働時間が長くなったためだろう。

「他者と交流する代わりに、人々は自宅でコンピュータを相手にすることに多くの時間を割くようになった」とも指摘している。しかし、一九八五年から最も大きく変化したことは、地域とのつながりが大幅に減少していることだ。友人や家族とも離れて独り暮らしをする人々が増えているのだ。

「もっと簡単に他人と交流できたり、つながっていられる場所がいい」と答えた者も多い。友人が身近にいることが大切なのだ。イーサン・ワッターズが「アーバン・トライブス（都会の

シングル族)」と名づけた、仲間と始終行動を共にしながら暮らす若い単身者に聞けば、皆そう答えるだろう。(6)

グローバル化の副産物が孤独の増加だとすると、それは皮肉なことだ。「居住地と幸福に関する調査」の回答で「他者との出会いと友人を作ること」が重視されているのも無理はない。

文化に出会える場所

都市の評判を高めたり、経済成長を促進させたりする手段として、文化に投資する動きが世界の各都市で活発になっている。「居住地と幸福に関する調査」の結果、美観や社会活動ほどではないにせよ、文化やナイトライフも居住地の満足度に密接に関わっていることがわかった。私が親しみを込めて「SOB」と呼んでいる、シンフォニー(交響楽)、オペラ、バレエといった伝統文化はいまなお人々を魅了している。だが今日の人々にとって文化は多様化している。活気のある芸術的、文化的コミュニティでは、伝統的な文化施設とストリート発の芸術や音楽、演劇シーンとが共存しているのだ。

現代社会では自分のスケジュールさえ意のままにならない人が多いが、余暇の時間は貴重な財産である。おそらく一世代前の人々は、日常において余暇の時間をもっと多く取れたに違いない。しかし今日では、あらかじめ余暇の計画を立てるのは事実上不可能に近い。だが行楽のスケジュールを立てる余裕はなくとも、その気になった時に、ふらっと出かければ楽しく過ごせるような環境は欲しい。急に思い立った時、あるいは家族や友人が訪ねてきた時に、そういった機会が用意されているだけでも、多くの人は満足感を覚えるものだ[7]。

基本的サービスは重要

基本的な公共サービスの水準も、コミュニティに対する幸福感と満足度に大きく影響する。そうしたサービスに対する評価が高ければ高いほど、コミュニティに対する人々の満足度も高くなる。しつこいようだが、いま一度、「居住地と幸福に関する調査」で判明した、美的感覚と基本的サービスは二者択一ではないという結果に注目してほしい。私たちが居住地で満足を得るために、美的感覚と基本的サービスはどちらも等しく重要なのだ。

この調査では、回答者に自分の住んでいるコミュニティのインフラなどについて評価してもらった。具体的には小・中・高等学校、大学、医療施設、雇用の機会、交通量と公共交通機関の種類、住宅価格、宗教施設である。

全項目のうち、居住地の満足度に最も影響が大きかったのは小・中・高等学校である。換言すれば、住民たちは子供の教育を考える際に、地元の学校への通いやすさを最重視している。大学への関心が低いのは、大学生ともなれば、子供一人で遠く離れても大丈夫だからだ。

むしろ、さほど高い教育を受けていない人ほど、大学に近いことを重視しているのは意外な結果だった。一つの解釈として、大学が近くにあれば、子供たちに大志を持たせられると考えているのかもしれない。または彼ら自身が将来、大学で学び直そうと考えているのかもしれない。さもなければ、単に彼ら（とその子供たち）は移動など考えず、小学校から大学まで一カ所にまとまっていたほうが、安上がりだと考えているからなのかもしれない。

次に影響が大きかったのは医療施設で、これは幸福に必須の条件である。

三番目に影響が大きかったのは雇用の機会だ。ただし仕事さえ見つかればよいというわけではなく、希望に合った仕事に就けるかどうかという問題である。この点において、ほとんどのコミュニティは住民の要求に応え切れていない。調査の結果では、雇用の機会に対する満足度が「非常に高い」と答えたのは回答者の一七パーセント強で、「低い」ないし「非常に低い」と答えた回答者が三分の一を超えている。これは、居住地の希望と仕事の希望とがマッチしていないということだ。この問題は重要である。住む場所と働く場所とが二者択一の状況になっていることを、だれもが理解しておくべきであろう。

宗教や精神的な拠り所の存在も重要である。宗教施設へのアクセスに関しては、八〇パーセントもの回答者が、満足度は「高い」ないし「非常に高い」と答えた。だが、宗教施設と居住地への満足度との相関は極端に強いものではなかった。宗教への献身度は地域によって大きく異なる。たとえばシアトルやサンフランシスコでは宗教色が薄く、ニューオリンズやデトロイトではその限りではない。また、高学歴の住民ほど宗教色が薄い傾向にある。高学歴の住民は教会へ行く代わりに、心理カウンセリングやセラピーを受ける。

宗教団体の指導者や地域の活動家の多くが、こうした人々の変化に対応できるように礼拝規定を見直そうとしている。ノースカロライナ州シャーロットで行われた、クリエイティブ・コミュニティ・リーダーシップの取り組みで私が出会ったロッド・ガービンも、そういった一人である。「クリエイティブな人々が求める精神的な拠り所は階級の存在しないフラットなもので、既成の組織化された宗教からは離れつつある」とガービンは嘆いた。他の大規模な組織と同様に、宗教組織もこうした変化に対応し切れていないというのだ。彼は私にこう語った。「宗教団体は形式的で厳格な組織体質を改めなければいけない。と同時に自らがクリエイティブなコミュニティの一員として、人々の精神面のニーズと知的好奇心に応えなければならない」

「居住地と幸福に関する調査」によると、住宅の入手のしやすさや交通量、公共の交通機関といった要素は、全体としては居住地の満足度にそれほど大きく影響していなかった。しかし、住宅価格の高い都市や交通量の多い都市では、これらの要素が大きなウエイトを占めている。事実、回答者の三分の一以上が、居住地の住宅価格の高値を憂慮している。そして回答者の四五パーセントが、利用可能な公共の交通機関に「不満」と答えている。その多くは、近年に成長を遂げ、人的資本も高水準な地域の住民から寄せられた。たとえばサンフランシスコやワシントンDCなど、第6章で説明した「稼げる都市」に住む人々である。

住環境を取るか、それとも安い住宅を取るかで悩む人は多い。ミネアポリス在住のタラ・ビアードもそんな一人である。彼女は最終的に後者を取って、ミッドタウン・フィリップスという地区に転居した。「なぜそんな場所に住むのかわからない、と大勢の人に言われました」とビアードは語る。「ここはたぶんミネアポリスでもかなり危険なエリアです。ここで暮らすのは楽ではありません。フラストレーションはたまるし、恐ろしいこともあります。でも家の価格がちょうどよかったんです」

さらに彼女は、「自分より低収入の同僚が、どうしてわが家の三倍もの値段の家を買えるのか理解できません」と続ける。「わが家の年収は一〇万ドルを少し下回るくらいで、そのうちの三〇パーセントを住宅ローンと保証料、公共料金の支払いに充てています。そうすると必然的に治安の悪い地区の安物件に住むことになるんです。世間の住宅相場と所得レベルとの不均衡には驚くばかりです。私にとっては世間に合わせることより、自分の稼ぎの範囲内で生活することのほうが大事なんです」

彼女たち一家も現在の住まいには満足している。彼女の家は遊歩道沿いにあり、繁華街の職場から二マイル（約三・二キロメートル）以内、日常生活に必要なさまざまな店からも一マイル（約一・六キロメートル）以内だ。バス停とライトレール（新型路面電車）の駅からも近く、住民は多様性に富んでいる。

ビアードはこうも言う。「毎日、外見も習慣も違う人と会うように心がけています。いろいろな人と打ち解けて交流すれば、お互いの違いが生む恐怖心や無関心を払拭できると思うからです。人は皆、できるだけ多くの異なった生活習慣に触れるべきだと思います。コミュニティに貢献する一市民として、これは必要なことです。自宅周辺ではスペイン語や東アフリカのソマリ語が、英語と同じくらい頻繁に聞こえてきます」

しかし、彼女の住む地区には欠点もある。「よく銃声が聞こえるし、隣家に住む麻薬の売人を追い出そうとした時は命の危険も感じました。一番困るのは騒音です。夜中だろうと車のクラクションがお構いなしに鳴り響くし、寝ようとしている時でさえも叫び声や口笛が聞こえてきます。落ち着いて眠れることはめったにありません。売春婦が客引きをしたり、麻薬の売人がよからぬことを企んだりしている姿をしょっちゅう見かけます」

だが、それでも住む価値のある場所だと、彼女は結論づけた。「私にとってはメリットのほうが多いですからね。お金を節約できるうえに、世の中をよくするのに一役買えます。どこへでも短時間で、かつ環境に負荷をかけずに出かけられますし。それにいろいろな人のことを理解できると、自分自身のことや、困難や恐怖に立ち向かう方法もわかってくるんです」

開放的な場所

フランス育ちの画家グウェン・シーメルは各地を旅した後、最終的にはポートランドに落ち着いた。彼女はこう語る。「私はカラフルな格好が好きなの。色鮮やかで、かつ変わっているという意味でね。足元はライム色か緑っぽい青のビニールサンダル、セーターは年配の婦人向けのカタログで注文しているわ。そうしない限り、あの特別な色合いの群青色が見つからないから。マフラーと帽子のほとんどは祖母が編んでくれたものだけど、ニット帽になるはずが、耳当てつきのコンドームみたいな形になってしまったのもあるわ。ジーンズは普通のブルーじゃなくて、腰の辺りがイエローで、裾のほうにいくにしたがって赤紫色に染めてあるの」

パリの住民には、そのようなファッションは奇異に映ったようだ。「皆、私のジーンズを見て大笑いしたり、ひどいことを言ったり。それもわざと聞こえるように言うのよ。だいたい、私以外のフランス人はそんな格好をしないから。いとこたちは、事前に私の服装をチェックしてからでないと、クラブにも連れて行ってくれなかったわ」

ニューヨーカーはまだ多少は礼儀正しかったようだが、彼女のエキセントリックな服装にはあまり理解を示さなかった。しかしポートランドでは突飛な格好をしていても、何の気兼ねもいらないとシーメルは言う。「皆、ジーンズに目を留めてから上半身へと視線を上げていって、やがて目を合わせてくれるの。そして笑いかけてくれるから、私も笑みを返してあげるの。『ステキなジーンズだね』って褒めてくれた人もいたわ」

こうした開放性はポートランドの大きな魅力となっている。ウェブマガジン「スレイト」のテイラー・クラークの記事によると、ポートランドはいまではインディーズ系ロックのメッカとしても有名だそうだ。(8) クラークいわく、「ザ・シンズとザ・ディセンバリスツは共にポートランドが拠点だが、音楽的な共通点はほとんど見られない。一部の例外を除けば、皆ある程度有名になってからポートランドに移ってきたわけで、純粋なポートランド発のバンドとは言えない。スリーター・キニーにしても同様だ。ドラムのジャネット・ワイスがコーヒーショップに立ち寄る姿を、ポートランドでは目にするかもしれない。しかし有名人である彼女が地元の音楽シーンに何らかの影響を与えているようには思えない。皆、この地でのんびり暮らしているだけなのだ。そのためポートランドは引退したヒップスターが住む街だと、しばしば皮肉られたりする」

クラークの最後の一文は特に多くのことを物語っている。もしポートランド自体がこうした才能を生み出していないのだとすれば、ミュージシャンたちが移り住みたいと思う「何か」があるはずなのだ。最も考えられるのは、グウェン・シーメルのような人々がポートランドに惹かれるのと同じ理由――つまり街自体の開放性、クリエイティブな雰囲気、手ごろな不動産、そして美的感覚だとクラークは結論付けている。「どんなに突拍子もない格好で公の場に出たとしても、だれも不思議がらない」とクラークは続ける。「街には自然が多く、緑がふんだんにある。シアトルやサンフランシスコと比べ、住宅の価格も手ごろだ。人々も気さくで、食べ物もおいしい。そしてクリエイティビティが非常に大切にされている。成り金層を誘致するのは難しいかもしれない。だが、ポートランドのお手ごろ感と美しい自然、そして独特のゆったり感の組み合わせは、インディーズ系のアーティストにとっては夢のような環境なのだ」

寛容性や、多様性を容認するコミュニティの意識で定義される開放性は、「居住地と幸福に関する調査」で第三に重視されている地域要因だ。私たちは次のような設問を用意して、開放性について調べた。

「あなたの都市や地域は、以下に挙げる人々にとって、どの程度住みやすいと思いますか」

・子供のいる家庭

- 人種的・民族的マイノリティ
- ゲイやレズビアン
- 海外からの移民
- 高齢者
- 貧困状態にある低所得者
- 若い単身者
- 就職活動中の大卒者

これらのグループへの寛容度が増すにつれて、コミュニティへの全般的な満足度も上がった。多様性は抽象的な価値観として重視されているのではない。多くの人々が開放的なコミュニティに魅力を感じるのは、そこでなら皆がありのままの自分でいられると思うからである。

ロナルド・イングルハートの調査結果も同様の見解を示している。彼は五〇カ国以上を対象とした詳細な「ワールド・バリュー・サーベイ」を行い、個性に対する開放性は今日の社会の特徴的な要素だとしている。(9)

「居住地と幸福に関する調査」から意外な結果をもう一つ紹介しよう。回答で自らの居住地が最も開放性が低いとしたのはどのグループに対してだろうか。それは移民でもなければ、人種的・宗教的マイノリティでも、ゲイやレズビアンでもない。最も低かったのは、「貧困状態にある低所得者」であり「就職活動中の大卒者」に対してだった。回答者の約四五パーセントが、自分たちのコミュニティが大卒者にとって「住みにくい」あるいは「非常に住みにくい」と答えていた。これに対し、「非常に住みやすい」と答えた回答者はわずか七・三パーセントにすぎない。

実に驚くべき結果ではないだろうか。若者への開放性が低いのにはいくつかの理由があるだろう。まず若い大卒者が労働市場にもたらす新しいスキルは、現役の労働者を不安にさせる。また若者は夜遅くまで遊びがちなので、それを迷惑がる人もいる。これらを既存の体制への挑戦と受け止める人もいるだろう。

若者は自分たちへのこういった視線を敏感に察知する。私がそのことを痛感したのは、二〇〇〇年代初頭に、卒業前の大学四年生と大学院生による座談会形式のインタビューを実施した時だ。コンサルタントのレベッカ・ライアン、キャロル・コレッタ、ジョセフ・コートライトらによる研究も、同様の結果を示している。三人が行ったインタビューや面談で、大卒者の若者はありのままの自分を受け入れてくれるコミュニティを求めていることが判明した。若者たちが求めているのは、周囲に同世代の者が大勢いること、カジュアルな服装とエネルギッシュなライフスタイルが許されること、そして特に重要なのが住民全般の多様性と、ゲイやレズビアンの存在だったのである。

開放性が居住地で満足度と幸福感を得るための主要な要因であることは明白である。しかし残念なことに、一部の集団に対して開放的ではないコミュニティがいまだに多い。回答者の約四五パーセントが、自分たちのコミュニティはゲイやレズビアンにとって「住みにくい」あるいは「非常に住みにくい」と評している。移民についても約四〇パーセントが同様に答えている。そして半数を超える回答者が、自分たちのコミュニティが貧困者にとって「住みにくい」あるいは「非常に住みにくい」と評しているのである。

こういったコミュニティでは明らかに、開放性と多様性について考え直す必要がある。私のこれまでの調査が示すように、寛容でない場所は決して発展しえない。加えて、寛容でない地域の住民は、寛容で開放的な地域の住民よりも幸福感や満足感が低いのである。「居住地と幸福に関する調査」の結果がそれを物語っている。

――安心感のある場所

シアトルの芸術基金のスタッフであるロビン・エクトレは、三六歳の時に家を買おうと思い立ち、そのための下調べをした。「本を何冊も買ったり、初めて家を買う人向けの週末講座を二週間にわたって受けたりしました。私以外にも一二人、持ち家希望者が参加していました」問題はどこに住むかだった。エクトレは根っからの都会っ子で、文化や芸術、そして都会の賑やかさが好きだった。それゆえ彼女はシアトルの通勤圏にある二つの大きな街、エベレットとタコマに目をつけた。

実際にタコマを訪れた彼女は、その刺激的な雰囲気に満足した。当時ちょうど再開発中だった繁華街も気に入った。美しい歴史的建築物、個性的なエスニックレストラン、真新しい三つの美術館、三つの伝統的な劇場、交響楽団――そして何よりも彼女の好きなオペラがあるのだ。とはいえ最終的に決め手となったのは、こうした豊富な芸術的要素ではなく、タコマの安定性だった。エクトレはさまざまなコスト計算を行った末、タコマに住むことにした。エベレットよりも平均所得と雇用の増加が大きかったからだ。

「居住地と幸福に関する調査」で、「治安と経済的安定」は第四位にランクされた地域要因である。このなかには経済の全般的な状態と傾向、労働市場の状態と傾向、そして一般的な安全性などが含まれる。これらはいずれも簡単にかつすぐに変えることは困難で、公的、私的な働きかけの影響を受けにくい。また私たちの調査結果によれば、治安と経済的安定は居住地の満足度に重要な役割を果たしており、評点は前掲の開放性と拮抗している。

全般的な経済成長が個人の幸福に果たす役割が、私たちの研究によって実証されたわけだが、ハーバード大学の経済学者ベンジャミン・フリードマンも、*The Moral Consequences of Economic Growth*（経済成長の道徳関連性）で、「経済が成長すると人々は勤勉になり、犯罪に手を染める可能性が低くなり、より寛容で寛大になる」と述べている。[10] 幸福感のレベルの上昇もこのような経済成長の副産物であり、長期にわたる景気の低迷や下降は幸福感にマイナスの作用をもたらしかねない。

私たちの調査によると、経済的安定は居住地の満足度において、治安よりも重要な位置を占めている。経済的安定と居住地に対する満足度との相関が調査全体のなかでも最も高い部類に入っており、治安との相関をはるかに上回っているからだ。全体的には、経済の状態が「よい」と答えた人が、「悪い」と答えた人を上回る。回答者の四〇パーセントが「よい」または「非常によい」と答え、二九パーセントが「悪い」または「非常に悪い」と答えている。その他の四〇パーセントは「どちらとも言えない」と答えている。また回答者の多く（五七パーセント）は自分のコミュニティを「安全」または「非常に安全」だと評している。これに対し、自分のコミュニティが「非常に危険」だと感じている人は回答者の九・一パーセントにすぎなかった。

リーダーの資質

リーダーの指導力は社会の無形資産であり、この手の分野に関する本は無数に存在する。だが、優れたリーダーシップとはどのようなものかを、正確に定義するのはいまだに難しい。優れたリーダーとそうでない者の見分け方や、そのリーダーシップが組織や国家、地域にもたらす効果を正確に評価する方法も確立していない。「居住地と幸福に関する調査」では、リーダーの存在が居住地の満足度にいかに関与しているかを検証すべく、地域のリーダーに対する支持率を測定した。たしかにリーダーの存在と居住地の満足度との間には相関が認められたが、五つの主要項目のなかでは最も低い水準にとどまった。

当然のことながらリーダーが積極的かつ前向きで、倫理的で誠実な施策を取っている都市の住民は調査で高い満足度を示した。だがそれと同時に、リーダーに対する住民の受け止め方は大きく二分されることも判明した。回答者の六〇パーセントが自分のコミュニティのリーダーを「支持する」と答えた一方で、「支持しない」という回答者も四〇パーセントにのぼった。このことは、今日の社会が特定の党派に偏る傾向にあることを示している。かつてないほど有権者は二極化しているようだ。

かといって、あらゆるリーダーが二分され対立しているわけではない。コロラド州デンバーでは市長への支持率が九〇パーセントにものぼった。その理由は私も理解できる。二〇〇三年にデンバー市長に選ばれたジョン・ヒッケンルーパーは、市民からの人気が非常に高い。市長になってわずか二年で、タイム誌が選んだ全米大都市の市長ベスト5に名を連ねたほどだ。彼は建設的なビジョンを示し、住民の力を幅広く活用するなど、市政に熱心に取り組んできた。就任して間もない頃には、市長選の対立候補を移行作業チームに任命し、主な役職人事を手伝わせている。これによって党派の対立やイデオロギーの違いを克服することに成功し、地域全体のためになる仕事に専念できるようになったのだ。

だがその一方で、リーダーの力が逆に働き、市民のエネルギーを押しつぶしてしまうケースも多々見られる。ジェーン・ジェイコブスはかつてこう語っている。「どのコミュニティにもクリエイティブな活力はみなぎっているものだが、なかには『圧政者』によって押しつぶされているところもある」

圧政者は支配欲が強く、かつコミュニティにとって何が最良なのかわかっていると思い込んでいる。自身のリーダーシップの欠如が原因で、優秀で才能あるクリエイティブな人材が流出しているにもかかわらずだ。また圧政者とは「Ｎｏ」を多用する人種であると、ジェイコブスは言う。彼らは常に、コミュニティのエネルギーや自発性の流れを妨げる。この手の人々がコミュニティの活力やエネルギーを枯渇させるのを、私も実際に見てきた。新しいアイデアに対する彼らの反応は、「そのやり方はわが街には合わない」とか、「そんなことはうまくいくはずがない」だとか、「よそで始めたらどうなんだ」といったものだ。

私はしばしばこんな想像を膨らませる。もし全米中の圧政者がある日突然、ことごとく摘発されてその権力を失ったとしたら、アメリカはどのようになるだろうかと。はたして地方自治体のトップで摘発されずにすむ者はいるだろうか。このような夢想が現実のものとなった時、私たちは初めてポジティブなエネルギーを解き放ち、市政に主体的に関われるのかもしれない。

居住地に満足する三つのカギ

オランダ人の都市計画家エバート・フェルハーゲンは、私の友人にして同僚でもある。彼はしばしばコミュニティで暮らす人々に、「今日の社会には新しい成功の方程式がある」と語る。かつてのコミュニティは「安全と洗練」さえあれば十分だった。しかしフェルハーゲンいわく、現在は「自然」が新たに必要になったと言うのだ。私はさらに「公平性」を加えたい。

フェルハーゲンの認識は、「居住地と幸福に関する調査」の結果とも一致する。つまり、コミュニティの満足感は次の七つの要因次第なのである。①子供を育てるのに適した場所であること、②友人作りに適した、出会いの多い場所であること、③美観を備えた場所であること、④よい学校があること、⑤公園と緑に恵まれていること、⑥安全な場所であること、そして⑦起業家や新しいビジネスを育む場所であること、である。

一方、「居住地と幸福に関する調査」における満足度の全二六の要因について、ティナグリが統計分析を行ったところによると、満足度のカギとなる要因は次の三つに大別された。

一つ目は「教養と活力」。すなわち地元の大学、芸術と文化、活気あるナイトライフ、人それぞれの得意領域に合った雇用の機会、人との出会いがあること、若い大卒生、単身者、起業家、アーティスト、そして科学者にとって住みよい場所であること、などである。

二つ目は「美的感覚と住み心地」。美観、公園、公共空間、子供の遊び場、遊歩道、気候、大気環境などである。

三つ目は「公平性」。具体的には住宅の入手しやすさ、周辺の交通アクセス、高齢者と貧困層にも住みやすいこと、などである。

私たちは、コミュニティが基本的な要求を満たしてくれるのは当然だと考えている。蛇口をひねれば水が出て、ゴミを外に出せば回収されるのは当たり前と思っている。たいていの者は安心して道を歩いているし、子供たちがよい教育を受けていると確信している。

しかし良くも悪くも、私たちは贅沢になった。真の充実感と幸福感を得るうえで必要なものが、さらに増えているのだ。なかでも最初に挙げられるのが、美的感覚と開放性なのである。この二つはもはや必要不可欠である。すなわち単なる「余計な装飾」ではなく、私たちがコミユニティに対して初めから期待するものなのである。

事実、ニューオリンズの住民は、ハリケーンが直撃する直前に行われた第一回目の調査でそう答えている。回答で最上位を占めたのは「都市の美観と物理的環境」、そして「公園や緑地が利用しやすいこと」だった。ニューオリンズは大いなる気楽《ビッグイージー》の異名を持つ都市だが、教会や宗教施設も重要であることがわかった。何しろニューオリンズの全回答者の六一パーセントが毎日、礼拝、祈り、瞑想のいずれかを行っており、半数以上が過去一週間の間に教会へ行ったと答えている。これは、調査した他のどの都市よりも高い数字である。また教会と宗教施設に次いで、ニューオリンズで重要とされたのは「大学の質」だった。

ニューオリンズは退廃、南部の魅力、そして純粋さが複雑に混じり合っている。この都市の最も重要な資産の一つであるナイトライフには、それが端的に表れる。ジャズ発祥の地のバーボンストリートだけがニューオリンズの魅力ではないが、革新的な音楽と陽気なお祭り騒ぎがコミュニティのなかで渾然一体となっている。そんな土地柄だからこそ、住民はありのままの自分でいられるのだ。これらの場所は地域の教会と共に、職場と家庭以外の「第三の場所」となる。そして人々は寄り集まり、交流を持つのだ。

本書を書いている段階では、ニューオリンズはいまだに復興からほど遠い状態だ。わが国のなかでも最も個性的で、歴史ある都市を再建するのは並大抵のことではない。しかし「居住地と幸福に関する調査」によって、ニューオリンズの住民が何を大切にしているか（いまとなっては、何を失って悲しんでいるのか）を明らかにできた。これは都市再生において、何から手を着ければいいかのヒントになるはずだ。

堤防の強化や中心的な商業地区の再興、住宅の建設といったインフラ面の取り組みを急ぐあまり、官民のリーダーはニューオリンズの住民にとって本当に必要なインフラの復旧を怠ってきた。彼らが求めているのは教会や酒場、バー、公園、学校といったコミュニティの核となる施設での人々との触れ合いである。これらの再興こそが、住民を呼び戻すカギなのだ。ニューオリンズが取り戻したいと思っているのは、要するに生活とコミュニティでの交流なのである。

美的感覚と開放性の評価が高い場所では、独特な現象が強力に起きている。人種的にも社会経済的にも格差の大きいニューオリンズのような都市においてさえ、社会が平等になっていくのだ。美観を備えた場所や快適な自然環境は、だれもが利用し、楽しむことのできる公共財だ。きれいな公園は、あらゆる属性の人々に広く開放される。公園でジョギングする人、サイクリングをする人、ローラーブレードを楽しむ人、散歩する人、犬を散歩させる人、子連れの若い夫婦、ピクニックをする人、いろいろなスポーツを楽しむ人——こうした人々が増え、さまざまな種類の人が集まると、たいていはより安全で楽しく、よりよい場所になるのだ。

開放的な地域で、私たちは自由に自分を表現でき、より大きな構想、より大きな全体の一部となることができる。そうした地域が提供してくれるのは、個人的な発見や自己実現のための場所、すなわち自分の可能性と夢を知るための場所であり、家庭を築いて養うのに必要な場所である。私たちはそこで全体の一部になることができると同時に、ありのままの自分でいることができる。開放的な地域は、私たちの人生に本当の意味と充足感を与えてくれるのだ。

ここまで述べてきた調査結果は、住民の幸せに最も大きく作用し、ポジティブな影響を与える要素を解明する手がかりになる。しかし、だれもがコミュニティに同じものを望んでいるわけではなく、人生の各ステージで同じものを求めているわけでもない。真の意味で居住地に満足するためには、究極的には自分のライフスタイルや価値観に欠かせないものは何かについて、知らなければならないのである。

第11章 都市の性格心理学

CITIES HAVE PERSONALITIES, TOO

居住地が人間の幸福に影響を与えること、開放性と活気に満ちたコミュニティでは、人々が自己表現を行ったり個性を磨いたりできること、そうしたコミュニティこそがクリエイティビティを育むということ——これらの事柄を知ることは、それなりに有意義である。しかし自らが幸せになれる場所を見つけるという、当初の目的の実現は決して容易ではない。

幸福の地を見つけられるかどうかは、その場所に何を求めるかに大きくかかっている。「十人十色」という言葉が示すとおり、すべての人が同じものを望んでいるわけではない。自分にとって最も重要なもの、すなわち自分の最優先事項とニーズを見極めることが、幸福の地を見つける決め手となるのである。

心理的な欲求やニーズと、コミュニティが提供できるものとのせめぎ合いを、私は「フィット」と呼ぶ。(1) 呼び名はどうあれ、これを正しく理解することが肝心である。

私の妻ラナは人間関係における悩み相談のコラムを、三人の姉妹と共同で執筆している。彼女によれば、自分にふさわしい居場所を見つけることと生涯の伴侶を見つけることは、同じくらい大切なことなのだそうだ。「自分の成長と進歩につながる場所を見つけるには、自己の内面を探ってピンとくる場所を見極めなくてはならない。幸せでないならば、思い切っていまの場所から動くことよ」

ある研究助手も、ラナと同じように、引っ越しは異性との出会いと同じだと考えていた。彼女は若くして何度も引っ越しを経験し、それぞれの場所で生活を送ってきた。特定の場所に固執しない代わりに、人生のさまざまな段階において、気に入った場所で暮らしてきたのである。そんな彼女が、ある特定の街に格別の愛着を抱くようになった。大学院時代に住んでいたその街こそが「意中の相手」だったのかもしれない。しかし、いまでは何千キロも離れた場所に移り、そこで生活している。

しかし、現在住んでいる場所が自分に合っていないと感じている人は少なくない。「居住地と幸福に関する調査」の結果は、次のとおりである。

- 回答者のおよそ三分の二（六七パーセント）が、居住地に対する満足度を五段階評価で四ないし五に位置づけ、居住地に「満足している」と表明している。
- その一方で、回答者の三分の一は曖昧または否定的な考えを示している。居住地に対する満足度を五段階評価で三と答えた割合は二四パーセント、一または二と答えた割合は一〇パーセントだった。

・「自分の暮らすコミュニティが五年後にどうなっているか」という問いに対し、およそ四〇パーセントの回答者が曖昧もしくは悲観的な見方を示した。五段階評価で三と答えた割合は二六パーセント、一または二と答えた割合は一四パーセントだった。

・「親戚や友人に自分のコミュニティを推奨するか」という問いに対しても、約四〇パーセントの人が曖昧または否定的な見方を示した。五段階評価で三と答えた割合は二一パーセント、一または二と答えた割合は一七パーセントだった。

ふさわしくない場所を選ぶといったいどうなるのか、自分や身近な知人の体験を少し思い浮かべてほしい。自分に合わない仕事や伴侶を選んだばかりに、思わぬ影響が働き、負担が重くのしかからないとも限らない。後になって転居するよりは、潜在的な相性の悪さを事前に察知したほうが時間と労力の節約にもなる。

調査回答者の一人である男性は、「家族と共に新しい街に引っ越して、すぐ間違いに気づいた」と私に語った。近所の人たちはたいそう親切で、彼とは年齢も近かった。しかし問題はそういうことではなかった。行動や価値観、物事の好き嫌いがまったく合わず、とにかく彼にはその場所がしっくりこなかったのだ。それゆえ彼は意味もなく反感や怒りを覚えるようになり、美しい家と恵まれた仕事を除けば、周囲のあらゆる環境に喜びを見出せなくなった。「絶えずイライラしていた」と、この男性は当時を振り返る。気持ちを整理するのにしばらく時間を要したが、最終的に彼は気づいたのである。自分らしく生活し自らの夢を実現するには、そこはふさわしい場所ではないということに。

ほかにも多くの人々から、似たようなエピソードを聞いている。「自分が住んでいる地域に対して反感や怒りさえも覚えた」と彼らはこぼす。気に障る理由にまったく覚えがなく、他のことに原因を求めていたという人もいた。しかし、ある段階で彼らは悟ったのである。何らかの原因があるから、自分はその場所にはどうしても合わないということを。

自分にふさわしくない場所に住むということは、文学はもちろん、テレビ番組でもしばしば取り上げられてきたテーマだ。往年のコメディドラマ「農園天国」では、エバ・ガボール演じる弁護士の妻がドレス姿のまま、片田舎で農作業をしていた。「じゃじゃ馬億万長者」では、田舎者の家族がおんぼろトラックに乗り、作業靴を履いたままビバリーヒルズにやって来た。リアリティ番組「シンプルライフ」では、パリス・ヒルトンとニコール・リッチーが文字どおり質素な生活を強いられた。これらはいずれも、最適な居住地と望ましい生き方を見つける努力が、誤った方向を向いていた事例である。

性格の主要五因子(ビッグファイブ)

個人と場所のフィットは、人間がその場所で幸福感を覚えるか否かを大きく左右する問題でもある。『クリエイティブ資本論』を書き上げた後、私はこう考え始めた。人間の判断には、従来の経済的、社会環境的要因に加えて、心理的な要因が働いているのではないかと。

このテーマに関心を持つようになったのは二〇〇六年の春である。ケート研究所で政策分析を担当し、月刊オンライン・マガジンの編集責任者でもあるウィル・ウィルキンソンが本書の草稿を読んだ後、私に直接問い合わせてきたのだ。(2) ウィルキンソンは、どんな性格の人間がどんなタイプの場所に惹かれ、その結果として地域がどのように活性化されるかという問題を、私がどう思っているか興味を示していた。個人の性格とコミュニティに相性は存在するのだろうか。人は自分に合うコミュニティを見つけた時は、より大きな幸せを感じるのだろうか。同じコミュニティの住人と転入者の性格が合わない場合、どういう現象が起きるのだろうか。

心理学者によると、人間の性格は五つの主要な因子(「ビッグファイブ」と呼ばれる)で大別できるそうだ。その中身はいたってシンプルである。(3)

第一の因子は「経験への開放性」である。開放性の高い人は新しい体験、なかでも知的な経験、芸術、空想的世界といった、新たな発想に自分を導く物事すべてを楽しむ傾向にある。このタイプに属する人はどちらかといえば好奇心が強く、芸術的でクリエイティブである。

第二の因子は「誠実性」である。誠実な人は仕事熱心で、かつ自制心が非常に強い。責任感があり、細かな配慮が利き、成功に向けてひたむきに努力する。心理学者によると、このタイプに属する人はどの職種においても平均以上の能力を持ち、課題を手際よくこなすという。

第三の因子は「外向性」である。外向性の高い人は積極的で話好き、社交的で自己主張がはっきりしている。また何事にも熱中し、精神的高揚を求める傾向にある。

第四の因子は「協調性」である。協調性の高い人は温和で親切で、情が深く、他人の幸せを願う。このタイプに属する人は一般的に他者を信じやすく、自らも他者から信頼されることを期待する。

第五の因子は「情緒不安定性」である。このタイプに属する人は精神的に不安定で、心配、敵意、うつ、自意識、衝動を感じやすい。

外向的な人、内向的な人、という具合に、私たちは人間を単一の性格的特徴でとらえがちだ。しかし実際のところ、多くの人間の性格は一定の範囲内にある。どれか一つの因子が際立つにせよ、たいていの人間には五つの因子がもれなく備わっているのだ。たとえば心理学者がウディ・アレンの性格を分析すれば、①外向性が低く（物静かで控えめに見える）、②協調性も低いが（他人と打ち解けにくく、よそよそしい）、③ある種の誠実さがあり（映画制作に献身的）、④情緒の不安定傾向が強く（考えに没頭しやすく神経質）、⑤経験への開放性は非常に高い、となるだろう。むろんウディ・アレンが、芸術的な才能に恵まれた映画監督であることに変わりはない。

人格心理学では、この性格の五因子は経験的に確認されており、人間の生態に根づいた、文化の枠を超越した普遍的ないし持続的なものだという結論に達している。一方、企業や組織を研究対象とする心理学者は、性格と職業の関連性について調査を行ってきた。たとえば、外向性の高い人は営業職向きという具合にだ。また、協調性の高い人はチームワークが求められる仕事で能力を発揮し、誠実な人はマニュアル化された仕事に秀でているとされる。そして開放性の高い人は、柔軟性と革新性が求められるクリエイティブな活動や仕事で成果を残すとされてきた。

このような人間の性格と、居住地や職場環境との関係について少々調べた結果、個人の性格とその人が選ぶ居住地との間には、明らかな相関関係のあることが徐々にわかってきた。私はこの問題に強く興味を持つようになり、二〇〇六年秋にギャラップ・オーガニゼーションが主催したポジティブ心理学国際会議の基調講演でテーマとして取り上げた。

何となく自分の本分ではないような気がしていたが、「どのみち心理学に関しては門外漢なのだから」と、開き直って気楽にスピーチしようと思った。私は壇上に上がり、アンケート調査した人々の多くが、「エネルギーのある場所に惹かれる」と語っていたことから話し始めた。「最初はどうとらえたらよいか、皆目見当がつきませんでした。私たち経済学者が『エネルギー』と言えば、それはたいていの場合、物理的資源を意味するからです」と述べた後、私はちょっとしたユーモアを交えてこう言った。「それならばガス代や電気代が安ければ、人はその場所に惹かれるということになりますよね」

幸い、私のユーモアは聴衆に通じたようだった。「しかし時間が経つにつれ、人々が何を言おうとしていたのか理解できました」と私は話を続けた。「同僚やアンケートの回答者がエネルギーと言っていたのは物理的な意味合いではなく、心理的な意味合いでした。彼らの言うエネルギーとはあふれ出る活気と人間の活発な往来、すなわちエネルギッシュな人々が住む場所だったのです」

このスピーチがささやかな評判を得たことを、私は後から知った。ペンシルベニア大学のマーチン・セリグマン、ミシガン大学のクリストファー・ピーターソン、創造性に関する心理学的研究の第一人者ミハイ・チクセントミハイが私を訪ねてきて、会合を開きたいと言ってきたのだ。三人はいずれもポジティブ心理学では高名な研究者である。

セリグマンは議題のテーマをエネルギーに絞ってきた。彼に言わせると、エネルギーは生物、物理、化学の各分野に共通する概念で、脳内スキャンや心拍数モニターなどあらゆる場面に顔を出してくるそうだ。「人間の体はエネルギー・システムである。生物は常にエネルギーを消費し、燃焼させなければならない。その意味においては、生命そのものが一つのエネルギー作用と言える」と彼は主張した。続けて「ある驚くべき事実に注目してほしい」と切り出した。人間の脳の質量は体重のわずか二パーセントにすぎないが、消費するエネルギーは全体の二〇パーセントにおよぶという。「好調な一日は高い活力と前向きな思考、胸の高鳴るようなムードから始まる。だが不調な一日は活力不振と、それに伴う緩慢でやる気のない、沈んだ感情に支配されるものだ」

チクセントミハイは「活力のある場所、それもとりわけ高度でクリエイティブな活力に満ちた場所を見つけたければ、好奇心の高い人々が集まる場所に着目すべき」という見解を示した(彼の指摘した内容については、本章の後半で改めて触れる)。

するとセリグマンがきわめて有益な一言を付け加えた。「天賦の才能よりも、旺盛な探求心のほうがはるかに成功に役立ったと、多くの偉人は手記で記している」

「それでは、場所にも何か意味はあるのだろうか」と私は三人に尋ねた。目覚ましい成功、クリエイティビティ、イノベーションは、ある特定の都市から発祥する傾向にあることは知られている。そうした都市が引きつけ、活力を吹き込んできた相手とは、実はある特定の性格を有する人々である――そんな見方は成立しないだろうか。

会合を終えた私たちは、このテーマについて研究を重ねることで合意した。セリグマンとピーターソンは、彼ら自身が主催する「性格的な強みを発見するテスト」で収集した何百、何千という詳細なデータに自由にアクセスできる権利を与えてくれた(4)。このデータには被験者の住所と郵便番号が含まれている。場所と人間の性格との間に明白な相関があるかどうかを判断するのに役立つと思われた。

私はちょうど同じ頃、音楽の好みと性格との相関についての研究をまとめたウェブサイトを発見した。この研究を行っていたのは、動物の性格研究で知られるテキサス大学の社会心理学者サミュエル・ゴスリングと、ケンブリッジ大学の若き心理学者ピーター・ジェイソン・レントフローである。

二人のウェブサイトを子細にチェックした私は、性格特性に関する彼らの研究成果に強い関心を抱いた。ゴスリングとレントフローは人々にどんな音楽が好きかを尋ねたり、寮の部屋や職場の内装やインテリアを分析したりすれば、基本的な性格を識別できると主張していた。二人は直感を体系的なデータによって裏付けしていた。自宅や職場のインテリア、書棚にある本やCD、好きな映画、着ている服などは、どれも私たちが無意識に選んだものではない。自分が何者であり、どんな人間になりたいか、そして他人にどう見られたいかを基準に、私たちが自ら意思決定して選んだものである。

興味をそそられた私はゴスリングに急いでメールを送り、人間の性格と場所の相関について同様の手法で研究している人物がいるかどうか尋ねた。ある特定の性格の人間に際立って高い流動性は見られるのか。都市や地域が独自の性格を帯び、それが時と共に特定の人々を引きつけることはあるだろうか。

すぐさまゴスリングから返事が届いた。彼とレントフローは、私が求めているプロジェクトにすでに着手していたのだ。その第一歩となる「性格の地理学」と題した共同研究で、ゴスリングとレントフローは、人間の基本的な性格の地理的な分布状況を検証していた(5)。二人は過去の文献を紐解くと共に、文化人類学の草分けとも言えるマーガレット・ミードやルース・ベネディクトの時代から脈々と続く、文化ごとの人間の性格の違いに対する考察をまとめていた(6)。二〇世紀初頭以降、現代的な性格研究の手法と「ビッグファイブ」の概念が生まれ、地域と人間の性格との相関に対する人々の関心は強まった。ゴスリングとレントフローが例示した一九七三年の研究では、高度なクリエイティビティ、想像力、知力、非因習性を特徴とする「クリエイティブな生産力」において、アメリカの北東部、中西部、西部沿岸地域の人々には、他地域の人々よりも明らかな優位が認められるとしている(7)。

レントフローとゴスリングは先人たちのさまざまな研究成果を頼りにしながら、インターネット調査で収集した六〇万以上の人々の性格属性を基に、壮大なデータベースを構築していた(8)。

そして性格別の地理的な分布と集積状況を州ごとに調べ上げた。

このような住民の性格特性は、主だった社会的、経済的状況とも関連している。たとえば、経験への開放性が最も高かったのはアメリカ北東部と西海岸の州である。芸術家やエンターテイナーが働く割合、大統領選挙におけるリベラルな候補者への高い支持率、同性婚に対する寛容性、特許の申請状況などからも、そのことはうかがえる。

二〇〇七年の春にレントフローと私はワシントンDCで会い、共同作業を進めることで合意した。ゴスリングとレントフローの調査を見れば、場所と住民の性格との相関が州レベルで存在することは明らかである。さらに特定の都市や地域、もしくはより狭いエリアにおいて、人々の分類や集積が起きているだろうとの予感が、私たちのなかで働いた。

都市の性格特性

前述のとおり、「性格的な強みを発見するテスト」では被験者一人ひとりの居住地の郵便番号が記録されている。ゆえに人間の性格と場所を関連づけること自体は原理的には可能だった。そこで私たちは、全米の三五万人もの被験者の居住地を基に、地図を作成することにした。最初に作成したのは、三〇人以上の被験者のデータがあるアメリカの全郵便番号地域ごとに、五つの性格因子それぞれの分布を示した地図である（図表11-1を参照）。地図に示されたパターンは驚くべきものだった。五つの性格因子はそれぞれ、特定の地域に集中していたのである。

外向性の高い人が集中する地域は、広域シカゴ圏から南にセントルイス、アトランタ、ニューオリンズ、フロリダ南部へと、斜め方向に向かって伸びている。また、シカゴを起点に北はミネアポリス、西はカンザスシティ、東はクリーブランドとピッツバーグで集中が見られる。

協調性の高い人と誠実性の高い人の分布は似通っている。どちらもアメリカ南部・南西部の温暖地帯、すなわちサンベルトに集中している。なかでも集中度の高い地域は、リッチモンドを起点に南はシャーロット、アトランタ、オーランド、西はニューオリンズと、その北に位置するジャクソンとメンフィス、そしてその東のノックスビルである。デトロイト周辺、ミネアポリスとオマハにも協調性の高い人が小規模に集中している。またセントルイス、デトロイト、オマハ、フェニックス、ソルトレイクシティ、アルバカーキ、サンタフェでは、誠実性の高い人の小規模な集中が見られた。

情緒不安定性の高い人が高度に集中する地域はニューヨーク、中西部の工業地帯、さらにはインディアナ州、ウェストバージニア州、ケンタッキー州の一部、ウィチタ、タルサ、オクラホマシティなどが挙げられる。

これら四つの性格因子については、一部の地域に分布が集中していた。だが開放性の地図に限っては、集中する地域が分散していた。開放性の高い人が集中する地域は、北東部ではボストンからニューヨークを経てワシントンDCに至る「ボス＝ワッシュ」、南東部ではフロリダ南部、さらにはテキサス州のダラス、サンアントニオ、オースチンにまたがる「テキサス・トライアングル」、デンバー、広域ロサンゼルス圏、サンフランシスコのベイエリア、ポートラ

図表11-1※性格の主要5因子の地理的分布

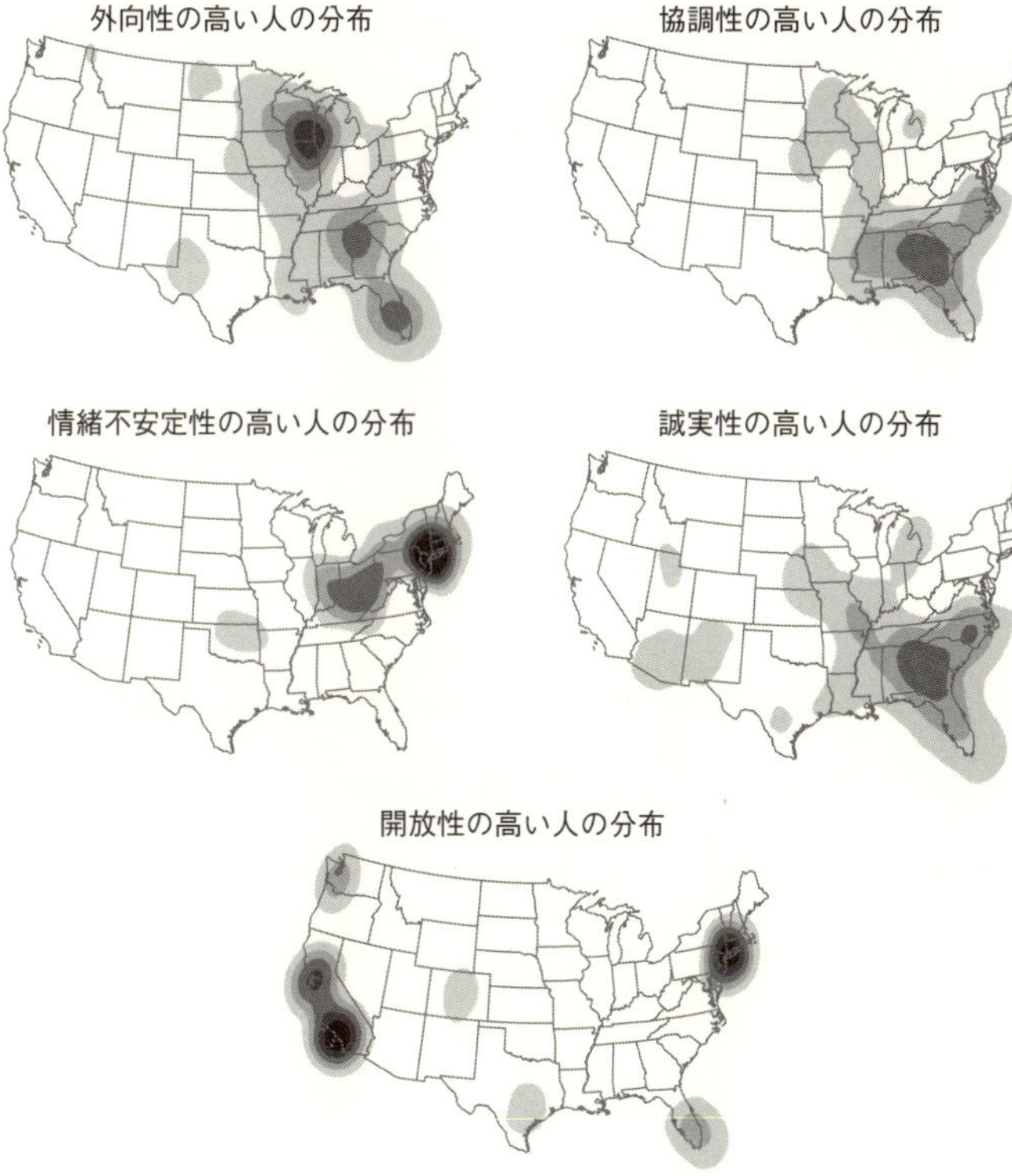

【出典】PLACE AND HAPPINESS SURVEY;MAPS BY KEVIN STOLARICK AND RYAN MORRIS

ンド、シアトルなど西海岸の都市である。こうした地理的パターンは、開放性の高い人は大都市圏に住む傾向が高いことを示している。目新しくて刺激的な体験が得られる地域を探し、そこに寄り集まるということだ。逆に、誠実な人や協調性の高い人は冒険心が低く、古くからの住民同士の絆を重視する。ゆえに生まれ故郷を拠点に分布を広げる傾向にある。

とはいえ人間の性格は必ずしも画一的なものではなく、単一のタイプないし性格の人々ばかりが住んでいる地域があるわけではない。異なる複数の性格因子を持った、数百、数千、いや数百万もの人間が同じ場所で暮らしているのだ。だが、ウディ・アレンをニューヨーク市民の代表と考えてみれば、ニューヨークという街自体がウディ・アレンの性格を継承していると考えられなくもないだろう。経験への開放性の高い人々が大勢集まっていることに加え、どのような人々の性格特性が連動して、ニューヨークという街全体の性格を形成しているのだろうか。またニューヨークは性格という点において、シカゴやロサンゼルス、あるいはシャーロットやソルトレイクシティなどと、どのような違いがあるのだろうか。私たちが識別できる地理的な性格の分布は存在するのだろうか。もし存在するのだとすれば、人それぞれの性格に見合った地域を探り当てる方法を、見出せるのではないだろうか。

こうしたさまざまな疑問を解くべく、ケビン・ストラリックは統計的なマッチング手法を用いて、全米の大都市圏を三つの大きなグループに分類した。

一つ目のグループは「外向的地域」である。このグループに入る地域は外向性が高く、情緒不安定性、誠実性、開放性は低い。特に協調性についてはきわめて低い。典型例はシカゴ、ミネアポリス、ピッツバーグ、クリーブランド、ミルウォーキー、デトロイトといった歴史ある工業都市、そして南部・南西部のソルトレイクシティ、フォートワース、サンアントニオ、オーランド、ウェストパームビーチなどだ。

レントフローによると、外向的地域は社交的で積極的な性格の人に向き、グループ活動やそこでの役割分担、チームスポーツ、集団で過ごすのが好きな人に適しているとされる。隣人との強い絆や地域社会に参加を望む人にとっては、外向的地域の魅力は乏しいかもしれない。だが、人づきあいがかなり得意な人、あるいは複数の選択肢を常に必要とし、新しいことに挑戦するのが好きな人、開放性の高い人々には、こうした地域が向いている。

二つ目のグループは「保守志向地域」である。このグループに入る地域は協調性、誠実性と並んで外向性が高いが、開放性と情緒不安定性は低い。主に南部・南西部に位置しており、アトランタ、フェニックス、シャーロット、ローリー、グリーンズバラ、メンフィス、ナッシュビル、タンパ、フォートローダーデール、ジャクソンビル、マイアミ、そしてインディアナポリス、ポートランド、オレゴンなどである。

勤勉で親切で人がよく、頼りがいがあり、情が深い人には、このような地域が適しているとレントフローは指摘する。地域と調和したいと願う人、伝統的、歴史的な見方や価値観を重んじる人、現状維持を好み、規律を重んじる人——言うなれば模範的な市民にはぴったりであろう。こうした地域の住民は互いに信頼し合い、権威や仲間の住民に挑戦的な態度を取ることを避け、仕事や日常生活に対しては実直で、周囲の期待に応えようとする。また少数の身近な友人や家族と過ごすことを好む。一方、芸術家やクリエイティブな才能を持つ人、新しいこと、他人と違うことに挑戦したい人にとって、こうした地域は不向きである。

第三のグループは「経験志向地域」である。経験志向地域は開放性と情緒不安定性は高いが、誠実性、外向性、協調性は低い。このグループに属すのはニューヨーク、サンフランシスコのベイエリア、ロサンゼルス、サンディエゴ、ボストン、シアトル、ワシントンDCといった主だったクリエイティブ都市、さらにボルティモア、デンバー、オースチン、ダラス、ラスベガス、バッファロー、ルイビル、ニューオリンズなどである。

経験志向地域は孤独を恐れない人、権威に対して懐疑的な人、知的、創造的、感情的、生理的にインパクトのある体験――エクストリームスポーツのような体験――を求める人に適している。レントフローによると、こうした地域の興味深いところは、クリエイティブであると同時に自分の世界に没頭している人、ともすると扱いにくい人、ストレスや不安、不安定さを抱えている人に適していると思われる点である。したがって、新たな出会いを望む人や友だち作りが得意な人、保守的な価値観を持つ人、現状維持を好む人、安定した職業や標準的な仕事を求める人には不向きである。

ここで重要なのは、地域にも人間のような性格がはっきりと存在することである。自分と正反対のものが魅力的に見えたり、意外な組み合わせが成功に結びついたりすることも多々あるが、多くの人がより幸福感と満足感を得られるのは、やはり各自の性格に合った地域で暮らすことだ。レントフローが作成したデータには、幸福感や幸せな暮らしについての質問事項も含まれていたので、私たちは人間の性格、場所、幸福の相関を検証することができた。はたして自分と同じ性格の人が高度に集中する場所のほうが、より幸せを感じるものだろうか。答えは間違いなく「イエス」である。

個人の移動パターンの裏には心理的な作用も働いていることが判明したいま、居住地選びを行う際には地域における性格の集積状況を念頭に置かねばならない。とはいえ、自分の趣味や好みを完全に反映していない地域からも、自分に適する居住地を見つけることはいつでも可能である。その地域の標準からはみ出ていても成功を手にできる人や、そうした条件下で実際に成功を収めた人も存在する。因習にとらわれない自由な生き方を望む人には、とりわけこうした傾向が見られる。レントフローは私宛ての電子メールでこう述べている。

オースチンのような場所では、開放的でクリエイティブであることが当たり前とされる。好きな飲み物はコーヒーとビール、好きなタバコは〈ナチュラル・アメリカン・スピリット〉で、好きなアーティストがマイルス・デイビスというのでは物足りない。開放的でクリエイティブな人間であると自他共に認められたければ、他人とは違う嗜好や習慣を身につけ、それを実際の行動で示すことが大事だ。クリエイティブで革新的というのは、要するに型にはまらないということだ。

さらに言えば、クリエイティブな人が型破りな自分を演出しようとする場合、周囲がその行動を容認し、理解を示すまで何度も行動で示さなくてはならない。言わば通過儀礼のようなものだ。こうしたユニークであろうとする生理的欲求は、住まいを移すうえでの重要な意思決定要因の一つかもしれない。

よく似た性格の人が集まったり、地域ごとに性格が存在したりすることの原因はどこにあるのだろうか。まず思い浮かぶのは、歴史的に刻みこまれた経済的、産業的構造である。協調性の高い人と誠実性の高い人が集中するのは、ピッツバーグやデトロイトなど規律重視の大量生産が普及した工業地域、サンベルト、それもオハイオからインディアナ、ケンタッキーを通る州間高速道路七五号線沿いの一帯や、日本やドイツの自動車メーカーの海外生産拠点に象徴される比較的新しい重工業関連の工場が林立する地域である。こうした産業では協調性と誠実性のある人を必要とし、多くの場合そうした人材を雇用しようとする。他方、外向性の高い人はシカゴ、アトランタ、シャーロットなど、販売や事業の拠点、高度なサービス業が集積する都市に集中している。経験への開放性が高いタイプの人は大都市、なかでもさまざまな経済構造の発祥地であり、移民の受け入れ地域、あるいは芸術家やボヘミアンの居住地として知られる沿岸地域に集中している。

似たような性格の人が集中しているから産業が集積したのか、あるいは産業構造の歴史的な変遷が住民の性格に影響し選別したのか、どちらが主であるかを判断するのは難しい。しかし、この二つの現象が同時に起きているのは間違いない。住民の性格特性と経済構造との地域的な結合は、歴史ある工業地域が再生するうえで、新たな障壁をもたらす原因になりかねない。

そもそも伝統的な工業地域は協調性と誠実性のある人々を引きつけ、標準的な製造業（あるいは高度なサービス業務）を担わせた。その一方で、グローバリゼーションは企業のさまざまな機能をアメリカ国外へと移動させてきた。製造業は上海など中国の各地域へ移動し、標準的なサービス業務はインドをはじめとする諸地域へ移動した。ゆえに現状維持や平穏無事を図ろうとする地域は、クリエイティビティやイノベーションが低下するばかりか、その源泉となりうる積極的なタイプの人間をも流出させることになった。こうした地域は長きにわたり、今後の産業状況や経済構造を規定する自らの性格形成、あるいは（レントフローいわく）社会心理的な環境の整備に取り組まなくてはならないのである。

似たような性格の人々が集積しうる要因は他にもいくつかある。地理的環境要因もそのうちの一つであり、それが文化や社会を作ってきたことは広く知られている。ジャレド・ダイアモンドは示唆に富んだ著書『銃・病原菌・鉄』のなかで、ヨーロッパの北部が繁栄した要因は地理的特性にあると指摘している。また、コロンビア大学アース・インスティチュートのジェフリー・サックスは、「沿岸地域のほうが内陸地域よりも経済成長率が継続的に高い」と示唆している[9]。

またレントフローとゴスリングは、「気象環境をはじめとした地理的特性は、私たち人間の性格にも影響を与えうる」と指摘している。事実、寒冷な気候や暗い冬に閉ざされる地域では、季節性情動障害やうつ、ストレス、精神不安の発症率が高い。他方、温暖な気候の地域に住む人は、他地域の人より攻撃的な行動に出るとする研究もある。さらにレントフローは自らの研究で、神経症傾向と年間降雨率との間に明らかな関連を見出している。

社会的要因も、似たような性格の人が集まる原因の一つだ。政治学や社会学では、人間の価値観や文化が職業や経済生活におよぼす影響を長年指摘してきた。よく知られているように、マックス・ウェーバーは資本主義の発展の要因を「プロテスタンティズムの倫理」に求めた。ロナルド・イングルハートは五〇カ国以上を対象にした「ワールド・バリュー・サーベイ」で、個人の自己表現を重視する地域と、高所得や持続的経済成長との相関を明らかにしている。[10]

人間の価値観や信条、姿勢は地理的に集積し、社会的相互作用によって長年にわたって持続する。そしてそれが文化を特徴づけることを、私たちは知っている。

レントフローとゴスリングは、地域は（そこに住む人々をも含めて）遅かれ早かれ特定の性格を有するものだとし、二人はそうした現象を「社会的な創始者効果」と称した。そして人間は習慣、ライフスタイル、信条が投影された、それらの性格因子を獲得していくのである。経験への開放性を容認ないし促進する地域は、自由な自己表現が許される環境を望む人々を引きつける。さらに元々は開放的ではない人でさえも、時間が経つうちにこうした価値観をある程度は身につけ、ゆくゆくは住民の大半が同じ性格を有するようになるというのだ。

似たような性格の人が集まるもう一つの要因は、レントフローとゴスリングが「選択的移動」と呼ぶ現象にある。性格の地理的な違いは「アメリカの開拓者が自らの心理的・物理的ニーズを満足させ、それを促進してくれる場所へ、思いおもいに移住した結果と考えられる」と二人は述べている。この理論にしたがえば、アメリカの開拓者がそれぞれの地域の性格を確立し、それが後世に継承されたことになる。このような推測を裏づける証拠は十分にある。性格が世代的に継承されるのは「遺伝的な創始者効果」の働きによる。「似通った特性の人々が特定の地域に移り住むことによって、多様性は時が経つにつれて薄れ、ある特定の性格の人の割合が結果的に増えることになる」と二人は主張する。

社会的な圧力や影響力によって、こうした現象はいっそう顕著になる。明らかに、特定の性格を持つ人は特定の場所に惹かれる。こうして移動し、寄り集まった人々は、本来持っている性格を最大限に活かすのである。

もちろん、人間は本質的に心理的な動機によって移動するとも考えられる。ある種の性格に移動組になりうる素地が備わっていたとしても、さほど驚くには当たらない。「開放的な人は自らの文化的な興味や社会的接触、刺激を充足できる大都市に移り住み、退屈な田舎町から逃げだそうとするだろう」と二人は述べる。開放性の高い人たちは根っから野心的で流動性が高い。彼らが心の躍るような経験や刺激を得られる場所に来て、（無意識にであれ）互いに集まるというのは自然の流れである。こうした現象の一方で、因習的な地域では開放的な人々が去って行き、開放性の低い人々の勢力が増していく。すると、さらに多くの開放的な住民が地域外へと流出していくのである。

困難に挑み、他人より抜きんでた存在になろうとする欲求も、特定の性格の住民が集積するメカニズムに関わっている。レントフローはこう述べている。

ミュージシャンとして順調なキャリアを積んでいたオースチン在住の友人たちが、ニューヨークやロサンゼルスに移り住んだが、これは単なる偶然ではない。優れた成功を収めたいと本気で思うならば、ニューヨークやロサンゼルスは最高の街だ。しかし、気の休まる場所ではない。ライバルは筋金入りのプロばかりだからだ。しかし、だからこそ意味があるのだ。そうした街に引っ越した友人たちは、困難を最初から承知していた。オースチンは挑戦に値する場所ではなくなった。そのため必死で努力しなければ成功できないような場所に、彼らは移り住んだのである。

レントフローはミュージシャンを例に挙げたが、ニューヨークやロンドンに寄り集まる投資銀行家や、シリコンバレーに移り住む若手エンジニアや起業家にも同じことが言えるだろう。ところでスコッチウィスキーで知られるデュワーズのマーケティング部門を訪問した際、人間の性格が流動性におよぼす影響を痛感させられた。

『クリエイティブ資本論』を読んだデュワーズの社員は、「スコッチ好きと言えば六〇代の裕福な白人男性」という旧来のイメージを刷新しようと考えたという。彼らが興味を持ち、「都市型自由人」と呼ぶクリエイティブな若者は、ニューヨークのイーストビレッジ、ワシントンDCのアダムスモーガンやUストリート界隈、シカゴのウィッカーパーク、ロサンゼルスのウエストハリウッドなどに集まる。そこでデュワーズは新たな消費者として獲得すべく、そうした若者の好みや動向を調べたというのである。

訪問中、私はマーケティング部の人々にいくつか質問をした。スコッチウィスキーを飲む若者は、大音量の音楽やライブパフォーマンスが好きか、カフェ・ラテよりもエスプレッソが好きかと。

すると予想だにしない答えが返ってきた。スコッチを飲む若者はブラックコーヒー、エスプレッソ、大音量の音楽を好み、そしてカクテルにするよりもストレートで飲むのが好きなのだそうだ。

ある特定の性格の人は文字どおり（あるいは比喩的にも）、より強い刺激を求める。複雑な音楽、鮮烈な味覚、スリルの得られる場所、エキセントリックな人との出会いなどに惹かれるのだ。イーストビレッジをはじめとする強い刺激を得られる場所に、そんな特性の若者が集まるのは単なる偶然ではないと私は感じた。そのような場所を探すよう、あらかじめ遺伝子に組み込まれているわけでないにしても、そのように仕向けられているのだ。

都市の魅力と性格との関係

ここまで見てくると、さらに大きな疑問が湧いてくる。人間が性格に応じて地理的に集積するのであれば、地域的なイノベーション、才能、経済発展においても、そうした集積は一定の役割を担っているのではなかろうかと。

似たような性格の持ち主の集積状況について理解し、人間心理と場所との相関を深く知るにつれ、問題の核心のとらえ方も変化してきた。私はこれまでの研究活動を通じて、社会的、経済的要因がどのように世の中を形成してきたかを見つめてきた。だが心理学に取り組んだことは過去に一度もなかった。ゆえに人間の気質がイノベーションや経済発展に影響を与えているとは思いもよらなかった。しかしここに来て、人間の心理がその中心的な役割を担っていることにようやく気づいた。

経済学者が人的資本やスキルと呼ぶものを、正確かつ洗練されたかたちで測定すべく、私は何年もかけて模索してきた。クリエイティブ・クラスやクリエイティブな職業について問題提起した意図は、経済学における人的資本や教育水準を研究する文脈に、職業という要素を加味したかったからである。

しかし教育や職業といった事柄より、スキルのほうが重要だとは考えられないだろうか。レントフローは「人間の性格は、ある種の仕事を継続的かつ効果的に習得し、実行するための処理能力に影響をおよぼす」と考える。彼によると、経済学者が関心をもつスキルとは「体系的な訓練、才能、意欲、資源によって習得できるもの」を意味する。だがレントフローは、「性格が人々のスキル習得の素地を作るわけだから、性格を中心にとらえるほうが理にかなっている」と指摘する。「誠実性の高い人は細部重視、計画優先、組織偏重の気質がある。他方、開放性の高い人は新しいスキルを比較的すぐ身につけるという実例もある」

世の中には際立ってクリエイティブかつ野心的で、向上心の高い人が存在するものだ。スティーブ・ジョブズやビル・ゲイツといった起業家と私たち一般人との違いは、教育水準でもなければ職業でもない。他の要素にある。その「他の要素」というのが、人間の心理や性格と関係があるとは考えられないだろうか。世の母親はだれしも（私の母も含めて）、自分の子供は人並みの精神を持って胎内から生まれてきたと思っている。だが人間の性格こそが、新たな人間関係の構築、資源の調達、イノベーション、成果を上げるうえで大切な要素ではなかろうか。

なぜ、MITやスタンフォード大学周辺でテクノロジーを基盤としたイノベーションが急速に起きた半面、私が二〇年近くも教鞭を執ったカーネギーメロン大学周辺では起こらなかったのだろうか。私は何年もかけてその答えを追い求めた。まさか日差しの降り注ぐ温暖な気候が原因ということはあるまい。結局こんなジョークが語られる始末だ。

「次のシリコンバレーをつくるにはどうする？」

「必要な要素を三つ揃えるんだ。最高の大学、太陽、ベンチャー・キャピタル……それからこの三つを混ぜ合わせて振るのさ」

シリコンバレーが発展を続けているのは、高いスキルの持ち主たちはもちろん、向上心、野心、好奇心、開放性が高い人々をも惹きつけるからだとは考えられないだろうか。ニューヨークやロンドンに住まいを移して金融の世界で成功した者や、ロサンゼルス在住の俳優や映画関係者、ナッシュビルで成功を手にしたミュージシャンについても同じ推測が成り立つ。

では第5章で論じた、移動組と定着組についてはどうだろうか。これまで私は何年もかけて、高学歴かつ高技能の若い人々の移動を調査してきた。しかし、人間の流動性を決めるのは学歴や能力、経済基盤であると限定するのは早計だろう。移動組と定着組は、それぞれ異なる性格を有しているのではないだろうか。第6章で論じた稼ぐ手段の移動とは、高学歴かつ高技能の人々の移動であると共に、ある特定の性格を持った人々の移動だと考えるのは間違いだろうか。こうした人々こそが、リスクを覚悟で新しいことに挑戦し、イノベーションをもたらし、新規事業を興す可能性が最も高い人々ではなかろうか。

やがて私は、事の次第を徐々に理解した。移動する可能性が最も高い人々は、新しい発想を採り入れたり新規事業を興したりする可能性も一番高いかもしれない。そうした人々が生まれ故郷を離れ、別の場所に続々と集積することで、クリエイティブな取り組み、イノベーション、起業活動、経済成長を促進する環境がもたらされる。私たちが直面している専門化という現象は、教育やスキルはおろか、実は基本的な人間の性格にまでおよんでいるのではないかと思われたのである。

性格による人々の集積が、いかにイノベーションや経済成長に影響を与えているかを、私は研究で突き止めることにした。そこで手元にあるイノベーション、人的資本、経済成長に関するデータを、レントフローとゴスリングによる性格特性に関するデータ、セリグマンとピーターソンが「性格的な強みを発見するテスト」で収集したデータとそれぞれ照合した。その後、統計的な分析（ベイズ推定に基づいた線形回帰など、比較的高度な手法を含む）を行い、性格、イノベーション、人的資本、クリエイティブ・クラス、収入、経済成長との間の相関を抽出した。その結果はあまりにも衝撃的だった。

まずイノベーション、人的資本、所得、住宅価格などの分散のかなりの部分が、性格変数によって説明できることが判明した。五つの性格因子で最も重要なのは、明らかに経験への開放性である。これはいずれの被説明変数とも、統計的な関連性が一貫して見受けられる。しかし、その点について論じる前に、他の四つの性格因子について手短に解説しよう。

- 情緒不安定性――人的資本やクリエイティブ・クラスといった高い水準の才能を示す指標とはマイナスの相関があった。より高度な統計モデルを使用した場合には、クリエイティブ・クラス、ハイテク産業、賃金との間にもマイナスの相関が認められた。換言すれば、高学歴かつ高度にクリエイティブな人々が集中する地域とは、どちらかといえば情動が安定し、感情を荒げることはなく、失敗を恐れずにリスクを甘んじて受け入れるタイプの人が多く住む地域であることがうかがえる。
- 協調性――経営管理や医療分野の雇用数と相関関係があった。より高度なモデルにおいてはイノベーション、ハイテク産業、賃金、所得などの指標ともプラスの相関が認められたが、その影響力はさほど強くない。つまり他者とうまく折り合う能力は、わずかだがイノベーションに寄与するものであることがわかる。
- 外向性――経営管理や営業職の雇用数との相関が明確に見られたが、人的資本全体、ハイテク産業、地域所得への影響力はない。

・誠実性――さまざまな分野や産業で成功するのに欠かせない性格因子であるといわれる。知人の経営コンサルタントの口癖は、「開放的で創造的、かつアイデア豊富な社員一人に対し、二〇から三〇人の誠実性のある人材が実行者として必要だ」というものだ。また、心理学者たちは「起業家は開放性と誠実性、とりわけ困難に立ち向かう辛抱強さを併せ持っている」と分析する。しかし私の行った分析では、誠実性は地域の発展にとってさほど重要ではないとの結果が出た。実際、イノベーションや賃金、所得、住宅価格との間にはマイナスの相関が認められた。繰り返しになるが、レントフローによると誠実な人は規則を重んじる傾向にあり、具体的な指示に沿って課題を処理する際、最も効率的な方法を編み出すことができるという。だが柔軟さが必要なクリエイティブな発想を求められると、誠実性の高い人は独創的なものを生み出そうとするあまり、かえって四苦八苦するようだ。ゆえに私は誠実性だけでは地域の発展を推進する力は得られないと考える。とはいえ、他の性格因子を持つ人（たとえば開放性の高い人）と交わる場所ならば、誠実性の高い人も課せられた役割を果たせるだろう。

さて、地域の経済状況において確たる役割を果たしている性格因子は、経験への開放性のみである。この因子はコンピュータや科学技術に関連した雇用数、地域の人的資本水準、ハイテク産業、所得、住宅価格との間に強い相関が見られる。

レントフローとゴスリングによる性格特性に関するデータと、セリグマンとピーターソンが

「性格的な強みを発見するテスト」で収集したデータを照合した結果、二つの特殊な要素と相関があることがわかった。一つは美への探求心である。これは第10章で言及した、美的感覚が居住地に与える重要性の根拠にもなりうるだろう。そしてもう一つは好奇心である。チクセントミハイは最初の会合で、私にこう語った。「活力のある場所、それもとりわけ高度でクリエイティブな活力に満ちた場所を見つけたければ、好奇心の高い人々が集まる場所に着目すべきである」と。

ピーターソンが独自に行った性格的な強みに関する調査結果と、私の主張するクリエイティビティ指数の関係について分析したところ、美やクリエイティビティへの関心、好奇心、好学心といった性格的な特長と、都市のクリエイティビティとの間に直接的な相関が見られた(11)。しかしピーターソンによると、クリエイティブな都市と人間関係に関わる性格的な特長——たとえば謙虚さ、感謝の気持ち、精神性、チームワーク、親切心、公平性——との間にはマイナスの相関がある、という。言い換えればクリエイティブな都市には、自分の欲望に正直な人々が集積しがちなのかもしれない。

こうした事柄から見ても、地域のクリエイティビティとイノベーションは多様性や開放性と密接に関わっており、ロバート・パットナムが提唱した「社会資本《ソーシャル・キャピタル》」との関連は薄いとする私の分析結果とも一致している。パットナム自身、最近の研究では「多様性は社会資本の妨げとなる」としている(12)。しかしコミュニティや社会との一体性を重視する私たちからすれば、この結果には当惑させられる。多様性と創造性をもたらす美徳までが、社会資本やコミュニティの足かせになると指摘されているようなものだからだ。

さらに統計分析を進めていくと、地域の経済発展と住民の性格との相関も見出せる。経験への開放性は、あらゆる場合において最も大きなプラスの係数を有し、すべての変数において、有効性の高い上位一〇モデルのうち少なくとも八モデルに含まれていた。すべてのモデルにおいてプラスの相関や統計的に有意な結果を示したのは経験への開放性だけだ。検証された上位六〇のモデルのうち五〇のモデルにおいて、開放性については相関が認められた。

しかし何よりも驚かされたのは、私が主張したゲイ指数、ボヘミアン指数と経験への開放性との相関係数である。文字どおり群を抜いていたと言ってよい。開放性とゲイ指数について得られた数値は、私たちが行った分析結果のなかで最大である。私が過去にゲイとボヘミアンの集中について示した指標は、経験への開放性に富む人々が集中する地域を指し示していたのだ。

二〇〇七年七月のグローブ・アンド・メール誌で、私がトロントへ転居することが報じられた際、ある読者が次のようなコメントを寄せた。

今後のことはわからないが、「ゲイ」の存在が都市の変容において中心的な役割を果たすとはとうてい思えない。しかし、開放的な精神を中心的な要素と考えることには大賛成だ。「クリエイティブな人間は開放性の高い性格を有する」というフロリダ氏の見解には、だれもが同意するのではないか。クリエイティブな都市を「地ならし」した人々が、既存の社会規範から外れた生活を送り、従来あったものに代わる目標を持って生きてきたということを思えば、さまざまな面で開放的であることの重要性は合点がいく……ただフロリダ氏の主張に、「ゲイ」という要素が含まれたことだけは理解しかねる。

私なら別の表現を用いるかもしれないが、この読者の声には一理ある。クリエイティビティやイノベーションの地理的な集中は、ゲイやボヘミアンが集中しているためではない。経験への開放性という、より広範な地域に通底する環境が反映された結果なのである。

今回の調査結果を考察するたびに、地域のイノベーションや経済成長をもたらしたのは、経験への開放性に富む人々の集中だという確信が深まっていく。開放性は多様性を引き出し、十分に活用するための重要なカギである。また地域経済の成長には、奥行きと幅という二つの要素を本質的に必要とする。奥行きは特定の重要な分野における経験値と専門化が、それぞれ高まることで生まれる。幅をもたらすのは多様性と、新たなアイデアを許容し、生成し、反映させるのに必要な経験への開放性である。ロンドン、ニューヨーク、サンフランシスコのベイエリアのように革新的で、長期にわたって持続可能な都市は、継続的に発展し、幅を十分に活用できる地域に該当する。こうした都市の再生力の源泉となっているのは、地域の教育水準、技能水準、テクノロジーの水準ではない。地域自体が有する本質的な性格の部分、すなわち経験への開放性に富む人々を引きつけ、動員する力である。

このように住民の性格は、都市、地域、人口移動、経済成長を理解するうえで重要な役割を担っている。それを理解するカギは、性格と居住地という二つの要因の相互作用だ。「性格がどのように出るかは、その人がどういう状況下にあるかによって、ある程度左右される」とレントフローは述べる。彼は「人々がどこを居住地として選び、どれを候補から外すかに当たり、性格が作用するのは間違いない」と指摘すると共に、「時として、候補でなかったはずの居住地に身を置くケースもある。その影響については地域単位で是非とも検証すべきだ」と問題提起している。さらに「調査対象者が住む近隣地域や周辺都市にまで考察の対象を広げれば、ある地域の社会環境や経済状況、有効資源と、地域の発展に影響力を持つ住民の性格との関係も検討できるであろう」とも述べている。

つまり、政治家やビジネスリーダーは、人間の心理が都市や地域に与える影響力を認識しなければならない、ということだ。個々の地域は間違いなく性格をそれぞれ有している。地域の性格は経済構造に根ざしており、そこでの将来を特徴づけ、規定する。新たな企業を誘致したり、新しいスタジアムを建てたりすることは、その地域固有の性格的な基盤を根本から一変させることにはならない。地域のリーダーはもっと敏感に察知すべきである。その地域がどういう経済活動を得意とし、どういったタイプの人々を引きつけ、満足させ、とどまらせることができるかを。そして、それらに住民の性格がいかに大きく作用しているかを。

私たち一人ひとりにとって重要なのは最適な居住地を見つけること、つまり自分にとっての優先事項を見極め、居住地選びを戦略的に行うことである。そこで最終章では、そのために役立つチェックポイントを明らかにしたい。

第12章 最高の居住地を見つける方法

PLACE YOURSELF

本書の執筆に先立ち、「最適な居住地選びに役立つ本を書きたい」と打ち明けた際、多くの仕事仲間は怪訝そうな顔を浮かべてこう言った。「君はまじめな研究者だろ。研究者は自己啓発の本なんて書かないものだ」と。しかし、そうした本を書く研究者も世の中にはいるのである。心理学の第一人者マーチン・セリグマンもその一人だ。人が自分の性格的な強みをうまく引き出すことによって人生を豊かにできることを、彼は広範にわたって記している。事実、これまでに多くの医療研究者や臨床医学者が実用書を執筆し、ダイエットから一般的な健康管理に至るまで、その研究成果を読者と共有しようと試みている。

かくいう私も、二〇年以上も都市について研究してきた。ゆえに「もしかしたらこの私にも、人々のためになる情報を伝えられるのでは」と閃いたのだ。いつものように担当編集者は有益なアドバイスを提供し、励ましてくれた。「本気で人々に知恵を貸したいなら、ぜひ書いてみるといい。そのためには場所の重要性について、魅力的でかつ説得力のある本に仕上げることだ」と。この目的は十分に果たされたと、ここまで読み進めてくれた方々に感じてもらえれば幸いである。

そして、場所の重要性が以前にもまして高まっているという私の見解に、現時点で賛同してくれることを願っている。車、携帯電話、インターネットを含むテクノロジーによって、私たち人間は地理的な束縛から解放され、世界各地で働くことが可能になり、おおむね望みどおりの場所に住めるようになった。しかしそうした現代においても、グローバル経済の中で場所の占める重みはいささかも変わらないのだ。

イノベーションや経済活動によって、目覚ましく発展した地域は、世界全体を見渡してもせいぜい二〇から三〇にすぎない。これらメガ地域は過去、現在、未来のどの時点においても、他の地域をはるかに上回る成長を誇っている。こうした潮流の背景では、まぎれもなく集積力が作用している。クリエイティブな人々が寄り集まって成功を遂げようとする傾向、あるいはそれに伴う圧倒的な経済優位性を見れば明らかだ。なおかつ、場所はグローバル経済においてのみ、重要な位置を占めているわけではない。私たち一人ひとりの人生にとっても、場所は等しく重要なのである。

私は本書の冒頭で、「何を」「だれと」行うかという二つの選択は、私たちの人生で大きな意味を持つと述べた。最終的にどのような人生を歩むかは別として、キャリアを最大限に発揮する方法や働く場所について、私たちは節目に立っては悩む。なかには生涯を共に過ごし、家庭を作るのにふさわしい相手を探すべく、途方もない時間を費やす人もいる。

ところが「どこに住むか」という三つ目の選択について、十分な時間を使って計画的に考える人は少ない。だが本書で紹介したように、この三つ目の選択も前掲の二つの選択に負けず劣らず重要だということが明らかになった。

これまで述べてきたように、仕事の種類と居住地との間には大きな相関が見出せる。数多くの職種において特定地域への集中、すなわち地理的な専門化、細分化が起きている。ここで私たちにとって重要なのは、地理的制約の存在しない仕事に就くことでもなければ、何が何でも雇用を得ることでもない。真の柔軟性と自由を手にすべく、あらゆる選択肢を探ることなのである。

住む場所は、私たちの経済的安定を違った側面からも左右する。たとえば人生最大の投資とも言える、マイホームの購入についてイメージしてほしい。住宅投資の伸び率や評価額といった不動産市場の実態は、地域によって大きく異なるのである。ただしこれは、不確かな値上がり益だけを頼りに、住む場所を選ぶべきだという意味ではない。とはいえ、マイホームの購入が人生最大の投資である以上、不動産相場が地域ごとに異なることは認識しておくべきである。

プライベートライフにおける幸福の度合いも、居住地選びにかかっていると言えよう。どこに住むかによって、だれと、どのように出会うか、友人や愛する人と過ごす時間のあり方さえも限定されかねないからだ。

さらに重要なことがある。場所は、私たちが自分自身にどれだけ満足できるかをも決定づける。集積力は経済的、文化的な専門化に加え、性格をも特定地域に偏在させるという結果をもたらした。地域にも人間のような性格が生まれ、それがさらにその性格に合った人々を引きつけることを前章で述べた。マンハッタンで成功した人が、アイダホ州のボイシでも成功するとは限らず、逆もまたしかりである。自分の性格に最も合う場所について思案をめぐらすことは、もはや「やるべきことリスト」のトップに載せてしかるべきなのである。

最高の居住地を見つけるにあたり、左記の五つの事柄についてじっくり検討してほしい。

1．居住地が、仕事や職業上の成功に与える影響に注意を払うべきだ。これまで述べたように、さまざまな職業が特定地域に集中している。どこかに定住しようとする前に、その候補地が自分の短期的、あるいは長期的なキャリア設計にふさわしいか否かを熟考しなければならない。

2．親しい知人や親類がそばにいることの有難みと、彼らから離れることによる代償を把握するのも重要だ。第5章で取り上げた、ナッタブド・ポウドサベーの研究結果を振り返ってほしい。家族や友人から遠く離れた場合、その喪失感を埋めるには一〇万ドル以上も稼がなくてはならないというのだ。金額はさておき、居住地が親類や友人との関係をも左右することは一考に値する。

3．自分のライフスタイルに合う場所を探す時は、自分の気持ちに正直にしたがうべきである。大都市の喧噪や活気を好む人もいれば、郊外でのスローな暮らしを好む人もいる。豊かな自然と一体になった生活を望む人もいるだろう。私たち一人ひとりにとって、真の喜びをもたらす趣味や活動は何だろう。スキーの愛好者ならば雪の積もる山の近くに住みたいだろうし、サーフィンが好きならば、美しいビーチサイドで暮らしたいであろう(私はサイクリングが好きなので、道路の走り心地がよくない土地には住む気になれない)。

4. 住みたいと思った候補地が、自分の性格に合うかどうかも熟考すべきだ。新鮮な体験を望む人であれば、強い刺激を得られる場所が向いている。外向的な人であれば、人口の多い場所で暮らすのがよいだろう。手軽に人と出会い、仲良くなれるであろうからだ。誠実な人であれば、仕事に真摯で義理堅い人が周囲に住んでいる場所が望ましいだろう。

5. 最後に、候補地が現時点のライフステージに見合うかどうかを確認することも重要である。単身者であれば、友人やデート相手を探しやすい場所が好ましいだろうし、結婚して子供のいる人ならば、安全で良い学校に恵まれた場所がいい。子供が巣立った後であれば、子供たちからそう遠くない近所で、趣味や関心事に心おきなく没頭できる場所が適しているだろう。

さらに何にもまして承知しなくてはならないことがある。選択によって生じる代償だ。候補地を絞り込み、最終決断をするにあたっては、この五つの要因の持つ重みをそれぞれ吟味することが不可欠なのである。

人生におけるあらゆる選択と同様に、自分に最もふさわしい居住地を選ぶという作業は簡単ではない。かといって、決して不可能なことでもない。そこで私は、自分にとっての優先順位や選択肢をより正しく見極めるための基本的な枠組み、すなわち実用性のあるツールを考案した。以下の一〇のステップに沿って選択肢を絞り込み、判断を下すとよいだろう。

第1ステップ：優先順位を明確にする

「パートナー、あるいは職業に求める最も大切な要素は何か」という質問に対し、人はおそらくあらかじめ答えを準備しているだろう。場所との関係もまさしく生き方に関わる事柄であり、決して無視したり軽んじたり、ないがしろにされるべきではない。優先順位を把握することは、居住地を決めるにあたり、大前提となる基本的なステップである。

そこで現在あるいは将来の居住地について、次のような質問を基に自分にとって何が最も大切かを考えてみてほしい。

- 現在の居住地について、あなたが最も気に入っている点と嫌いな点は何か。
- 自分が最も住みたいと思うのは、どういった場所か（現住地がそれに該当しないとするなら、この項目については特に熟慮すべきだ）。
- 人生においてある特定の分野の職業に就くことは重要か。また、転職を考えているか。
- 現時点において、自分がどのライフステージに属しているか。そして、そのことは将来にどのような影響を与えるか。

- 現時点で最も大切なものは何か。仕事か、パートナーを見つけることか。物質的な環境か、それとも家族か。
- アウトドア活動や自然環境は欠かせないものか。
- 気候や風土をどれくらい重視するか。
- 美術や映画、演劇、音楽を鑑賞するなど、文化活動をどれくらい重視するか。
- 刺激的な体験を強く望むほうか。周りに人がいるほうが好きか、それとも一人でいたいか。
- 華やかな大都市が好きか、それとも静かな郊外や田園地帯が好きか。賑やかな場所にいたいか、それとも離れていたいか。
- 転居を促すものと、弊害となるものはそれぞれ何か。

紙とペンを用意して、自分が生きていくうえで望む特徴を書き出してほしい。ただし、あまりに大仰なことや些細なことは、考えなくてよい。

――第2ステップ：候補地リストを作る

第1ステップを踏むことによって、たいていの人は驚くほど多くの新事実を発見するであろう。それを基に、各人に最も合った都市を判定するための、基本的なツールを私たちは考案している。

選択肢を絞り込むには、私がウェブサイトで公開している「プレースファインダー」を使用するといいだろう（creativeclass.com からリンクされている）。また、私がとりわけ気に入っているものに、バート・スパーリングによる「自分に最適な場所を見つけよう《ファインド・ユア・オウン・ベスト・プレース》」というサイトがある。[1] こちらでは、五〜一〇の有力候補地をリストアップしてくれる。そこから自分にぴったりと思われる地域を特定するのだ。

これらのツールを試した結果、納得のいく答えが出なかったとしても落胆しないでほしい。かくいう私も本書を記す際にかなりの回数試したが、自分には不釣り合いと思える場所に行き当たることがあった。私と同じ状況に遭遇したら、その答えによく注意を払い、再チャレンジしてほしい。それでもなおミスマッチな場所が選定されるならば、もっとシンプルな方法を試せばいい。自分が住みたいと思う場所を思いつくままに書き出すのである。

第3ステップ：下調べをする

最適な居住地がボタン一つで見つかれば言うことなしだが、事はそんなに簡単ではない。世の中には居住地に関する情報があふれかえっており、それらはいかなるプログラムに詰め込んでも処理しきれない。

そこで候補地をリストアップしたら、次に選択肢を細かく検討してみよう。それには第10章

図表12-1※居住地への欲求を表すピラミッド

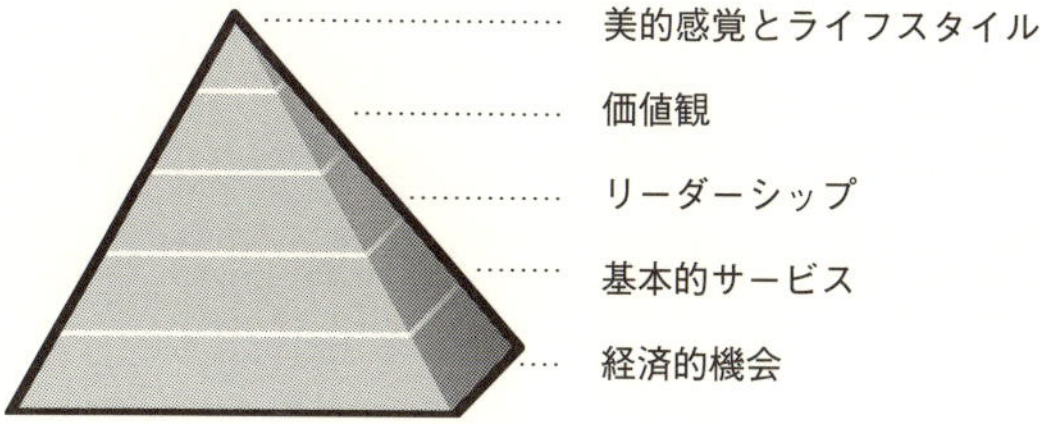

で紹介した欲求段階をヒントに、私が作成した「プレースピラミッド」と呼ぶものを基にするのがよい（図表12－1を参照）。

ピラミッドの底辺にあるのは経済的機会である。その上が教育や医療といった基本的サービス。中段に位置するのがリーダーシップと価値観、そして最上段が美的感覚とライフスタイルである。第10章で述べたように、どの要素もそれぞれに重要である。ピラミッドのすべてにおいて、自分のニーズと好みが充足される場所を見出せた時には、最大の幸福感を得られるであろう。つまり底辺から頂点まで、すべてのニーズを満たせる場所に住むことが目標なのである。将来的な転居を考える時にも、新しく住もうとするコミュニティがどれだけ自分のニーズに合うかをこのピラミッドで見極めなければならない。

ウェブサイトを通じて、詳細な統計情報の所在や使用方法について提供できなくはない。しかし、さらに突っ込んだ情報が求められる事柄について、定性的なデータを含めてすべて網羅するのは、さすがに不可能である。地元の新聞を読む、住民と話をする、あるいは自分の目で確かめるなどして、自力で収集しなければならない。そうして情報を得ることによって、候補地を絞り込む力が備わるのだ。そのうえで、統計上のたしかなデータと主観に基づく評価とを照合させるのだ。あらゆる数値が「最高」を示す場所であっても、自分の直感がそれを否定するようならば、立ち止まって考えるべきである。あくまでも、最優先すべきは自分自身の幸福であることを忘れてはならない。

情報収集に役立つよう、前掲の「プレースファインダー」を本書の補遺に収めた（補遺Cを参照）。ごく単純なものに見えるかもしれないが、これは紛れもなく、数えきれないほどの研究と数十年の調査努力の賜物である。考えを整理し、優先順位を検討し、量的・質的情報を収集、分析することで、最終的には候補地の優劣を付けるのに役立つであろう。具体的には最も低い評価を1、最も高い評価を5とした五段階評価を一つずつ記入すればよい。統計的な情報を収集した後でも、判断の余地は十分に残っている。自分の評価、ニーズ、所見、感性を最も反映したスコアを、じっくり考えて記入してもらいたい。

第4ステップ：得られるものは何か

候補地の評価の第一歩はピラミッドの底辺、すなわちその場所が提供できる経済的機会を知ることから始まる。希望する条件が揃わない場合、そこで暮らすには困難が伴うだろう。この種の統計的な情報の入手先は世の中に豊富にある。フォーブス誌やマネー誌、ビジネス二・〇誌などの経済雑誌は、ビジネスや仕事、立身出世に最も有利な場所について定期的にリストを掲載している。地方紙をはじめとする地域のメディアからは、地域経済に関するさらに詳しい情報を入手できる。地元の商工会議所のウェブサイトを閲覧するのもよいだろう。さらにたいていの地方都市には、地元の経済状況について日常的にブログを書いている人々が存在している。

●労働市場

自分の選んだ候補地は、特定の雇用機会をどれほど創出しているだろうか。以下の質問について考えてもらいたい。

- 今後もいまと同じ職種に就きたいか、それとも仕事を変えたいか。
- あえて冒険に挑みたいか、それとも安定を望むのか。会社勤めを選ぶか、それとも起業したいか。

アメリカ労働統計局（BLS）にアクセスすれば、労働市場についての詳細な情報を得ることができる。ここのウェブサイトは全米の都市圏と八〇〇を超える職種を対象に、仕事内容や給与に関する統計データを提供しており、[2]それらは私のチームが研究で用いている基本情報でもある。候補地で得られる仕事の数や、その仕事で得られる給与額がわかるので、複数の場所を比較する時に活用してほしい。

生活費のことも忘れてはならない。物価は地域ごとに異なり、給与は一様にアップするとは限らない。自分の給与が実質的にどれほどのものかを知るには、相対的なコストを必ず計算すべきだ。候補地別の生活費の違いを正確に試算するツールは、オンラインで入手できる。それらを用いることで、いまと同じライフスタイルを別の場所で維持するにはどれだけの給与が必要なのかがわかるだろう。事実、サラリー・ドットコム（salary.com）のようなサイトは、客観的かつ事実に基づくツールを提供している。そこで得た情報を使えば、転職先での給与交渉に臨むことも可能である。新しい仕事を探すために転居するのであれば、きわめて有効な方法であろう。

●専門能力の開発

出世コースを歩んでいるか否かにかかわらず、専門能力の開発や生涯学習の機会に恵まれることは、あらゆる人にとって有用である。知性を働かせることで人の寿命が延びるということは、さまざまな研究によって証明されている（この場合、年齢を重ねることよりも脳を働かせていること自体が重要なのだが）。

そうした機会に与れるかは、ある意味、教育機関が身近にあるかどうかにかかっている。また学校教育以外の場所――たとえば各種のセミナーや交流会、幹部研修、能力開発コースといった場――で学ぶことはさらに重要と言える。大学院課程を学べる施設を調べるには、USニユーズ・アンド・ワールドリポート誌、ビジネスウィーク誌などの特集が役立つ。地方紙や業界紙、ウェブサイトでも生涯学習コースやセミナーの情報収集ができる。

そして候補地のコミュニティが何を提供できるか、必ず自分の目で確かめるべきだ。地元の大学などを訪ね、関心のあるプログラムを受講している人々の声を聞くのもよい。

●ネットワーク

孤独な人は老化が速いことは研究によって証明されており、そうした人々はおしなべて不幸な状態にある。地域社会に参加してネットワークを広げること、人と出会うこと、支援組織を立ち上げること――これらはスキル開発に役立つばかりか、全般的な幸福感をもアップさせる。しかしこの点においても、場所は平等な条件の下に作られていない。候補地で何らかのネットワークに属している知り合いがいるなら、話を聞いてみるといい。そのうえで、自分はその地域に簡単に馴染めそうか、あるいは強い抵抗に遭いそうかを熟考すべきである。

第5ステップ：基本的サービスを押さえる

この段階に入ったら教育、安全、医療、住宅の入手しやすさなど、コミュニティの基本的サービスの質を見極めたい。第10章で述べたとおり、基本的サービスは居住地の満足度を最も大きく左右する要素の一つである。基本的サービスの質は、場所によって大きく異なるのだ。

●教育

学齢期の子供を抱える親にとって学校の質と種類は間違いなく重要であり、これにはだれもが関心を向けてしかるべきである。というのも教育機会の質と分布は、治安を含むその他の事柄の質と分布の指標にもなりうるからだ。ただし学校についての包括的、あるいは信用性のあるデータは残念ながら存在しない。評判の高い一部の学校を取り上げるものならば存在する。ニューズウィーク誌は名門校の年次リストを掲載しており、ＵＳニューズ・アンド・ワールドリポート誌も同様である。

しかし、これらの雑誌の判断基準は信用できるとは言いがたい。子供によって合う環境、合わない環境があるからだ。良質な公立学校に通いやすい場所へ転居したのに、結局よその私立学校に子供を転校させた親を、私はたくさん知っている。よって、この種の情報については自力で掘り下げる必要があるだろう。地域のメディアによって、テストの結果やその他の基準から漏れた、隠れた名門校がわかることもある。そして子供の転校先を決める前には、必ず候補先を訪れ、父兄たちから直接に情報を得るべきである。

●安全と健康

基本中の基本である、健康と安全についても当然考慮しなければならない。幸い、犯罪と安全性に関するデータは「ＦＢＩ統一犯罪統計報告書」で簡単に入手できる。(3) どの地方紙も犯罪についての記事を掲載しているので、確認すべきである。地元の警察、消防、法執行機関の質についても知っておいて損はない。住民たちは満足しているか。警察、消防、救命は迅速に対応できているのか、あるいは対応が強引すぎないか。

健康は幸せへのもう一つのカギである。良質の医療サービスを妥当な金額で受けられることは必要不可欠である。なおかつ、私たちの年齢やライフステージによって医療の重要性は多様に変化する。医師の診察をいつでも受けられるか。初診の患者を受け入れてくれるか。保険は効くかどうか。これらは奇妙な質問に思えるだろうが、私が住んでいたワシントンＤＣでは初診の患者を扱う医療機関を探すのが困難だったばかりか、ほぼすべてのケースにおいて現金での前払いを要求された。近くにはどんな主だった医療機関があるか。心療内科はあるか。大学付属病院についてはどうか。救急治療を受けられるまでの待ち時間はどれくらいか。地域の全般的な健康状態はどうか。これらの事柄についても、地域住民から体験談を聞かせてもらうといい。あるいは忙しい金曜日や土曜日の夜に地元の病院を訪ね、救急救命室の様子を見てみるのも一考である。

●住宅の入手しやすさ

地域によって不動産価格に大きな差があることを前提にした時、住宅市場に関する正しい知識は必須である。いまは借家住まいであっても、自分が住みたいと思える場所でいつかはマイホームを買えるかどうかを知っておく必要がある。ゆえに現状の相場にとらわれず、過去の動向や将来の予測にも注意を払うべきだ。手始めに、国勢調査局のウェブサイトにある住宅価格の情報を参照するといい[4]。またビジネスウィーク誌やマネー誌では、郵便番号地域別の住宅価格のランキングが定期的に載っている。ジロウ・ドットコム（zillow.com）をはじめとする不動産関係のウェブサイトからも、地図という視覚的なかたちによる不動産情報を豊富に参照できる。さらに多くの州は、オンラインから無料で利用できる多様なサービスを提供している。仮に候補地の州がサービスを行っていなくとも、多くの民間不動産業者が独自のリストをオンラインで提供しており、他の資料へのリンクも載せている。自分の希望する価格帯でどんな物件が手に入るかを正しく知るうえで、オープンハウスを訪ねるのもいいだろう。

●移動手段と通信インフラ

移動手段が充実しているかどうかは、個人の日常的な幸福感を決める重要な要素でもある。幸福論を専門とする心理学者によれば、場所に関連したストレスの二大要因は長距離通勤と交通渋滞である。ノーベル経済学賞を受賞したダニエル・カーネマンらが、人々の日常的行動に関する詳細な記録を基に研究を行ったところ、人が一日のなかで最も苦痛を感じる行為は通勤であることが判明した（当然のことながら、最も楽しい行為にランクされたのは「親密な人といること」である[5]）。

職場からそう遠くない場所で家を購入できるか、あるいは車による長距離通勤を覚悟しなければならないか。地下鉄、電車、その他の公共交通機関は利用可能か。徒歩や自転車で、たいていの用事をたせる地域に住むことができるか。車を使わないといけないとするなら、交通渋滞はどの程度か。国勢調査局のウェブサイトは通勤時間に関する詳しいデータを公開しており、主だった地域において最も渋滞の激しい地点の資料も閲覧できる。ラッシュアワーにおける日常の交通事情を知るには、地元のコミュニティサイトや地元のニュースを見るといい。そして何よりも肝心なのは、予想される通勤ルートを前もって実際に使ってみることである。

より広い視野に立って、交通の便を見極めることも重要である。外部へのアクセスは便利か。大規模なハブ空港は近くにあるか。旅行やビジネスで飛行機を使うなら、主要な目的地への直行便はどれくらいあるか。だれもが訪れやすい場所か。運航路線の安全性はどうか。

通信インフラの存在も忘れてはならない。二〇〇六年にパリへ移住した私の仕事仲間は一カ月以上もの間、インターネットや電話すら使えない生活を強いられた。いまの時代、とりわけグローバル経済の世の中において、ウェブから切り離されることは島流しに遭うのも同然である。

第6ステップ：リーダーシップは十分か

候補地でのリーダーの資質も見極める必要がある。統計的な分析や住民の意識調査を参照するのも一つの手だが、最も良い方法は地域のメディアをチェックすること、特に新聞の生活情報面や住民のブログを読むことである。できれば候補地の政治的背景についても十分に探りたい。過去の出来事は、何よりも現状を雄弁に語るからだ。地域の政界、経済界のリーダーはどういう人々か。彼らの業績や評判はどうか。彼らは多様性を備えた人物か。その価値観やビジョンに共感できるか。自分にとって意味のある政策を実行しているか。コミュニティに関する決議はオープンな場でなされているか、それとも非公開で行われているか。市民の参加機会はあるか。

さらに次のような事柄を住民に聞いてみるといい。人々の知識や関心の度合いはどうか。自分たちのリーダーについてどう感じているか。リーダーはだれに対しても開放的か、それとも威圧的な態度が目立つか。そして地域住民のミーティングに足を運び、リーダーの活動ぶりを目にし、住民たちからその評価を聞かせてもらうのだ。

第7ステップ：価値観を確認する

この段階ですべき事柄は、居住候補地の主要な価値観、たとえば寛容性や信頼関係、自己表現の水準の把握である。これらは転居の際につい軽視してしまいがちだが、これまで述べたように、価値観は私たちの最終的な幸福の度合いに大きな影響を与えるものの一つである。

●寛容性

移住者を歓迎して受け入れる素地は場所によっても異なる。ニューヨークやトロントといった地域では、多くの移住者を世界中から受け入れている。だが世の中には温かくて友好的な隣人がいる地域もあれば、打ち解けにくい排他的な地域もある。こうした事柄の重みと、転居先で自分がどれだけうまく暮らしていけるか（あるいは暮らしていけないか）を熟慮する必要がある。それには住民に話を聞くか、できれば実際に街を歩いてみるといい。隣人にいてほしい、あるいは必要と思える人々を見つけられるかどうかである。

●信頼関係

人間同士はもちろん、人と公的機関との信頼関係を判定する。難しいが、決して不可能なことではない。その材料は至るところにあるからである。

- 街頭で人々は互いに目を合わせるか。
- 座る時にハンドバッグや手提げカバンを隠すか。
- 日々のビジネスのなかで、いまだに「口利き」が重んじられている様子はあるか。
- 家や車から離れる時に鍵をかけるか。
- 人々は互いを尊重し合っているか。
- 子供は大切にされているか。単身者、ファミリー、年配者、社会的弱者についてはどうか。
- 社会から疎外されている集団はないか。

私はワシントンＤＣからトロントへ移った際、だれもが親切であるばかりか、車が歩行者の前でちゃんと止まり、声を荒らげたりクラクションを鳴らしたりする人がほとんどいないことに驚いた。候補地を訪問する時は、住民たちが互いにどのように接し、尊重し合っているかに注意を払うべきである。

●自己表現

これも場所によって大差がある。自己表現を歓迎する住民もいれば、調和を重んじる住民もいるからだ。自分らしくあろうとする気持ちはどれだけあるか。日常生活で個性をどれくらい表現しているか。自分が「その他大勢」ではない場所を見つけることは重要か。ゼロからの再出発を望んでいるのか。街中に自己表現の痕跡は見られるか、それとも住民たちは判で押したように同じ雰囲気を醸しだしているか。

――第8ステップ：心躍るものはあるか

いよいよ候補地の心理的な魅力を確認する段階である。私たちの「居住地と幸福に関する調査」によれば、幸福感を決定づける最大要因は美的感覚と「エネルギー」である。くれぐれも真剣に考えてほしい。

●美と、それを感じる者の視点

美しいものにはだれもが心惹かれるが、「痘痕《あばた》もえくぼ」という諺があるのも忘れてはならない。要するに居住地に求めるイメージは千差万別なのである。ホコリだらけの都会の街並みを快適だと見なす人もいれば、手入れの行き届いた公園を好む人もいる。では自分は何を美しいと感じるだろうか。候補地は自分の美的感覚に合っているか。その街の景観に心が沸き立ち、活力を感じることができるか。

●本物か

大量生産・大量消費の現代だからこそ、多くの人が本物志向になっている。そのうちの一人を自認するなら、以下の事柄を自分に問いかけてほしい。その街の独自色は本物か。オリジナリティあふれる商店街や店が存在するか。それとも何もかもがありふれているか。街に真の活力を吹き込むものは何か。歴史、個性、文化などをどのように重んじ、発展させているか。自分にとって何が本当に大切かを見極め、候補地についてしかるべき優劣を付けてほしい。

●快適性

居住地の決め手は仕事の有無だけではない。芸術、教養、音楽、演劇、スポーツ観戦、あるいはジョギングやサイクリング、ロッククライミングや釣りといった趣味のスポーツ……。自分が本当に好きなものは何だろうか。その候補地は、趣味や娯楽を満たせる場所だろうか。

また、将来的にやりたくなりそうなことについてはどうだろう。サイクリングに熱心だった人も、ある日を境に別のスポーツを始めるかもしれない。二〇代はクラブ通いやナイトライフに精を出した人も、三〇代から交響楽やジャズの大ファンになったり、子供たちにサッカーを教えていたりする可能性だってある。そこで興味や趣味を共有できる人たちと話をするといいだろう。そもそも、自分と同じ趣味を楽しむ人を見かけるだろうか。ちなみに私の場合、勢いよく走りすぎる自転車をたくさん目にしたら、そこは自分にぴったりの場所だと即答できる。

●活気

どの地域にも活気というものがある。ダイナミックな様子にやる気を刺激されるか、それともゆっくりとしたペースを好むか。その地域の活力源は何か。自分が理想とする生活のリズムに、その地域は合致するか。地域のエネルギーの度合いは、自分自身のそれと合っているか。

第9ステップ：すべてを集計する

これで検討すべきことは紹介し尽くしたが、もう一つ肝心なことがある。それは完璧な場所など存在しないということだ。究極の場所を見つけようとして、夢中になりすぎないようにしてほしい。

そのうえですべてを集計し、候補地を見比べてほしい。これまでのステップに沿って、それぞれの場所のメリットとデメリットを吟味するのである。正解か不正解かという二者択一は、ここでは当てはまらない。自分に最もふさわしい場所を見つけるのが目的であることを忘れないでほしい。

第10ステップ：下見をする

就職や結婚といった重大な選択に際し、何もかも第三者に委ねる人はいないはずである。居住地を決める時も同様である。「新居を下見しないまま、引っ越しをしてしまった」と多くの人から聞かされるたびに私は驚いてしまう。上司や同僚とうまくやっていけるかを考えずに、勤め先を決める人がいるだろうか。あるいは相手をよく知らないまま結婚する人などいるだろうか。

誤解しないでほしい。物事に例外があることは十分わかっている。事実、私の周囲には「交際期間が長いほど結婚に至る可能性は低い」と断言する人もいる。だからといって石橋を叩いて渡ろうとするのを阻む理由は何一つない。まずは候補地に住む知り合いと話をするといい。とにかく話を聞いてみることだ。調査会社ヤンケロビッチの二〇〇六年の報告によると、転居先に住む友人や身内から得た情報を、概して人は高く評価するという[6]。

そのうえで実際に候補地を訪ねるのだ。個人的な経験則から言えば、最終判断を下す前に、リストアップした候補地のうち最低三カ所は足を運ぶべきである。前掲のヤンケロビッチの調査によれば、週末を使ってそこに滞在するのが最も有効な検討法だそうだ。個人的に付け加えるならば、週末だけでなく、その場所の全体像がわかるまで長く過ごすほうがよい。何しろ自分自身、そして家族の将来がかかっているのだ。

先々の人生におけるその場所の印象を、滞在中は忘れずに検討してほしい。現時点で住みたいと思う街を訪ねた後に、一〇年後に住んでもいいと思う街を訪ねるのもよい。将来はどんなふうに感じるだろうかと、自問自答するのである。毎日、その街の道を歩いている自分の姿が想像できるか。騒音は我慢できるレベルか。ゴミゴミしすぎていないか、あるいは人影がまばらすぎないか。ホコリが多いか、人工的な雰囲気が強くないか。どんなことが神経に障りそうか。どんな施設にたくさん足を運びそうか。そして、どんな移動手段を使うのか。

実際に候補地を訪ねた時、何らかの理由でその場所がしっくりこないと感じたら、たとえリストの上位であっても選択肢から外すべきだ。そして自分の直感が、何か大切なことを教えてくれたと認識すべきである。自分がその場所から受けた印象が最も大切なのだから。

――最後のステップ：新天地を決める

膨大な情報を集めて下調べを行い、人々から生の声を聞き、下見を終えたところで、いよいよ新天地を決める段である。深呼吸をしてほしい。居住地をどこにするかは、人生最大の決断とは言わないまでも、上位三つのなかの一つには値する。

考えるべき要素は大いにあり、かなりの難題であることはたしかだ。しかし自分にとって最もふさわしい場所を探し出すことができれば、人生のあらゆる局面において驚くほどの飛躍がもたらされることだろう。

賢明な選択を願っている。

補遺A　世界のメガ地域

名称	人口	人口ランキング	LRP	イノベーション特許取得ランキング	トップ科学者ランキング
広域東京圏	5510万人	4	2兆5000億ドル	2	24
ボス＝ワッシュ	5430万人	5	2兆2000億ドル	8	2
シー＝ピッツ	4600万人	9	1兆6000億ドル	9	14
アム＝ブラス＝トワープ	5930万人	3	1兆5000億ドル	22	18
大阪＝名古屋	3600万人	14	1兆4000億ドル	7	22
ロン＝リード＝チェスター	5010万人	6	1兆2000億ドル	25	10
ミル＝トゥール	4830万人	7	1兆ドル	34	23
シャー＝ランタ	2240万人	18	7300億ドル	16	9
カリフォルニア南部	2140万人	22	7100億ドル	13	4
フランク＝ガルト	2310万人	17	6300億ドル	21	12
バルセ＝リヨン	2500万人	16	6100億ドル	24	20
トー＝バフ＝チェスター	2210万人	19	5300億ドル	19	7
ソウル＝釜山	4610万人	8	5000億ドル	6	32
カリフォルニア北部	1280万人	28	4700億ドル	3	1
フロリダ南部	1510万人	25	4300億ドル	17	17
九州北部	1850万人	24	4300億ドル	23	19
広域パリ圏	1470万人	26	3800億ドル	4	16
ダル＝オースチン	1040万人	30	3700億ドル	14	13
ヒュー＝オリンズ	970万人	32	3300億ドル	15	5
広域メキシコシティ圏	4550万人	10	2900億ドル	35	32
カスケーディア	890万人	33	2600億ドル	10	3

リオ＝パウロ	4340万人	12	2300億ドル	32	32
香港＝深圳	4490万人	11	2200億ドル	28	31
広域札幌圏	430万人	37	2000億ドル	27	32
ウィーン＝ブダペスト	2180万人	21	1800億ドル	26	29
テルアビブ＝アンマン＝ベイルート	3090万人	15	1600億ドル	31	21
プラハ	1040万人	29	1500億ドル	12	25
広域ブエノスアイレス圏	1400万人	27	1500億ドル	33	32
デンバー＝ボルダー	370万人	40	1400億ドル	5	6
フェニックス＝トゥーソン	470万人	36	1400億ドル	11	15
上海	6640万人	2	1300億ドル	30	32
台北	2180万人	20	1300億ドル	36	30
リスボン	990万人	31	1100億ドル	36	28
広域北京圏	4310万人	13	1100億ドル	29	32
デリー＝ラホール	1億2160万人	1	1100億ドル	36	32
グラス＝バラ	380万人	39	1100億ドル	18	8
ベルリン	410万人	38	1100億ドル	1	11
シンガポール	610万人	34	1000億ドル	36	27
マドリード	590万人	35	1000億ドル	20	26
バンコク	1920万人	23	1000億ドル	36	32

【出典】データはティモシー・ギルデンより。分析およびランキングはシャーロッタ・ミランダー。全データおよび方法論に関しては Richard Florida, Timothy Gulden, and Charlotta Mellander, "The Rise of the Mega-Region," *Cambridge Journal of Regions, Economy, and Society*, 1, 1, 2008 を参照のこと。

【注】LRP が 1000 億ドル以上の 40 のメガ地域が対象。イノベーションおよびトップ科学者のランキングは人口で調整した。

補遺Ｂ　「居住地と幸福に関する調査」の主な結果

コミュニティの特質（居住地選択の要因）	5段階評価の平均スコア	相関係数			
		場所に対する全般的な幸福感	都市に対する満足度	友人や家族への推奨	将来への展望
美的感覚とライフスタイル	3.65	.622	.581	.579	.503
美的感覚	3.88	.560	.534	.510	.456
美観	4.00	.499	.475	.463	.395
野外の公園、子供の遊び場、遊歩道	4.06	.445	.424	.413	.355
大気環境	3.76	.389	.371	.341	.333
気候	3.70	.373	.358	.340	.300
ライフスタイル	3.35	.457	.412	.438	.367
人との出会いと友人を作ること	3.65	.528	.486	.500	.422
文化的環境	3.38	.342	.309	.329	.272
ナイトライフ	3.08	.289	.254	.281	.233
基本的サービス	3.46	.603	.545	.558	.509
初等および中等教育	3.55	.468	.443	.427	.384
医療施設	3.83	.410	.383	.380	.334
雇用の機会	3.15	.401	.365	.380	.327
宗教施設	4.23	.346	.324	.334	.265
高等教育	3.93	.321	.292	.305	.261
住居の入手しやすさ	3.03	.310	.257	.278	.293
交通量	3.33	.306	.266	.257	.299
公共交通機関	2.77	.188	.161	.179	.162
開放性	3.03	.509	.455	.475	.427

子供のいる家庭	3.75	.558	.506	.516	.466
高齢者	3.49	.466	.432	.418	.394
若い単身者	2.94	.384	.337	.373	.310
就職活動中の大卒者	2.69	.375	.322	.361	.314
人種的・民族的マイノリティ	3.19	.252	.219	.236	.218
海外からの移民	3.00	.201	.177	.188	.175
ゲイやレズビアン	2.75	.176	.156	.171	.140
貧困状態にある低所得者	2.49	.169	.142	.153	.155
治安と経済的安定	1.72	.497	.454	.441	.437
全般的な経済的安定	0.66	.440	.393	.390	.395
経済の状態	3.24	.548	.514	.495	.458
雇用の機会	NA	.294	.265	.267	.256
景気の改善	NA	.256	.206	.221	.260
個人の安全	3.54	.409	.394	.354	.352
リーダーシップ	NA	.432	.408	.377	.376

【注】平均値は1から5までの5段階評価に基づく。1が最も低い評価で、5が最も高い評価。回答総数2万7885件。なお「NA」とはNo Answer（未回答）の略である。

ビジネス	ビジネスリーダーはあなたの尊敬と信任を得られるタイプの人物か				
多様性	性別、人種、年齢、民族、性的指向その他の面で、指導者の人材は多様か				
アクセスと関与	政策決定過程は開かれ、住民の参加ができるか				
	小計				

		現住地	候補地1	候補地2	候補地3
価値観					
寛容性	異なる人種、民族、宗教、ライフスタイルを持つ人々はどのような待遇を受けているか				
信頼関係	住民は総体的に互いを信頼しているか				
自己表現	自分らしく生活できるか				
地域的気風	人を尊重する雰囲気はあるか				
	小計				

		現住地	候補地1	候補地2	候補地3
美的感覚とライフスタイル					
構造的な美しさ	構造的な美しさ、自然美については満たされているか				
独自性	他に類を見ない特徴は備わっているか				
快適性	あなたに必要な芸術、ライフスタイル、レクリエーション施設は整っているか				
活気	街のエネルギー（活力）はあなたに合っているか				
	小計				
	合計				

補遺Ｃ　プレースファインダー（最高の居住地を見つける 20 のチェックポイント）

各要素について５段階評価を行う。１が最も低く、５が最も高い。

		現住地	候補地１	候補地２	候補地３
経済的機会					
経済状態	総体的な経済状態は満ち足りているか				
労働市場	あなたの職業分野について、仕事や給与の条件は整っているか				
専門能力の開発	人生や職業的な成功に必要な、能力開発の機会は整っているか				
ネットワーク	仕事の人脈はあるか。まだの場合、新たに構築するのは簡単か				
	小計				

		現住地	候補地１	候補地２	候補地３
基本的サービス					
教育	あなたと家族に必要な、教育の選択肢は揃っているか				
安全と健康	あなたが求める安全と医療の基準を満たしているか				
住宅の入手しやすさ	手ごろな価格で、欲しいと思う住宅は買えるか				
移動手段と通信インフラ	地域的、世界的、デジタル——すべての意味合いで、あなたに最も必要な接続性は満たされているか				
	小計				

		現住地	候補地１	候補地２	候補地３
リーダーシップ					
政治	政治的なリーダーはあなたの信頼と信任を勝ち取れるか				

謝辞

このような本の執筆には、チームの協力が欠かせない。研究に協力してくれた最高のチームに恵まれた私は幸運である。最初に感謝の意を表したい相手は、長年の協力者であるケビン・ストラリック（Kevin Stolarick）だ。彼はマーチン・プロスペリティ・インスティテュートでも再び仕事仲間となり、本書のために多くの統計資料やデータを提供してくれた。イェンシェピング・インターナショナル・ビジネススクールのシャーロッタ・ミランダー（Charlotta Mellander）にも感謝する。彼女は、私と共に本書のための一連の調査プロジェクトに取り組み、草稿のさまざまな部分に詳細なコメントを寄せてくれた。

調査に協力してくれた大勢の人たちにも感謝したい。ティモシー・ギルデン（Timothy Gulden）は光のパターンとメガ地域のデータを開発し、第2章と第3章の地図を作成してくれた。カーネギーメロン大学に勤め始めた頃から知り合いだったロバート・アクステル（Robert Axtell）は、第4章の都市誕生のモデルを作ってくれた。ダービー・ミラー＝スタイガー（Darby Miller-Steiger）には「居住地と幸福に関する調査」の計画と実施を手伝ってもらった。アイリーン・ティナグリ（Irene Tinagli）とデイビッド・ウィルソン（David Wilson）は第9章と第10章の分析に協力してくれた。ジェイソン・レントフロー（Jason

Rentfrow）には人間の性格のデータを提供してもらい、第11章の調査に協力してもらった。優秀な助手たちも力を貸してくれた。音楽シーンの分析をしたスコット・ジャクソン（Scott Jackson）、ブライアン・クヌーセン（Brian Knudsen）、人間の性格と場所の調査を担当したライアン・サッター（Ryan Sutter）らである。

二人の編集助手は、この本を格段に読みやすいものにしてくれた。ジェシー・エリオット（Jesse Elliott）は自身のバンド、ジーズ・ユナイテッド・ステイツのレコーディングとツアーを始める前に、私の隣で第一稿の校正をしてくれた。アビゲイル・カトラー（Abigail Cutler）がその後を引き継いで第二稿の校正を行った。彼女の巧みな編集手腕のおかげで文章のトーンはさらに改善され、論点が引き締まり、より良い仕上がりの一冊となった。アマンダ・スタイロン（Amanda Styron）とアビー・リーブスカインド（Abby Liebskind）は参考文献を担当し、データ収集を手伝い、事実確認を行い、依頼の都度無数の仕事をこなしてくれた。ライアン・モリス（Ryan Morris）は本文中の図のデザインを担当し、キム・ライアン（Kim Ryan）は専門的な補遺の校正を行った。

私のエージェントのスーザン・シュルマン（Susan Schulman）は本書の可能性を信じ、無事に陽の目を見る手助けをしてくれた。ビル・フルヒト（Bill Frucht）は素晴らしい編集者というだけではない。彼は協力者でかつ友人であり、その知性とエネルギーのおかげで私のアイデアはさらに磨かれていった。コートニー・ミラー（Courtney Miller）とジョディ・マチョウスキー（Jodi Marchowsky）は予定どおり発刊できるよう、執筆を手際よく導いてくれた。

ベーシック・ブックスのチームは皆、優秀なプロフェッショナルで、一緒に仕事をするのが楽しかった。全員に感謝したい。

アトランティック・マンスリー誌のドン・ペック（Don Peck）は、「スパイキーな世界」と「稼ぐ手段の移動」のアイデアを仕上げる手助けをしてくれた。ウィル・ウィルキンソン（Will Wilkinson）は、本書の初稿段階で参考になるコメントを寄せてくれた。

大勢の友人や仕事仲間が、私の作業をあらゆる方法で支えてくれた。なかでもエリザベス・カリッド（Elizabeth Currid）、マーチン・ケニー（Martin Kenney）、ゲーリー・ゲイツ（Gary Gates）とは、何年にもわたって一緒に仕事をしてきた。彼らの知性やアドバイスのおかげで私自身の構想はより具体的になった。

仕事場として、ロットマン・スクール・オブ・マネジメントのマーチン・プロスペリティ・インスティテュート以外の場所は考えられない。ロジャー・マーチン（Roger Martin）は当代一の学長だ。彼は頭脳明晰で大きな目標に邁進し、バイタリティに満ちあふれている。同研究所は彼の発想によるもので、彼自身が資金集めをした。ロットマン・スクールのメンバー全員のチームワークと協力、プロ意識にも感謝する。また、この企画を最初から信じてくれていたジェフ・ビーティー（Geoff Beattie）と出資者の方々、特にカナダのオンタリオ州首相、ダルトン・マッギンティ（Dalton McGuinty）とオンタリオ州、そしてジョセフ・ロットマン（Joseph Rotman）の誠意ある協力に感謝したい。

クリエイティブ・クラス・グループ（ＣＣＧ）のチームのおかげで、私は作業に集中することができた。デイビッド・ミラー（David Miller）は初期段階におけるブレーンストーミングに参加してくれた。スティーブン・ペディゴ（Steven Pedigo）には本書のためのさまざまなデータを整理して、図式化できるようにしてもらった。

いろいろな土地を訪れるなかで多くの人々に出会ったが、だれもが自分の職場やコミュニティを変えようと疲れを知らずに働いていた。彼らの努力のおかげで私は現実を忘れずにいられたし、インスピレーションやエネルギーをもらうことができた。アルベルト・イバルゲン（Alberto Ibargüen）とナイト財団には、アメリカ全土でコミュニティの能力開発の取り組みを支援してもらった。心から感謝している。

安らぎと喜びを与えてくれる大勢の家族に恵まれた私は幸運である。弟のロバート（Robert）と彼の妻バージニア（Virginia）、姪のソフィア（Sophia）とテッサ（Tessa）、甥のルカ（Luca）。コゾーズ（Kozouz）家のザック（Zak）とルース・コゾーズ（Ruth Kozouz）、そしてリーアム（Reham）、マーキス（Markis）、アディエフ・アレクサンダー（Adiev Alexander）。ディーン（Dean）とルバ・アレクサンダー（Ruba Alexander）。リーナ（Leena）、アダム（Adam）、クリスチャン（Christian）、メリア（Melia）、ソフィア・ホスラー（Sophia Hosler）。タリグ（Tarig）とアナスタシア（Anastasia）、そしてラミズ（Ramiz）とクリスティーナ・コゾーズ（Chiristina Kozouz）。それにデチッコ（DeCicco）家のいとこたち。あまりに多くて挙げきれないが、私の人生に最高の喜びをもたらしてくれる人々ばかりだ。

最後になったが、妻のラナ（Rana）に対しては最も恩義を感じている。彼女のエネルギーと熱意は無尽蔵で、その情熱には目を見張るものがある。彼女のユニークなユーモア感覚には、腹がよじれるほど笑わされる。ちなみに彼女もＣＣＧの運営に関わっており、弁護士や会計士、ウェブサイト関係者への対応のほか、チーム全体の管理運営を担当している。そのおかげで、私は研究や執筆をする時間と余裕と自由を得られるのだ。彼女を人生のパートナー、そしてソウルメイトとして得た私は、このうえもなく幸運であると言えよう。

訳者あとがき

青山学院大学総合文化政策学部教授　井口 典夫

本書の原題は *Who's Your City?* であり、その意味するところを端的に表現するならば、「どこに住むかで人生が決まる」となる。「どのような職業に就くか」、「だれと結婚するか」の二つによって人生が形づくられると思われてきたなかで、それに次ぐか、もしくは同等以上に「どこに住むか」が重要になってきているという。

「いや、そんなことはわかっている。実際、自分がマイホームにかけたお金たるや、一生かかってようやく返済できるくらいの大金だ。自分の城であり、家族を守る砦だから」と多くの方々は答えるかもしれない。しかし著者リチャード・フロリダの主張はやや違う。「家」ではなく「居住地（場所）」であり、それが人生そのものを決定するというのだ。

たしかに私たちは「どこに生まれ育ち、どこで学び働いたか」というように、「場所」の変遷によって自分のプロフィールを語ることが多い。生まれや育ちに関しては運命だが、高等教育とその後の職業については自ら選択したものであろう。そして運命と選択のいずれにせよ、結果として「場所」が伴侶との出会いをつくり、その「場所」で進路や仕事に関する主な情報を得たに違いないのである。

こうした「場所の効用」については、経済学の理論を引き合いに出すまでもなく、私たちが仕事を決めてオフィスを構える際に、あるいは結婚して住まいを決める時に自然と考慮してきたことだ。しかし本書によれば、「場所」の選択こそ「職業」や「結婚」に決定的な影響を与えるであろうことを、あらかじめ強く意識しておく必要があるというのだ。

フロリダは「場所」の持つ意味を、国や地域の経済成長、あるいはそのカギとなる人材（クリエイティブ・クラス）の研究を通して発見・検証し、私たちの前に明確に提示してくれる。アプローチの特質から、得られた結論は個々の人生にとって示唆に富むものとなるが、同時に国や地域のあり方にまで議論が及ぶところにフロリダの真骨頂を見る思いがする。たとえば本書では興味深い地図が数多く紹介されるが、「メガ地域」（日本の「道州制」を地球規模に拡大したかのような概念）の分布図はその代表格であろう。そして、日本は世界一の「スーパー・メガ地域」だという。

日常、世界地図を見て生活しているわけではないため、私たち日本人にそうした特殊な地域に暮らしているとの実感は少ない。ただしスーパー・メガ地域の中心たる東京にいると、たしかに世の景気動向とは別の次元において、独特の活気と変化に満ちていることに気づく。それはクリエイティブな活動を展開している人や組織との交流、心躍るイベントやプロジェクトとの遭遇などからもたらされるものである。イギリスの都市計画家チャールズ・ランドリーの創造都市（クリエイティブ・シティ）論を髣髴とさせる構図であり、東京はそうしたことをたえず受け入れ、発展させる空気に満ちあふれているのである。

ここで、本書が原書（*Who's Your City?*）16章のうちの12章分の翻訳であることを、お断りしておかねばならない。具体的には原書の第12章から第15章までを飛ばし、最後の第16章を新たに本書の第12章とした。飛ばした四つの章は、アメリカの都市を事例に、ライフステージ別の転居先選びのノウハウをとりまとめた部分である。日本の読者には馴染みにくい箇所であることから、本書では割愛することとした。

その他、訳出に絡むいくつかのポイントに言及しておきたい。まず当然であるが、原文を尊重しつつも、日本語としてできるだけ自然に読めるように心がけた。そのため、英語特有の過剰な修飾語や挿入句は一部削除した。また節ごとの主張がまとまりあるかたちで自然に伝わるように、文の順序を前後させたところがいくつかある。さらに専門用語の訳出においては、たとえば人やコミュニティの社会的なつながりを意味するsocial capitalを「社会関係資本」などとせずに、文字どおり「社会資本」とした。わが国で目にする「社会資本」はinfrastructure（道路や電力関係など物的な社会基盤施設）であることが多いようであるが（もちろんその訳は正確ではない）、本書では「社会資本」をsocial capitalの英文本来の意味で用いている。

末尾となるが、過去二冊のリチャード・フロリダの著作を翻訳した時と同様、本書についても数多くの方々のご協力を得た。Ｆ・ウレマン氏には、フロリダの主張がアメリカの社会に及ぼす影響や意味についてご教示いただいた。個々の訳出においては藤田庸司、田中英子、田中敬子の各氏に教えられた点が少なくない。平川裕子氏には校閲段階において大変お世話になった。水科哲哉氏には訳出から編集、本文ＤＴＰにいたる過程でご尽力いただいた。もちろんダイヤモンド社の魚谷武志氏の熱意が、このタイミングで本書を世に出すことができた最大の要因である。東京の都心という「場所」が引き合わせてくれた、これらクリエイティブな仲間に対して心から感謝の言葉を申し上げたい。

二〇〇九年一月、東京の青山にて

of Law, April 2003. Brian Knudsen, Kevin Stolarick, Denise M. Rousseau, and Richard Florida, "Bridging and Bonding: A Multi-dimensional Approach to Regional Social Capital," Carnegie Mellon University, 2005. Robert Putnam, "E Pluribus Unum: Diversity and Community in the Twenty-First Century," *Scandinavian Political Studies* 30, 2, 2007, pp. 137-74を参照。

第12章

1. Sperlingのウェブサイトwww.bestplaces.net/fybp/quiz.aspxを参照。
2. アメリカ労働統計局(BLS)は、職業や収入に関する詳細かつ利用しやすいデータを提供している。www.bls.gov.
3. 以下のウェブサイトを参照。www.fbi.gov/ucr/ucr.htmには、凶悪犯罪発生に関する具体的な場所のデータが載っている。都市圏についての詳細なデータはwww.fbi.gov/ucr/cius_04/offenses_reported/offense_tabulations/table_06.htmlで入手可能。町やコミュニティに関する情報はwww.fbi.gov/ucr/cius_04/offenses_reported/offense_tabulations/table_08.htmlにある。
4. www.census.gov/acs/www/leで入手可能。
5. Daniel Kahneman, Alan B. Krueger, David A. Schkade, Norbert Schwarz, and Arthur A. Stone, "Survey Method for Characterizing Daily Life Experience: The Day Reconstruction Method," *Science* 306, 5702, December 3, 2004, pp. 1776-80.
6. The Segmentation Company, a division of Yankelovich, *Attracting the Young College-Educated to Cities*, CEOs for Cities, May 11, 2006はwww.ceosforcities.org/files/CEOsforCitiesAttractingYoungEducatedPres2006.pdf.で入手可能。

Alternative Description of Personality: The Big-Five Factor Structure," *Journal of Personality and Social Psychology* 59, 1990, pp. 1216-29; Goldberg, "The Development of Markers for the Big-Five Factor Structure," *Psychological Assessment* 4, 1992, pp. 26-42; Paul Costa and Robert McCrae, *Revised Personality Inventory*（NEO-PI-R）and *NEO Five Factor Inventory*（NEO-FFI）*Professional Manual*, Psychological Assessment Resources, 1992を参照。www.centacs.com/quickstart.htmも参照。

4. SeligmanとPetersonによる「性格的な強みを発見するテスト」（VIA: Values in Action survey）について詳しくは、www.authentichappiness.sas.upenn.edu/questionnaires.aspxを参照。
5. Peter J. Rentfrow, Sam Gosling, and J. Potter, "The Geography of Personality: A Theory of Emergence, Persistence, Expression of Regional Variation in Personality Traits," *Perspectives on Psychological Science*, 2008.
6. Margaret Mead, *Sex and Temperament in Primitive Societies*, Morrow, 1935; Ruth Benedict, *The Chrysanthemum and the Sword: Patterns of Japanese Culture*, Houghton Mifflin, 1946（邦訳『菊と刀』講談社、2005年）.
7. S. E. Krug, and R. W. Kulhavy, "Personality Differences Across Regions of the United States," *Journal of Social Psychology* 91, 1973, pp. 73-79.
8. 興味があればテストを受けることができる。閲覧するだけでもよい。www.outofservice.com/bigfive/を参照。
9. Jared Diamond, *Guns, Germs and Steel*, W. W. Norton, 1997（邦訳『銃・病原菌・鉄』上下、草思社、2000年）; Jeffery Sachs and Jordan Rappaport, "The United States as a Coastal Nation," *Journal of Economic Growth* 8, 1, March 2003, pp. 5-46.
10. Max Weber, *The Protestant Ethic and the Spirit of Capitalism*, Dover 2003（first ed., 1905）（邦訳『プロテスタンティズムの倫理と資本主義の精神』岩波書店、1989年）. Ronald Inglehart, *Modernization and Postmodernization: Cultural, Economic and Political Change in 43 Societies*, Princeton University Press, 1997.
11. Petersonは人口30万人以上のアメリカの50都市から得た、20万3000人分の標本を用いてデータの分析を行った。私が作ったクリエイティビティ・インデックスにおいて上位にランキングされた都市と、Petersonの測定した性格的な強みとの間に最も強いプラスの相関が認められたのは、好奇心（0.43）、好学心（0.36）、美とクリエイティビティへの関心（0.29）についてであった。反対に、最も強いマイナスの相関が認められたのは、慎み深さ（−0.65）、感謝（−0.59）、精神性（−0.59）、チームワーク（−0.57）、忍耐力（−0.52）、希望（−0.50）、親切心（−0.49）、公平性（−0.48）についてであった。クリエイティビティ・インデックスと人生の目的との相関は、「目的がある」ではマイナスの相関（−0.39）が認められ、「目的を探している」ではプラスの相関（0.30）が認められた。Christopher Peterson and Nansook Park, "Why Character Matters," prepared for the International Positive Psychology Summit, October 6, 2007を参照。
12. Gary Gates, "Racial Integration, Diversity and Social Capital: An Analysis of Their Effects on Regional Population and Job Growth," Williams Institute, UCLA School

2. Virginia Postrel, "Why Buy What You Don't Need: The Marginal Appeal of Aesthetics," *Innovation*, Spring 2004; "The Economics of Aesthetics," *Strategy and Business*, Fall 2003; *The Substance of Style: How the Rise of Aesthetic Value Is Remaking Commerce, Culture, and Consciousness*, HarperCollins, 2003. 詳しい情報は、www.vpostrel.com/で入手可能。
3. Michèle Bhaskar and Jeroen van de Ven, "Is Beauty Only Skin Deep? Disentangling the Beauty Premium on a Game Show," Discussion Paper, University of Essex, Department of Economics, January 2007.
4. James Rojas, "A Messy, Inspiring Urbanism," *National Post*, October 18, 2007. www.canada.com/nationalpost/news/toronto/story.html?id=4e82b4f5-941a-421ea50c-18bd1d6dbff8&k=1731.
5. Miller McPherson, Lynn Smith-Lovin, and Matthew E. Brashears, "Social Isolation in America: Changes in Core Discussion Networks over Two Decades," *American Sociological Review* 71, 3, June 2006, pp. 353-75.
6. Ethan Watters, *Urban Tribes: Are Friends the New Family*? Bloomsbury USA, 2004.
7. Richard Lloyd and Terry Nichols Clark, "The City as an Entertainment Machine," *Research in Urban Sociology: Critical Perspectives on Urban Redevelopment* 6, 2002, pp. 357-78.
8. Taylor Clark, "The Indie City: Why Portland Is America's Indie Rock Mecca," *Slate*, September 11, 2007. Slate.com/id/2173729/.
9. Ronald Inglehart, *Modernization and Postmodernization: Cultural, Economic and Political Change in 43 Societies*, Princeton University Press, 1997. World Values Surveyについての詳細は、http://www.worldvaluessurvey.org/を参照。
10. Benjamin Friedman, *The Moral Consequences of Economic Growth*, Knopf, 2005.

第11章

1. 心理学では、人は周囲の環境とフィットするには、主に3つの要因が関係していると考える。1つ目は「選択」。すなわち、人は自らの心理的欲求を満足あるいは増幅できるように、社会的、物理的環境を選択するということである。2つ目は「喚起」。これは、人は自らの心理的構造によって無意識のうちに社会的、物理的環境からの反応を理解するということを指す。そして3つ目は「操作」である。人は本質的に自分の心理的特性を強化、あるいは表現するために環境に働きかけるのである。David Buss, "Selection, Evocation, and Manipulation," *Journal of Personality and Social Psychology* 53, 6, 1987, pp. 1214-21を参照。
2. Will Wilkinson, "In Pursuit of Happiness Research: Is It Reliable? What Does It Imply for Policy?" Cato Institute Policy Analysis, April 11, 2007. http://www.cato.org/pub_display.php?pub_id=8179. 詳細の入手先ならびにWilkinsonのブログはhttp://willwilkinson.net/。
3. 性格の主要5因子についての心理学者の考察は、特にLewis Goldberg, "An

26, 2007.
13. Tim Hartford, "Undercover Economist: On the Move," *Financial Times*, March 9, 2007.
14. Andrew Oswald with David Blanchflower and Peter Sanfey, "Wages, Profits and Rent-Sharing," *Quarterly Journal of Economics* 111, 1, February 1996, pp. 227-52.

第9章

1. Claudia Willis, "The New Science of Happiness," *Time*, January 9, 2005.
2. Kahnemanは、一日の行動を再現して幸せの度合いを分析することで、幸福度を正確に評価できると考えた。たとえば、Daniel Kahneman, Alan B. Krueger, David A. Schkade, Norbert Schwarz, and Arthur A. Stone, "Survey Method for Characterizing Daily Life Experience: The Day Reconstruction Method," *Science* 306, 5702, December 3, 2004, pp. 1776-80を参照。また、Daniel Kahneman, Alan B. Krueger, David Schkade, Norbert Schwarz, and Arthur A. Stone, "Would You Be Happier If You Were Richer? A Focusing Illusion," Princeton University, Center for Economic Policy Studies, 2006も参照。
3. Daniel Gilbert, *Stumbling on Happiness*, Knopf, 2006（邦訳『幸せはいつもちょっと先にある』早川書房、2007年）.
4. Edward Diener and Martin E. P. Seligman, "Beyond Money: Toward an Economy of Well-Being," *Psychological Science in the Public Interest* 5, 1, 2004, pp. 1-31.
5. Nick Paumgarten, "There and Back Again," *New Yorker*, April 16, 2007.
6. 全般的な満足度とそれぞれの要因との相関係数は次のとおりである。経済的な満足度（0.369）、仕事の満足度（0.367）、居住地の満足度（0.303）は、比較対象とした収入（0.153）、持ち家（0.126）、年齢（0.06）よりも高い。順序プロビット回帰分析による回帰係数はそれぞれ、経済的な満足度（0.342）、居住地の満足度（0.254）、仕事の満足度（0.254）、収入（0.039）、年齢（−0.06）、教育（−0.09）。
7. 所得と居住地に対する満足度の全般的な相関は比較的弱い（0.15）。
8. Mihaly Csikszentmihalyi, *Flow: The Psychology of Optimal Experience*, Harper Collins, 1990（邦訳『フロー体験　喜びの現象学』世界思想社、1996年）; および*Finding Flow: The Psychology of Engagement with Everyday Life*, Basic Books, 1997.
9. Teresa Amabile, et al., "Affect and Creativity at Work," *Administrative Science Quarterly* 50, March 2005, pp. 367-403を参照。

第10章

1. Abraham Maslow, "A Theory of Human Motivation," *Psychological Review* 50, 1943, pp. 370-96. *Motivation and Personality*, Harper Collins, 1987（first ed., Harper, 1954）（邦訳『人間性の心理学』産業能率大学出版部、1987年）も参照。詳細については、www.maslow.com/を参照。

Terry Nichols Clark, "The City as an Entertainment Machine," *Research in Urban Sociology: Critical Perspectives on Urban Redevelopment*, 6, 2001, pp. 357-78も参照。

22. Scott Jackson, "The Music Machine: The Impact of Geography, History and Form on Music Innovation in the United States 1970-2004," George Mason University, May 2007.
23. "Jack White Leaves 'Super-Negative' Detroit," *USA Today*, May 25, 2006.

第8章

1. 住宅需要傾向に関するデータはU. S. Bureau of the Census, *American Community Survey*による。www.census.gov/acs/www/で入手可能。
2. Peter Coy, "The Richest Zip Codes -and How They Got That Way," *Business Week*, April 2, 2007.
3. Joseph Gyourko, Christopher Mayer, and Todd Sinai, "Superstar Cities," National Bureau of Economic Research, Working Paper No. 12355, July 2006.
4. Robert Shiller, "Superstar Cities May be Investors' Superstardust," *Shanghai Daily*, May, 22, 2007を参照。www.taipeitimes.com/News/editorials/archives/2007/05/20/2003361715で入手可能。
5. Robert Shiller, "Historic Turning Points in Real Estate," Yale University, Cowles Foundation for Research in Economics Discussion Paper No. 1610, June 2007を参照。http://cowles.econ.yale.edu/P/cd/d16a/d1610.pdfで入手できる。Case-Shiller Home Price Indexに掲載の詳細なデータはhttp://macromarkets.com/csi_housing/sp_caseshiller.aspで入手可能。Shillerの*Irrational Exuberance*, Princeton University Press, 2005(邦訳『根拠なき熱狂』ダイヤモンド社、2001年)も参照。
6. Roger Lowenstein, "Pop Psychology," *New York Times*, March 18, 2007. バブル一般についての意義ある考察はDaniel Gross, *Pop! Why Bubbles Are Great for the Economy*, Collins, 2007を参照。
7. Ryan Avent, "Are Superstar Cities Super Investments?" *The Bellows*, May 22, 2007. www.ryanavent.com/blog/?p=403で入手可能。
8. Richard Florida and Charlotta Mellander, "There Goes the Neighborhood: How and Why Artists, Bohemians and Gays Effect Regional Housing Values," 2007はcreativeclass.comで入手可能。
9. John D. Landis, Vicki Elmer, and Matthew Zook, "New Economy Housing Markets: Fast and Furious——But Different?" *Housing Policy Debate* 3, 2, 2002, pp. 233-74.
10. Jennifer Roback, "Wages, Rents, and the Quality of Life," *Journal of Political Economy* 90, 6, 1982, pp. 1257-78.
11. Edward Glaeser, Jed Kolko, and Albert Saiz, "Consumer City," *Journal of Economic Geography* 1, 1, 2001, pp. 27-50を参照。Glaeser and Joshua Gottlieb, "Urban Resurgence and the Consumer City," *Urban Studies* 43, 8, 2006, pp. 1275-99も参照。
12. Maya Roney, "Bohemian Today, High-Rent Tomorrow," *Business Week*, February

ビジネス・金融(0.549)、芸術・エンターテインメント・メディア(0.511)、営業(0.480)、設計・建築(0.472)、科学(0.393)、法律(0.390)、経営(0.358)。
7. 地域所得との相関は次のとおりである。医療関連(0.052)、教育関連(0.055)。
8. Alfred Weber, *Theory of the Location of Industries*, University of Chicago Press, 1929 (first ed., 1909) (邦訳『工業立地論』大明堂、1986年)を参照。
9. Michael Piore and Charles Sabel, *The Second Industrial Divide*, Basic Books, 1984 (邦訳『第二の産業分水嶺』筑摩書房、1993年).
10. Alfred Marshall, *Principles of Economics*, Cosimo Classics (abridged ed.), 2006 (first ed., 1890) (邦訳『経済学原理』改造社、1928年).
11. Michael Porter, "Clusters and the New Economics of Competition," *Harvard Business Review*, November-December 1998; "Location, Clusters, and Company Strategy," in Gordon Clark, Meric Gertler, and Mayrann Feldman, (eds.), *Oxford Handbook of Economic Geography*, Oxford University Press, 2000; and "Location, Competition and Economic Development: Local Clusters in a Global Economy," *Economic Development Quarterly* 14, 1, February 2000, pp. 15-34.
12. Joseph Cortright and Heike Mayer, "Signs of Life: The Growth of Biotechnology Centers in the US," Brookings Institution, Center for Metropolitan Policy, 2001.
13. ベンチャー資金に関するデータはPricewaterhouseCoopers Money Treeによる。www.pwcmoneytree.com/MTPublic/ns/index.jspで入手可能。
14. Pui-Wing Tam, "New Hot Spot for High Tech Firms Is the Old One," *Wall Street Journal*, October 5, 2006.
15. Maryann Feldman and Roger Martin, "Jurisdictional Advantage," National Bureau of Economic Research, October 2004.
16. Robert D. Putnam, *Bowling Alone: The Collapse and Revival of American Community*, Simon and Schuster, 2000 (邦訳『孤独なボウリング』柏書房、2006年).
17. Andrew Hargadon, "Bridging Old Worlds and Building New Ones: Toward a Micro-sociology of Creativity" in Leigh Thompson (ed.), *Creativity and Innovation in Groups and Teams*, Lawrence Erlbaum Associates, 2007.
18. AnnaLee Saxenian, *Regional Advantage*, Harvard University Press, 1994 (邦訳『現代の二都物語』講談社、1995年).
19. Mark Granovetter, "The Strength of Weak Ties," *American Journal of Sociology*, 78, 6, May 1973, pp. 1360-80.
20. Richard Caves, *Creative Industries: Contracts between Art and Commerce*, Harvard University Press, 2002. またElizabeth Curridが現代ニューヨークにおけるデザイン、音楽、芸術のシーンの混合について詳細な分析を行った*The Warhol Economy*, Princeton University Press, 2007も参照。
21. Terry Nichols Clark, "Making Culture Into Magic: How Can It Bring Tourists and Residents?" *International Review of Public Administration*, 12, January 2007, pp. 13-25を参照。Terry Nichols Clark, Lawrence Rothfield, and Daniel Silver (eds.), *Scenes* (book draft), University of Chicago, 2007も参照。さらにRichard Llyod and

Economics, 2008を参照。
7. Albert O. Hirschman, *Exit, Voice and Loyalty*, Harvard University Press, 1970(邦訳『離脱・発言・忠誠』ミネルヴァ書房、2005年).

第6章

1. "The World Goes to Town," *The Economist*, May 3, 2007.
2. Alfonso Hernandez Marin, "Cultural Changes: From the Rural World to Urban Environment," *United Nations Chronicle*, November 4, 2006.
3. Kenneth Jackson, *Crabgrass Frontier*, Oxford University Press, 1987; Robert Bruegmann, *Sprawl: A Compact History*, University of Chicago Press, 2005.
4. Joel Garreau, *Edge City*, Anchor, 1992.
5. David Brooks, *Bobos in Paradise*, Simon and Schuster, 2001(邦訳『アメリカ新上流階級ボボズ』光文社、2002年); Brooks, *On Paradise Drive*, Simon and Schuster, 2004.
6. Edward Glaeser and Christopher Berry, "The Divergence of Human Capital Levels across Cities," Harvard Institute of Economic Research, August 2005.
7. Richard Florida, "Where the Brains Are," *Atlantic Monthly* 298, 3, October 2006, p. 34.
8. Joseph Gyourko, Christopher Mayer, and Todd Sinai, "Superstar Cities," National Bureau of Economic Research Working Paper No. 12355, July 2006.

第7章

1. Dan Pink, *Free Agent Nation*, Warner Books, 2001(邦訳『フリーエージェント社会の到来』ダイヤモンド社、2002年).
2. Peter Drucker, *Post-Capitalist Society*, Harper Business, 1993(邦訳『ポスト資本主義社会』ドラッカー名著集8、ダイヤモンド社、2007年). Drucker, "Beyond the Information Revolution," *Atlantic Monthly* 284, 4, October 1999, pp. 47-57; Drucker, "The Next Society," *The Economist*, November 1, 2001, pp. 1-20も参照。「知識労働者」という言葉は, Fritz Machlupが1962年出版の自著*The Production and Distribution of Knowledge in the United States*, Princeton: Princeton University Press, 1962(邦訳『知識産業』産業能率短期大学出版部、1969年)で使ったことが知られている。
3. Richard Florida, *The Rise of the Creative Class*, Basic Books, 2002(邦訳『クリエイティブ資本論』ダイヤモンド社、2008年)を参照。データの更新は Kevin Stolarickによる。
4. "The World's Richest People," *Forbes Magazine*, March 8, 2007.
5. Richard Florida, Charlotta Mellander, and Kevin Stolarick, "Inside the Black Box of Economic Development: Human Capital, the Creative Class, and Tolerance," *Journal of Economic Geography* 8, 5, 2008.
6. 職業と1人当たりの収入の相関は次のとおりである。コンピュータ関連(0.659)、

11. George K. Zipf, *Human Behaviour and the Principle of Least-Effort*, Addison-Wesley, 1949; Zipf, *The Psychobiology of Language*, Houghton-Mifflin, 1935.
12. Robert Axtell and Richard Florida, "Emergent Cities: Micro-foundations of Zipf's Law," March 2006. creativeclass.comで入手可能。

第5章

1. このテーマに関して2005年に行われた広範な研究によると、国民所得分布の中ほどにいる平均的なアメリカ人の賃金給与は1966年から2001年の間に11パーセント上昇している。一方、高額所得者の賃金給与は617パーセントという驚異的な上昇率を見せている。つまり、その35年間の全国的な生産性上昇は、アメリカ人労働者のわずか10分の1に当たる人々の賃金給与にしか反映されていないということだ。コーネル大学の経済学者Robert Frankが2007年の著書*Falling Behind*で指摘しているように、アメリカの富裕層の上位1パーセントの所得が国民所得に対して占める割合は、1980年の8.2パーセントから2005年の17.4パーセントに増えた。ジャーナリストのClive Crookも*Atlantic Monthly*誌の2006年の記事に次のように書いている。「さらに驚くべきことには、1997年から2001年の間に上位1パーセントの人たちが賃金給与として得た国民所得は、下位50パーセントのそれをはるかに上回るものだ。そしてその所得は、上位のなかでも特にトップに著しく集中している」。以下を参照。Ian Dew-Becker and Robert Gordon, "Where Did the Productivity Growth Go? Inflation Dynamics and the Distribution of Income," the Brookings Institution, September 2005に発表。Robert Frank, *Falling Behind: How Inequality Harms the Middle Class*, University of California Press, 2007. Clive Crook, "The Height of Inequality," *Atlantic Monthly* 298, 2, September 2006, pp. 36-37.
2. Herbert Muschamp, "Checking in to Escapism," *New York Times*, November 2, 2002.
3. Bethan Thomas and Danny Dorling, *Identity in Britain: A Cradle-to-Grave Atlas*, Polity Press, 2007. Lucy Ward, "Where You Live Can Be Crucial to Your Future," *Guardian*, September 8, 2007も参照。
4. Jason Schachter, *Why People Move: Exploring the March 2000 Current Population Survey*, U. S. Census Bureau, Current Population Report, May 2001.
5. "Pick a Place to Live, Then Find a Job," *Wall Street Journal*, January 27, 2002. もとの研究はNext Generation Consulting, *Talent Capitals: The Emerging Battleground in the War for Talent: A White Paper,* 2002. 2006年5月の調査はCEOs for Citiesの依頼によりYankelovichの一部門であるSegmentation Companyが実施した*Attracting the Young College-Educated to Cities*, CEOs for Cities, May 11, 2006. www.ceosforcities.org/files/CEOsforCitiesAttractingYoungEducatedPres2006.pdfで入手可能。
6. Nattavudh Powdthavee, "Putting a Price Tag on Friends, Relatives and Neighbors: Using Surveys of Life Satisfaction to Value Social Relationships," *Journal of Socio-*

第4章

1. Robert Lucas, "On the Mechanics of Economic Development," *Journal of Monetary Economics* 22, 1988, pp. 3-42.
2. Adam Smith, *The Wealth of Nations*, Bantam, 2003(first ed., 1776)(邦訳『国富論』上下、日本経済新聞社、2007年).
3. あるいは、Ricardoの説明によれば次のようになる。ポルトガルでワインを生産するには年に80人の労働力しか必要とせず、同国で布を生産するには同じ期間で90人の労働力が必要だとしよう。すると、この国にとってはワインを輸出し、その代わりに布を輸入したほうが有利だと言える。ポルトガルがこの輸入品を国内で生産するほうがイギリスで生産するより少ない労働力で済む場合でも、この取引は行われるはずだ。ポルトガルは90人の労働力で布を生産できるにもかかわらず、同じ生産に100人の労働力を必要とする国から輸入しようとする。なぜなら、ポルトガルにとっては資本をワインの生産に使い、それと引き換えにより多くの布をイギリスから輸入するほうが、ブドウを栽培する資本の一部を布の生産に回すよりも有利だからだ。David Ricardo, *Principles of Political Economy and Taxation*, Cosimo Classics, 2006 (first ed., 1817)(邦訳『経済学および課税の原理』上下、岩波書店、1987年).
4. Joseph Schumpeter, *Theory of Economic Development*, Harvard University Press, 1934(first ed., 1911)(邦訳『経済発展の理論』上下、岩波書店、1977年).
5. Joseph Schumpeter, *Capitalism, Socialism and Democracy*, Harper, 1975 (first ed., 1942)(邦訳『資本主義・社会主義・民主主義』東洋経済新報社、1995年). Thomas McCrawはSchumpeterの優れた伝記、*Prophet of Innovation: Joseph Schumpeter and Creative Destruction*, Belknap Press, 2007を書いている。
6. Robert Solow, "Technical Change and the Aggregate Production Function," *Review of Economics and Statistics* 39, 3, August 1957, pp. 312-20 (邦訳「技術変化と集計的生産関数」『資本 成長 技術進歩』竹内書店新社、1988年).
7. Paul Romer, "Increasing Returns and Long-Run Growth," *Journal of Political Economy* 94, 5, October 1986, pp. 1002-37; Romer, "Endogenous Technological Change," *Journal of Political Economy* 98, 5, October 1990, pp. S71-102. David Warshの*Knowledge and the Wealth of Nations*, W. W. Norton, 2006は、Romerの成長理論をより幅広くとらえ、豊富な情報量で具体的に概説している。
8. Bill Steigerwald, "City Views: Urban Studies Legend Jane Jacobs on Gentrification, the New Urbanism, and Her Legacy," *Reason*, June 2001.
9. Jacobsの見解についての考察は David Ellerman, "Jane Jacobs on Development," *Oxford Development Studies* 32, December 4, 2004, pp, 507-21を参照。
10. Geoffrey West, Luis Bettencourt, Jose Lobo, Dirk Helbing, and Christian Kuehnert, "Growth, Innovation, Scaling and the Pace of Life in Cities," *Proceedings of the National Academy of Sciences* 104, 17, April 24, 2007, pp. 7301-6.

第3章

1. David Ricardo, *Principles of Political Economy and Taxation*, Cosimo Classics, 2006 (first ed., 1817) (邦訳『経済学および課税の原理』上下、岩波書店、1987年).
2. Jane Jacobs, *The Economy of Cities*, Vintage, 1970 (first ed., 1969) (邦訳『都市の原理』鹿島出版会、1971年) ; Jacobs, *Cities and the Wealth of Nations*, Vintage, 1985 (first ed., Random House, May 1984) (邦訳『都市の経済学』ティビーエス・ブリタニカ, 1986年).
3. Jean Gottman, *Megalopolis*, Twentieth Century Fund, 1961 (邦訳『メガロポリス』鹿島研究所出版会、1967年).
4. Kenichi Ohmae, *The End of the Nation State: The Rise of Regional Economies*, Simon and Schuster, 1995 (邦訳『地域国家論』講談社、1995年). 同じく彼の "The Rise of the Region State," *Foreign Affairs*, Spring 1993も参照。
5. John Gapper, "NyLon, a Risky Tale of Twin City States," *Financial Times*, October 24, 2007.
6. Robert Lang and Dawn Dhavale, *Beyond Megalopolis: Exploring America's New Megalopolitan Geography*, Brookings Institution, July 2005. Edward Glaeser, "Do Regional Economies Need Regional Coordination?" Harvard Institute of Economic Research Discussion Paper 2131, March 2007も参照。
7. GuldenはこのNewく作業を行うにあたり、LangとDhavaleらが示したアメリカにおけるメガ地域の地理的パターンに準じるように、光量のしきい値を設定した。LangとDhavaleらはメガ地域を認定する際に、人口、収入、通勤手段のパターンなど、より複雑な手法を用いている。それらの要素はメガ地域の機能を理解するうえでは非常に重要だが、開発地域が連接していることも経済活動の集積が進んでいることの代用に十分なりうる、とGuldenは考えた。彼はアメリカにおける既存のメガ地域に最も近似するしきい値を決めた後、その値を世界のほかの地域における夜間光量のデータに当てはめた。その結果、何千平方キロメートルという広さのメガ地域から、1平方キロメートル程度の小さな村やその他の光源に至るまで、あらゆる種類の規模の集落を表す何千、何万という光の点が得られた。次に彼は、間隔が2キロメートルに満たない光源同士は合体させ、細かい隙間を埋めていった。この方法論に関する詳細は、Florida, Gulden, and Mellander, "The Rise of the Mega-region," 2008を参照。
8. "The Texas Triangle as Megalopolis," Federal Reserve Bank of Dallas, Houston Branch, April 2004. www.dallasfed.org/research/houston/2004/hb0403.html.
9. モントリオールに関しては、Kevin Stolarick and Richard Florida, "Creativity, Connections and Innovation: A Study of Linkages in the Montréal Region," *Environment and Planning A* 38, 10, 2006, pp. 1799-1817を参照。
10. Dominic Wilson and Roopa Purushothaman, "Dreaming With BRICs: The Path to 2050," Global Economics Paper No. 99, Goldman Sachs, October 1, 2003.

January 4, 2007. Rafiq Dossani, "Chinese and Indian Entrepreneurs and Their Networks in Silicon Valley," Stanford University, Shorenstein APARC, March 2002も参照。

10. Martin Kenney, "The Globalization of Venture Capital: The Cases of Taiwan and Japan," November 17, 2004; "A Life Cycle Model for the Creation of National Venture Capital Industries: Comparing the U. S. and Israeli Experiences," November 14, 2004; "Building Venture Capital Industries: Understanding the U. S. and Israeli Experiences," November 26, 2003; "Venture Capital Industries in East Asia," December 4, 2002を参照。すべて hcd.ucdavis.edu/faculty/kenney/で入手可能。
11. IPOに関する詳しい情報は、アメリカ証券取引委員会で入手可能。SECLaw.comには充実したIPO Information Center (www.seclaw.com/centers/ipocent.shtml)がある。
12. この分析では非英語論文は考察の対象から外されているため、データは若干歪んでいる。ただし、世界的な科学論文の大半は英語で書かれており、非英語言語の文献はその引用の頻度から見て今回の地図に影響するには至らないであろう。Michael Batty, "The Geography of Scientific Citation," *Environment and Planning A*, 35, 2003, pp.761-70を参照。これ以前に発表された2002年12月19日付けのものにはより詳細なデータと地図が掲載されている。Michael Battyのウェブサイトwww.casa.ucl.ac.uk/people/MikesPage.htmよりダウンロードできる。
13. Lynne Zucker and Michael Darby, "Movement of Star Scientists and Engineers and High-Tech Firm Entry," Working Paper No. 12172, National Bureau of Economic Research, September 2006.
14. Mike Davis, *Planet of Slums*, Verso, 2006.
15. Peter J. Taylor and Robert E. Lang, "U. S. Cities in the 'World City Network,'" Brookings Institution, February 2005.
16. "Magnets for Money," *The Economist*, September 13, 2007.
17. Benjamin Barber, "Jihad vs. McWorld," *Atlantic Monthly* 269, 3, 1992; Barber, *Jihad vs. McWorld: How the Planet Is Both Falling Apart and Coming Together and What This Means for Democracy*, Crown, 1995(邦訳『ジハード対マックワールド』三田出版会、1997年)を参照。
18. Tairan Li and Richard Florida, "Talent, Technological Innovation and Economic Growth in China," February 2006は、creativeclass.comで入手可能。
19. Jonathan Watts, "Villagers Riot As China Enforces Birth Limit," *Guardian*, May 22, 2007.
20. Tao Wu, "Urban-Rural Divide in China Continues to Widen," Gallup Organization, March 28, 2007.
21. Rafiq Dossani, "Origins and Growth of the Software Industry in India," Stanford University, Shorenstein APARC, September 2005は、aparc.stanford.edu/people/rafiqdossaniで入手可能。

5. "Q&A with Michael Porter," *Business Week*, August 21, 2006. www.businessweek.com/magazine/content/06_34/b3998460.htm.
6. Richard Florida, "The World is Spiky," *Atlantic Monthly* 296, 3, October 2005.
7. Guldenは夜間の宇宙空間から見た地上の光量を、アメリカ本土48州の地域総生産データを基に経済活動の状態に換算した。同様に、世界各国についても、2000年時点のGDPと実勢為替レートを基に、実物的な経済活動を標準化した。さらに、オークリッジ国立研究所が開発した2005年の詳細なLandScan人口統計分布図に光量の地図を重ね、30秒グリッド(1平方キロメートル未満)ごとに経済活動の推計値を割り出した。上記の方法論に関して詳しくは、Richard Florida, Timothy Gulden, and Charlotta Mellander, "The Rise of Mega-region," *Cambridge Journal of Regions, Economy and Society* 1, 1, 2008を参照。またWilliam Nordhaus et al., "The G-Econ Database on Gridded Output: Methods and Data," Yale University, May 12, 2006; Nordhaus, "Geography and Macroeconomics: New Data and New Findings," *Proceedings of the National Academy of Sciences* 103, 10, March 7, 2006, pp. 3510-17も参照。アメリカ国内の地域経済生産についてのデータは、Global Insight, *The Role of Metro Areas in the U.S. Economy*, Prepared for the United States Conference of Mayors, January 13, 2006による。
8. アメリカ特許商標局(USPTO)のデータには、世界知的所有権機関(WIPO)の国別特許件数に関する情報と共に、発明家の在住都市が明かされているが、GuldenはそのUSPTOから得たデータにより、全世界の地域別特許件数の実態を割り出した。世界中の発明家がアメリカでの特許権保護を求めていることを受けて、USPTOは発明家の居住都市を記録し、それによって世界中の各都市がアメリカ国内で保有する特許件数を彼は把握している。アメリカ国内の地域別特許件数のデータは、ジョージメイソン大学公共政策学科のPhil Auserwaldの研究チームの開発によるもので、私たちはそれを開発当事者から得た。Auserwaldらのデータがアメリカの各都市における発明の状況を精確に浮き彫りにする一方で、海外における発明に関しては、あるいは大きな見落としもありうるだろう。なぜならすべての発明家がアメリカで特許権を申請するとは限らないからだ。そこでGuldenはUSPTOのデータを用いて各国の相対的重要度を測定することで、誤差の埋め合わせを行った。さらに、各国の特許局から国内の特許件数としてWIPO宛てに報告のあった件数を、USPTOのデータから得られた加重値を用いて、都市別に振り分け直している。彼はアメリカで特許を取得する発明家と、各国内で特許を受ける発明家とでは、空間分布に変化はないと考えた。こうした見方は、世界的な特許機構を利用しやすいと思われる大都市の重要性を誇張することになるかもしれないが、それは大きな齟齬を来す原因とはならない。この方法論についての詳細は、Florida, Gulden, and Mellandar, "The Rise of the Mega-region," 2008を参照。
9. AnnaLee Saxenian, *Silicon Valley's New Immigrant Entrepreneurs*, San Francisco: Public Policy Institute of California, 1999. Vivek Wadhwa, AnnaLee Saxenian, Ben Rissing, Gary Gereffi, "America's New Immigrant Entrepreneurs: Part 1," Duke University, University of California, Berkeley, and Pratt School of Engineering,

【原注】

(注記内のURLには、2008年末時点で存在しないものもある)

第1章

1. 幸福論をテーマにした書籍や文献の需要はますます高まっている。Darrin McMahon, *Happiness: A History*, Atlantic Monthly Press, 2006; Jonathan Haidt, *The Happiness Hypothesis*, Basic Books, 2005; Martin Seligman, *Authentic Happiness*, Free Press, 2004(邦訳『世界でひとつだけの幸せ』アスペクト、2004年); Richard Layard, *Happiness: A New Science*, Penguin, 2005を参照。
2. Jason Schachter, *Why People Move: Exploring the March 2000 Current Population Survey*, U. S. Census Bureau, Current Population Report, May 2001を参照。毎年更新されるこれらのデータはCensus Websiteで入手可能。
3. Charles Tiebout, "A Pure Theory of Local Expenditures," *Journal of Political Economy* 64, 5, 1956, pp. 416-24.
4. 特筆すべきはJane Jacobsによる研究である。*The Death and Life of Great American Cities*, Vintage, 1992 (first ed., 1961)(邦訳『アメリカ大都市の死と生』鹿島出版会、1977年); *The Economy of Cities,* Vintage 1970 (first ed., 1969)(邦訳『都市の原理』鹿島出版会、1971年); *Cities and the Wealth of Nations,* Vintage, 1985 (first ed., Random House, May 1984)(邦訳『都市の経済学』ティビーエス・ブリタニカ、1986年). このテーマに関する著者自身の研究成果は*The Rise of the Creative Class*, Basic Books, 2002(邦訳『クリエイティブ資本論』 ダイヤモンド社、2008年) にまとめられている。

第2章

1. Thomas Friedman, *The World Is Flat*, Farrar, Straus and Giroux, 2005(邦訳『フラット化する世界』上下、日本経済新聞社、2006年).
2. Frances Cairncross, "The Death of Distance," *The Economist* 336, 7934, September 30, 1995より。のちに*The Death of Distance*, Harvard Business School Press, 2001 (first ed., 1997)(邦訳『国境なき世界』トッパン、1998年)として出版されている。さらに"Conquest of Location," *The Economist*, October 7, 1999がある。
3. Edward E. Leamer, "A Flat World, A Level Playing Field, a Small World After All or None of the Above? Review of Thomas L. Friedman, *The World Is Flat*," *Journal of Economic Literature* 45, 1, 2007, pp. 83-126.
4. 都市化現象のデータは "World Population Prospects: The 2006 Revision Population Database," Population Division, Department of Economic and Social Affairs, United Nations 2007による。esa.un.org/unppで入手可能。

[著者]

リチャード・フロリダ（Richard Florida）

トロント大学ロットマン・スクール・オブ・マネジメント教授。同スクールの地域競争力に関する研究所のディレクターも務める。ニューヨーク州ニューアーク出身。カーネギーメロン大学、ジョージ・メイソン大学で教鞭を取った後、2007 年より現職。

創造性を持った人材、すなわちクリエイティブ・クラスが経済の主要な担い手となることを提起し、著書の*The Rise of the Creative Class*（邦訳『クリエイティブ資本論』）、*The Flight of the Creative Class*（邦訳『クリエイティブ・クラスの世紀』）は世界的ベストセラーとなった。現在、世界で最も注目されている都市経済学者の一人である。

[訳者]

井口 典夫（いぐち・のりお）

青山学院大学総合文化政策学部教授。青学TV編集室長。

1956年東京生まれ。80年東京大学卒業後、国土交通省入省。94年青山学院大学。近著に『青山文化研究』（宣伝会議、2011年）、『ポスト2020の都市づくり』（学芸出版、2017年）、訳書にフロリダ著『クリエイティブ・クラスの世紀』（ダイヤモンド社、2007年）、『クリエイティブ都市論』（ダイヤモンド社、2009年）、『新 クリエイティブ資本論』（ダイヤモンド社、2014年）など。国土交通省交通政策審議会委員、港区都市計画マスタープラン検討委員会委員長ほか政府・自治体の各種委員会委員等を歴任。東京の都心にて、数多くの都市再生プロジェクトを手掛ける。専門は創造都市論、クリエイティブ経済論。日本文化政策学会理事、文化経済学会理事、アートマネジメント学会理事。

クリエイティブ都市論
——創造性は居心地のよい場所を求める

2009年2月19日　第1刷発行
2023年11月17日　第8刷発行

著　者——リチャード・フロリダ
訳　者——井口典夫
発行所——ダイヤモンド社
〒150-8409　東京都渋谷区神宮前6-12-17
https://www.diamond.co.jp/
電話　03·5778·7228(編集) 03·5778·7240(販売)
装丁————中垣信夫＋井川祥子
本文DTP——株式会社RUHIA
編集協力——INFINI JAPAN PROJECT. LTD／アマプロ株式会社
制作進行——ダイヤモンド・グラフィック社
印刷————信毎書籍印刷(本文)／新藤慶昌堂(カバー)
製本————ブックアート
編集担当——魚谷武志

ISBN 978-4-478-00619-1